Mein Recht vor Gericht

Springer-Verlag Berlin Heidelberg GmbH

Hans-Joachim Musielak

Mein Recht vor Gericht

Rechte und Pflichten
im Zivilprozeß

Professor Dr. iur. Hans-Joachim Musielak
Universität Passau
Lehrstuhl für Zivilprozeßrecht
und Bürgerliches Recht
Innstraße 40 (Nikolakloster)
D-94032 Passau

ISBN 978-3-540-58916-7

Die Deutsche Bibliothek – CIP-Einheitsaufnahme:

Musielak, Hans-Joachim:
Mein Recht vor Gericht : Rechte und Pflichten im Zivilprozeß / Hans-Joachim Musielak. –
Berlin ; Heidelberg ; New York ; Barcelona ; Budapest ; Hong Kong ; London ; Mailand ;
Paris ; Tokyo :
Springer, 1995
ISBN 978-3-540-58916-7   ISBN 978-3-642-57845-8 (eBook)
DOI 10.1007/978-3-642-57845-8

Dieses Werk ist urheberrechtlich geschützt. Die dadurch begründeten Rechte, insbesondere die der Übersetzung, des Nachdrucks, des Vortrags, der Entnahme von Abbildungen und Tabellen, der Funksendung, der Mikroverfilmung oder der Vervielfältigung auf anderen Wegen und der Speicherung in Datenverarbeitungsanlagen, bleiben, auch bei nur auszugsweiser Verwertung, vorbehalten. Eine Vervielfältigung des Werkes oder von Teilen dieses Werkes ist auch im Einzelfall nur in den Grenzen der gesetzlichen Bestimmungen des Urheberrechtsgesetzes der Bundesrepublik Deutschland vom 9. September 1965 in der jeweils geltenden Fassung zulässig. Sie ist grundsätzlich vergütungspflichtig. Zuwiderhandlungen unterliegen den Strafbestimmungen des Urheberrechtsgesetzes.

© Springer-Verlag Berlin Heidelberg 1995

Die Wiedergabe von Gebrauchsnamen, Handelsnamen, Warenbezeichnungen usw. in diesem Werk berechtigt auch ohne besondere Kennzeichnung nicht zu der Annahme, daß solche Namen im Sinne der Warenzeichen- und Markenschutz-Gesetzgebung als frei zu betrachten wären und daher von jedermann benutzt werden dürften.

SPIN: 104837771   64/2202-5 4 3 2 1 0-Gedruckt auf säurefreiem Papier

Inhaltsverzeichnis

Verwendete Abkürzungen XI

Was will dieses Buch? 1

Wie läuft ein Zivilprozeß ab? 2
Die Vorbereitung 2
Die mündliche Verhandlung 3
Mehrere Termine 6

Soll ich klagen? 7
Das Prozeßrisiko 7
Belastungen durch einen Prozeß 9
Der Klügere gibt nach 11

Welches Gericht ist zuständig? 12
Die verschiedenen Rechtswege 12
Die Gliederung der Zivilgerichtsbarkeit 13
Kindschafts-, Unterhalts- und Ehesachen 14
Besondere Zuständigkeiten 15
Örtliche Zuständigkeit 16
Parteivereinbarungen 18

Brauche ich einen Rechtsanwalt? 19

Wie erhebe ich Klage? 22

Was kostet mich der Prozeß? 25
Die Anwaltsgebühren 25

Streitwert 26
Sonstige Kosten 27
Beispiel für die Berechnung
von Anwaltsgebühren 28
Die Gerichtskosten 30
Kostenschuldner. 31
Prozeßkostenhilfe 32

Wie verhalte ich mich am besten gegenüber einer Klage? 36
Anerkennung der klägerischen Forderung. 37
Die Führung des Prozesses durch die
Partei selbst 38
Die Aufrechnung mit einer Gegenforderung
durch den Beklagten. 40
Widerklage. 41

Haben Sie Beweise? 42

Was erwartet mich in der mündlichen Verhandlung? 45
Pflicht zum persönlichen Erscheinen. 45
Der Beginn der mündlichen Verhandlung 46
Die Stellung der Anträge 47
Der Parteivortrag 47
Die Beweisaufnahme 48
Das weitere Verfahren. 54
Öffentlichkeit der Verhandlung. 54

Kann ich einen Richter ablehnen? 56
Geschäftsverteilung 56
Ausschließung von der Ausübung
des Richteramtes 56
Ablehnung wegen Besorgnis der Befangenheit . . 57

Soll ich mich vergleichen? 59
Vergleichsbereitschaft als unverzichtbare
Voraussetzung. 59

Die Vor- und Nachteile eines Vergleichs 59
Der Prozeßvergleich.................. 61
Der Anwaltsvergleich 61
Ruhen des Verfahrens................ 62

Ich habe einen Termin zur mündlichen Verhandlung versäumt. Was nun? 63
Wann ist man säumig? 63
Wann ergeht ein Versäumnisurteil?......... 64
Einspruch gegen ein Versäumnisurteil 65

Kann ich die Klage noch nachträglich ändern? ... 67

Die Klage hat sich erledigt. Was ist zu tun? 71

Ich habe den Falschen verklagt. Wie verhalte ich mich? 73
Rücknahme oder Umstellung der Klage 73
Besonderheiten in der zweiten Instanz........ 74
Fälle der Rechtsnachfolge 75
Falsche Parteibezeichnung 76
Falscher Empfänger 77

Streitverkündung – was ist das? 78

Ich habe den Prozeß gewonnen, was jetzt ? 82
Die Erstattung von Prozeßkosten........... 82
Die Zwangsvollstreckung des Urteils 85

Ich habe den Prozeß verloren, was jetzt ? 95
Unanfechtbares Urteil................. 95
Berufung....................... 96
Revision 99
Soll ich ein Rechtsmittel einlegen? 100

Es eilt: Arrest und einstweilige Verfügung 101
Einstweiliger Rechtsschutz 101
Arrest 102

Einstweilige Verfügung 107

Das Mahnverfahren, eine Alternative zur Zahlungsklage 111
In welchen Fällen kann ein Mahnverfahren durchgeführt werden? 111
Der Antrag 112
Mahnbescheid 113
Vollstreckungsbescheid 114

Kann ich mich gegen eine Zwangsvollstreckung wehren? 117
Die zu erfüllenden Voraussetzungen der Zwangsvollstreckung 117
Vollstreckungserinnerung 118
Vollstreckungsgegenklage. 120
Drittwiderspruchsklage. 121
Besondere Härten für den Schuldner. 122
Einstweilige Anordnungen 123

Kann ich mich gegen ein rechtskräftiges Urteil wehren? 125
Die Rechtskraft 125
Die Abänderungklage 127
Die Nichtigkeits- und Restitutionsklage 128
Die Klage wegen sittenwidriger Schädigung . . . 131

Besondere Verfahren. 133
Der Urkunden-, Wechsel- und Scheckprozeß . . . 133
Verfahren in Kindschaftssachen 135
Schiedsgerichtliche Verfahren. 138

Der Scheidungsprozeß 140
Der Scheidungsantrag. 140
Vertretung durch Anwälte. 141
Das zuständige Gericht 141
Folgesachen 142
Das Verfahren 143

Einstweilige Anordnungen 145

Das selbständige Beweisverfahren 147
Zweck 147
Voraussetzungen. 148
Antrag 148
Durchführung der Beweisaufnahme
und weiteres Verfahren 149

Das Verfahren zur Abgabe einer Offenbarungsversicherung 151
Wann muß eine Offenbarungs-
versicherung abgegeben werden?. 151
Einleitung des Verfahrens. 152
Durchführung des Verfahrens 153

Der Arbeitsgerichtsprozeß 155
Gerichte 155
Verfahren 156
Zwangsvollstreckung 158
Rechtsmittel 158
Mahnverfahren 160
Kündigungsschutzprozeß. 160

Ich bin Zeuge 161
Pflicht zum Erscheinen und Aussagen
und die insoweit bestehenden Ausnahmen. 161
Rechtsfolgen einer Verletzung
der Pflicht zum Erscheinen und Aussagen 163
Die Vernehmung des Zeugen 164
Zeugeneid 166
Ende der Vernehmung und
Entlassung des Zeugen 167

Ich werde Handelsrichter. Was ist meine Aufgabe? . 168
Ernennung zum Handelsrichter 168
Die Verhandlung in Handelssachen. 170
Beratung und Abstimmung. 171

Anhang 1: Tabelle für die Gebühren
von Rechtsanwälten (alte Bundesländer) 173

Anhang 2: Tabelle für die Gebühren
von Rechtsanwälten (neue Bundesländer) 174

Anhang 3: Tabelle für die Gerichtskosten
(alte Bundesländer) 175

Anhang 4: Tabelle für die Gerichtskosten
(neue Bundesländer) 176

Sachregister 177

Verwendete Abkürzungen

Abs.	Absatz
ArbGG	Arbeitsgerichtsgesetz
BGB	Bürgerliches Gesetzbuch
BRAO	Bundesrechtsanwaltsordnung
BRAGO	Bundesgebührenordnung für Rechtsanwälte
GKG	Gerichtskostengesetz
GVG	Gerichtsverfassungsgesetz
iVm.	in Verbindung mit
S.	Seite
ZPO	Zivilprozeßordnung
ZVG	Gesetz über die Zwangsversteigerung und die Zwangsverwaltung

Was will dieses Buch?

Es will informieren über das Verfahren im Zivilprozeß und erklären, welche Bedeutung die einzelnen Verfahrensregeln haben, die der Zivilrichter anzuwenden hat. Wer das erste Mal Erfahrungen mit einem Zivilprozeß sammelt, sei es als Kläger oder Beklagter, sei es als Zeuge oder Sachverständiger, dem wird vieles, was in diesem Verfahren passiert, unverständlich bleiben. Der fehlende Durchblick erzeugt aber nicht selten Unsicherheit und Ablehnung. Der einzelne fühlt sich dann nicht als gleichberechtigter Beteiligter, sondern als Objekt eines Vorganges, den andere steuern. Dies wird sofort anders, wenn man weiß, welchen Sinn und Zweck die einzelnen durchgeführten Maßnahmen haben und insbesondere welche Rechte jedem Prozeßbeteiligten zustehen und welche Pflichten ihn treffen. Die vorliegende Schrift will darüber aufklären und damit für das nötige Verständnis sorgen, das dem einzelnen Sicherheit im Zivilprozeß vermittelt. Es geht also nicht darum, dem Leser eine Anleitung zum »do it yourself« im Zivilprozeß zu geben, sondern ihn darüber zu unterrichten, wie ein Zivilprozeß abläuft, was einen erwartet, wenn man als Partei oder in anderer Stellung an einem Zivilprozeß teilnimmt und insbesondere auch, welche Möglichkeiten es gibt, ohne Klage zu seinem Recht zu kommen. Kurz zusammengefaßt läßt sich sagen: Der Leser soll alle die Informationen erhalten, die für ihn nützlich sind, um die Fragen zu erkennen und beantworten zu können, die sich im Zusammenhang mit einem Zivilprozeß stellen.

Wie läuft ein Zivilprozeß ab?

Die Vorbereitung

Der eigentliche Zivilprozeß beginnt mit Erhebung der Klage[1] durch den Kläger. Der Richter prüft, ob die Klage ordnungsgemäß erhoben wurde. Kommt er zu einem positiven Ergebnis, dann stellt er die Klage dem Beklagten zu. Dies geschieht regelmäßig mit Hilfe der Post. Das Gericht teilt dem Beklagten mit, wie er auf die Klage zu erwidern hat. Dies hängt davon ab, auf welche Weise das Gericht den sog. Haupttermin, in dem der Rechtsstreit entschieden werden soll, vorbereitet. Hierfür stehen zwei Wege offen:

- Die Ansetzung eines frühen ersten Termins zur mündlichen Verhandlung oder
- ein schriftliches Vorverfahren.

Wählt der Richter den frühen ersten Termin, dann wird dem Beklagten gleichzeitig mit der Klageschrift die Ladung zum Termin zugestellt. Das Gericht kann daneben dem Beklagten auch eine Frist zur Klageerwiderung setzen oder ihm aufgeben, unverzüglich etwaige Verteidigungsmittel dem Gericht mitzuteilen. In Anwaltsprozessen – dies sind Rechtsstreitigkeiten, in denen die Parteien von einem Rechtsanwalt vertreten werden müssen[2] – wird der Beklagte aufgefordert, einen bei dem Prozeßgericht zugelassenen Rechtsanwalt zu bestellen, wenn er eine Verteidigung gegen die Klage beabsichtigt.

Auch im schriftlichen Vorverfahren muß der Beklagte in Anwaltsprozessen durch einen Rechtsanwalt vertreten werden. Dies wird ihm

---

[1] Dazu finden Sie Einzelheiten im Abschnitt »Wie erhebe ich Klage?«
[2] Einzelheiten dazu im Abschnitt »Brauche ich einen Rechtsanwalt?«

durch das Gericht mitgeteilt. Zugleich wird er darüber informiert, daß er innerhalb von zwei Wochen nach Zustellung der Klageschrift dem Gericht schriftlich anzuzeigen hat (und zwar in einem Anwaltsprozeß durch den von ihm bestellten Rechtsanwalt), ob er sich gegen die Klage verteidigen will. Antwortet der Beklagte nicht innerhalb dieser Frist oder nicht durch einen Rechtsanwalt im Anwaltsprozeß, dann kann auf Antrag des Klägers ein Versäumnisurteil gegen ihn ergehen. Auf diese Möglichkeit wird der Beklagte bei Zustellung der Klageschrift hingewiesen. Außerdem ist dem Beklagten eine weitere Frist für die Erwiderung auf die Klage zu setzen. Nimmt der Beklagte in einer Klageerwiderung zur Klage Stellung, so ist dieser Schriftsatz vom Richter dem Kläger mitzuteilen. Dies kann mit der Aufforderung verbunden werden, innerhalb einer zu setzenden Frist sich zur Klageerwiderung zu äußern.

Die mündliche Verhandlung

Nun kommt es zur mündlichen Verhandlung, die entweder als früher erster Termin stattfindet und dann der Vorbereitung des Haupttermins dient oder die den Haupttermin darstellt. Im äußeren Ablauf der mündlichen Verhandlung gibt es zwischen frühen ersten Termin und Haupttermin keinen Unterschied. Insbesondere kann auch im frühen ersten Termin der Rechtsstreit durch Urteil entschieden werden, wenn der Richter zu dem Ergebnis kommt, daß der Rechtsstreit zur Endentscheidung reif ist und eine Fortsetzung in einem Haupttermin nicht erforderlich wird.

Jede mündliche Verhandlung beginnt mit dem Aufruf der Sache. Den Beteiligten wird also mittels einer vom Richter beauftragten Person, beispielsweise durch einen Justizwachtmeister, oder durch eine Lautsprecheranlage mitgeteilt, daß ein bestimmter Rechtsstreit verhandelt wird und daß alle Beteiligten in den Sitzungsraum kommen sollen. Sodann eröffnet der Vorsitzende die mündliche Verhandlung und stellt fest, wer erschienen ist. Sind Zeugen geladen worden, dann werden sie gebeten, zunächst bis zu ihrem Aufruf vor dem Sitzungsraum zu warten. Das Gericht führt dann in den Sach- und Streitstand ein und hört dazu die Stellungnahmen der Parteien oder der sie vertretenden Anwälte. Es werden dann die Anträge gestellt. Der Kläger beantragt die Verurteilung des Beklagten in dem von ihm gewünschten Umfang, während der Beklagte regelmäßig Klageabweisung beantragt. Die Antragstellung geschieht im Regelfall durch Verlesen der Anträge, die in den vorbereitenden Schriftsätzen enthalten sind, also in der Klageschrift oder in der Klageerwiderung. Diese Verlesung kann auch durch Bezugnahme auf den entsprechenden Schriftsatz ersetzt werden. Beispielsweise erklärt der den Kläger vertretende Rechtsanwalt: »Ich stelle den Antrag aus der Klageschrift«. Der Anwalt des Beklagten erwidert: »Ich beziehe mich auf meinen Antrag im Schriftsatz vom 06.09.1994.« In der Praxis diktiert der Vorsitzende häufig die Anträge der Parteien durch Verlesung oder durch Bezugnahme auf einen bestimmten Schriftsatz in das Protokoll und die Parteien (ihre Rechtsanwälte) stimmen ausdrücklich oder stillschweigend zu. Die Parteien sollen dann den von ihnen eingenommenen Standpunkt in einem Vortrag, der in freier Rede gehalten werden soll, darlegen

Auch in Anwaltsprozessen darf sich die Partei neben ihrem Anwalt auf Antrag hin äußern (§ 137 Abs. 4 ZPO). Wenn eine Partei vertrauensvoll mit einem Rechtsanwalt zusammenarbeitet, dann sollte sie regelmäßig dem Anwalt allein den Vortrag überlassen und allenfalls dann eingreifen, wenn offensichtliche Irrtümer korrigiert werden müssen. Da die Parteien bereits in ihren Schriftsätzen meist sehr ausführlich zu allen wichtigen Punkten ihre Auffassung mitgeteilt haben, ist es nicht erforderlich, noch einmal in der mündlichen Verhandlung alles das zu wiederholen, was in diesen Schriftsätzen steht. Es ist deshalb regelmäßig den Parteien gestattet, den mündlichen Vortrag durch eine Bezugnahme auf die Schriftsätze zu ersetzen. Dieses Verfahren macht es möglich, sich auf die wirklich erörterungsbedürftigen Punkte zu konzentrieren. Nicht selten wird in der Praxis der mündliche Vortrag der Parteien durch eine Bezugnahme auf den Akteninhalt ersetzt und auf einen Vortrag gänzlich verzichtet. Es kann sich in solchen Fällen die mündliche Verhandlung wie folgt abspielen:

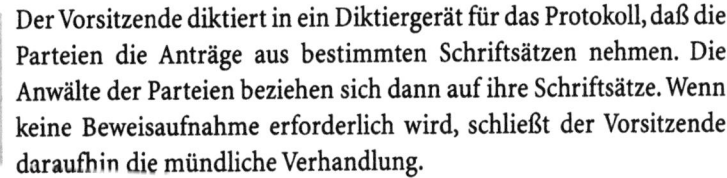

Der Vorsitzende diktiert in ein Diktiergerät für das Protokoll, daß die Parteien die Anträge aus bestimmten Schriftsätzen nehmen. Die Anwälte der Parteien beziehen sich dann auf ihre Schriftsätze. Wenn keine Beweisaufnahme erforderlich wird, schließt der Vorsitzende daraufhin die mündliche Verhandlung.

Daß der juristische Laie fassungslos einem solchen Verfahren gegenübersteht, ist gut vorstellbar. Weiß er nicht, daß auf diese Weise nichts von dem verlorengeht, was in ausführlichen Schriftsätzen dem Gericht und der Gegenpartei mitgeteilt worden ist, dann wird er möglicherweise eine unzulässige Verkürzung seiner Rechte befürchten. Eine solche Reduzierung der mündlichen Verhandlung auf Bezugnahmen kann sicher nicht als ein Idealfall der Prozeßführung angesehen werden, weil doch in Rede und Gegenrede manches klarer herausgestellt werden kann, als dies bisher in den Schriftsätzen geschehen ist. Dennoch kann ein solches Verfahren nicht beanstandet werden, wenn die Parteien selbst nicht darauf dringen, mögliche Ergänzungen noch anzubringen. Der erhebliche Zeitdruck, unter dem Gericht und Rechtsanwälte häufig stehen, führt nicht selten zu der dargestellten Verkürzung einer mündlichen Verhandlung.

Nach den Vorträgen der Parteien oder der sie ersetzenden Bezugnahmen schließt sich – soweit erforderlich – die Beweisaufnahme an. Es werden die erschienenen Zeugen vernommen. Ist ein Sachverständigengutachten erstattet worden und wurde der Sachverständige zur mündlichen Verhandlung geladen, dann wird er sein Gutachten erläutern. Es kann auch vorkommen, daß das Gericht die Beweisaufnahme an einem anderen Ort durchführt, wenn in einem sog. Ortstermin das Gericht durch eigene Inaugenscheinnahme Beweis erhebt, beispielsweise die örtlichen Gegebenheiten am Ort eines Verkehrsunfalles besichtigt. Auch eine Vernehmung der Parteien kann unter bestimmten Voraussetzungen im Rahmen einer Beweisaufnahme durchgeführt werden. Wann dies der Fall sein kann wird ebenso später dargestellt wie die Rechte der Parteien, die sie im Beweisverfahren haben, z. B. Fragen an Zeugen und Sachverständigen zu stellen.[3]

Nach Abschluß der Beweisaufnahme erörtert das Gericht mit den Parteien erneut den Sach- und Streitstand, wie er sich nach der Beweisaufnahme darstellt. Dies ist der Zeitpunkt, in dem die Parteien zu den Bekundungen von Zeugen und Sachverständigen Stellung nehmen und weitere Beweisangebote dem Gericht unterbreiten können. In Ausnahmefällen kann eine Beweisaufnahme auch in Amtshilfe für das Prozeßgericht von einem anderen Gericht durchgeführt werden. Ist beispielsweise ein Zeuge zu vernehmen, der weit entfernt vom Gerichtsort wohnt, dann kann das Prozeßgericht anordnen, daß der Zeuge im Amtsgericht seines Wohnorts vernommen wird. Das Protokoll dieser Vernehmung ist selbstverständlich dem Prozeßgericht und den Parteien zugänglich zu machen. In solchen Fällen einer Beweisaufnahme außerhalb des Prozeßgerichts müssen die Parteien das Ergebnis der auswärtigen Beweisaufnahme vortragen. Dies geschieht allerdings regelmäßig durch die Bezugnahme auf das Protokoll.

---

[3] Einzelheiten dazu finden Sie im Abschnitt »Was erwartet mich in der mündlichen Verhandlung?«

Mehrere Termine

Ist der Rechtsstreit noch nicht zur Entscheidung reif, dann muß der Richter einen weiteren Termin zur Fortsetzung der mündlichen Verhandlung anberaumen. Nach Möglichkeit soll jedoch in dem entsprechend vorbereiteten Haupttermin der Rechtsstreit zur Entscheidungsreife gebracht werden. In diesem Fall schließt dann das Gericht die mündliche Verhandlung. Regelmäßig wird dann nicht sogleich ein Urteil verkündet, sondern vom Gericht ein besonderer Termin anberaumt, in dem das Urteil verkündet wird. Zu diesem Verkündungstermin brauchen dann die Parteien und ihre Anwälte nicht zu erscheinen, weil ihnen der Spruch des Gerichts mit Begründung schriftlich zugestellt wird. Ob der Rechtsstreit damit beendet ist oder fortgesetzt wird, hängt davon ab, ob gegen das Urteil Rechtsmittel eingelegt werden können und ob von dieser Möglichkeit Gebrauch gemacht wird[4].

---

[4] Einzelheiten dazu finden Sie im Abschnitt »Ich habe den Prozeß verloren, was jetzt?«

Soll ich klagen?

Die Antwort auf diese Frage lautet eindeutig: Nein! Allerdings muß zugleich die Einschränkung hinzugefügt werden: Wenn es sich vermeiden läßt! Es gibt Fälle, in denen sich die Frage nach Erhebung einer Klage und Durchführung eines Rechtsstreits von selbst beantwortet, weil zwingende Gründe dafür sprechen. Zahlt ein Schuldner die fällige Schuld trotz Mahnung nicht und handelt es sich dabei nicht um einen Bagatellbetrag, dann bleibt dem Gläubiger nichts anderes übrig, als das Gericht anzurufen, um mit dessen Hilfe zwangsweise das Recht gegen den säumigen Schuldner durchzusetzen. Allerdings muß dann nicht notwendigerweise auch Klage erhoben werden. Eine kostengünstigere, schnellere und häufig auch ebenso erfolgreiche Alternative zur Klage bietet das Mahnverfahren.[1] Da jedoch das Mahnverfahren nur in Betracht kommt, wenn es sich um Ansprüche auf Zahlung einer bestimmten Geldsumme handelt, steht dieser Weg demjenigen nicht offen, der eine verliehene oder vermietete Sache nicht fristgerecht zurückerhält. Wenn der Schuldner trotz Mahnung seiner Rückgabepflicht nicht nachkommt und der Gläubiger auf seine Sache nicht verzichten will, dann bleibt ihm nur, auf Rückgabe der Sache zu klagen.

Das Prozeßrisiko

In vielen Fällen ist die Rechtslage nicht so eindeutig wie in den bisher genannten Beispielen. Die Entscheidung mancher Rechtsfragen hängt von einer richterlichen Wertung ab, deren Ausgang man nicht von vornherein sicher abzuschätzen vermag. Ein Beispiel soll dies erläutern:

---

[1] Dazu Einzelheiten im Abschnitt »Das Mahnverfahren, eine Alternative zur Zahlungsklage«.

> In der Nähe eines Wohngebietes werden Tennisplätze angelegt. Durch den Spielbetrieb fühlt sich ein Eigentümer eines angrenzenden Grundstücks gestört. Die Frage, ob seine Klage auf Unterlassung des Tennisspiels Erfolg haben wird, hängt einmal davon ab, ob die vom Spielbetrieb ausgehende Lärmeinwirkung auf das Grundstück des Klägers eine »nicht unwesentliche Beeinträchtigung« für die Benutzung des Grundstücks durch den Kläger darstellt. Was insoweit als wesentlich einzustufen ist, wird maßgebend vom richterlichen Ermessen bestimmt. Auch wenn der Richter die Wesentlichkeit der Beeinträchtigung bejaht, ist der Unterlassungsanspruch nur begründet, wenn die wesentliche Beeinträchtigung nicht als ortsübliche Benutzung des anderen Grundstücks anzusehen ist. Auch hierfür kommt es auf die Beurteilung durch den Richter an. Zu welchem Ergebnis also der Richter bei Entscheidung über eine derartige Unterlassungsklage gelangen wird, läßt sich vorher nicht genau vorausbestimmen, weil subjektive Einschätzungen in einem maßgeblichen Umfang einfließen und über den Erfolg der Klage entscheiden. In nicht wenigen Fällen sind richterliche Wertungen für den Ausgang eines Rechtsstreits maßgebend. Selbst der fähigste Jurist kann in solchen Fällen nicht mit Sicherheit voraussagen, wie das Gericht entscheiden wird.

Als eine weitere Unwägbarkeit im Zivilprozeß kommt die Frage hinzu, ob es gelingt, die entscheidungserheblichen Tatsachen hinreichend zu klären. Der Richter kann sein Urteil nur auf Fakten stützen, die entweder zwischen den Parteien unstreitig sind oder die im gerichtlichen Beweisverfahren festgestellt werden konnten. Scheitert eine Tatsachenklärung, dann geht dies zu Lasten der Partei, der diese Tatsachen günstig sind. Klagt beispielsweise eine Partei auf Rückzahlung eines Darlehens, dann wird sie die Klage verlieren, wenn der Beklagte den Erhalt des Darlehens bestreitet und sie nicht die Auszahlung beweisen kann. Der Richter kann nicht allein auf die Versicherungen des Klägers vertrauen, sondern muß sich von der Wahrheit der klägerischen Behauptungen überzeugen können. Recht haben und recht bekommen ist deshalb leider zweierlei.

Alle diese Risiken muß derjenige in Kauf nehmen, der einen Zivilprozeß beginnt. Diese Erkenntnis wird treffend vom Volksmund in dem Satz zusammengefaßt: »Vor Gericht und auf hoher See sind wir alle in Gottes Hand.«

Belastungen durch einen Prozeß

Ein Prozeßverlust wird nicht nur aus Prestigegründen als schmerzlich empfunden, sondern kostet auch Geld, manchmal sogar sehr viel.[2] Aber ganz abgesehen von diesen Unsicherheiten, die fast immer hinsichtlich des Erfolges eines Zivilprozesses bestehen, gibt es noch andere Gesichtspunkte, die berücksichtigt werden müssen, wenn darüber befunden wird, ob ein Rechtsstreit begonnen werden soll. Rechtsstreitigkeiten kosten Nerven. Selbst der Ruhigste wird nicht ohne Emotionen und Aufregungen den Verlauf des Prozesses verfolgen. Schlaflose Nächte und sogar gesundheitliche Schäden sind deshalb durchaus Konsequenzen, die eintreten können, wenn man in einen Rechtsstreit verwickelt wird. Wenn man ihn selbst nicht begonnen hat, kann man dies nicht vermeiden. Wenn man über die Frage entscheidet, ob man Klage erheben soll, soll und muß man auch die nervlichen Belastungen bedenken, die ein Zivilprozeß mit sich bringt.

Ein Prozeß nimmt zudem erhebliche Zeit für die Parteien in Anspruch. Sie müssen sich mit ihren Anwälten beraten. Sie müssen möglicherweise an der mündlichen Verhandlung teilnehmen.[3] Die Partei muß gegebenenfalls Zeit darauf verwenden, Beweise zu finden und zu sichern. Auch in bezug auf diesen Zeitaufwand soll sich jeder fragen, ob sich die Durchführung eines Zivilprozesses lohnt.

Zivilprozesse werden häufig von den Parteien mit großer Erbitterung geführt, insbesondere wenn sie sich gut kennen und als Verwandte oder Nachbarn nahegestanden haben und deshalb besonders emotional reagieren. Dies kann Wunden schlagen, die lange und manchmal überhaupt nicht mehr verheilen. Dadurch werden Feindschaften erzeugt, die zu immer neuen Rechtsstreitigkeiten eskalieren können. Müssen die Prozeßgegner als Arbeitskollegen, Nachbarn oder in ähnlichen Beziehungen weiter miteinander umgehen und zusammenleben, kann sogar ein gewonnener Prozeß zur Quelle ständigen Ärgers werden. Auch eine solche mögliche Entwicklung gilt es, vor Beginn eines Zivilprozesses zu bedenken.

---

[2] Einzelheiten zu den Kosten eines Rechtsstreits im Abschnitt »Was kostet mich der Prozeß?«

[3] Zu der Frage, ob eine Partei an der mündlichen Verhandlung teilnehmen muß, Einzelheiten im Abschnitt »Was erwartet mich in der mündlichen Verhandlung?«

Der Klügere gibt nach

Der Grundsatz, jeden Streit nach Möglichkeit zu vermeiden, gilt in gleicher Weise für einen potentiellen Beklagten. Sieht man einen Rechtsstreit auf sich zukommen, dann sollte man überlegen, ob vertretbare Kompromisse möglich sind und man sich durch kleinere Zugeständnisse größeren Ärger ersparen kann. Der Klügere gibt eben nach! Dies muß allerdings nicht soweit gehen, wie in der Geschichte, die von einem hohen Richter erzählt wird.

Dieser Richter befand sich mit einem Gesprächspartner auf dem Flur des Gerichts, als ein aufgeregter und wütender Mann erschien, der den Richter aufforderte, sofort die Scheibe zu bezahlen, die des Richters Sohn mit dem Fußball zerbrochen hätte. Der Richter zückte daraufhin unverzüglich seine Brieftasche und zahlte den verlangten Betrag. Als der Mann gegangen war, bemerkte der Gesprächspartner, der die Szene interessiert und erstaunt beobachtet hatte: »Sie haben doch überhaupt keinen Sohn!« Als dies der Richter bestätigte, fragte der Gesprächspartner: »Ja, warum haben Sie denn gezahlt?« Die Antwort lautete: »Wissen Sie, wie die Gerichte entscheiden werden?«

Diese von dem Erfinder der Geschichte zum Ausdruck gebrachte Skepsis gegenüber der gerichtlichen Tätigkeit ist sicher übertrieben. Aber wie häufig steckt auch in dieser Übertreibung ein richtiger Kern. Die bereits beschriebene Ungewißheit über den Ausgang eines Zivilprozesses trifft gleichermaßen Kläger und Beklagten. Die vor Beginn des Rechtsstreits zunächst so eindeutig erscheinende Rechtslage kann sich plötzlich und unerwartet wesentlich verschlechtern. Wichtige Beweismittel gehen verloren, ein unersetzlicher Zeuge stirbt oder ist nicht mehr auffindbar. Im Laufe des Prozesses werden neue Tatsachen entdeckt, die vorher verborgen waren. Alles das und vieles andere mahnen zur Vorsicht und Besonnenheit, wenn es um den Entschluß geht, einen Rechtsstreit zu beginnen und durchzustehen.

Nun sollen diese Bedenken und Empfehlungen nicht so verstanden werden, als sei stets davon abzuraten, ein Gericht um Rechtsschutz zu bitten. Wie bereits einleitend bemerkt, gibt es Fälle, in denen dem Betroffenen nichts anderes übrigbleibt. Wichtig ist nur, daß leidenschaftlos Vor- und

Nachteile abgewogen und die vielen dargestellten Risiken und Unannehmlichkeiten berücksichtigt werden, wenn eine Antwort auf die Frage gesucht wird: Soll ich klagen?

Welches Gericht ist zuständig?

Die verschiedenen Rechtswege

Es gibt verschiedene Gerichtszweige, deren Zuständigkeit jeweils auf einzelne Gebiete des Rechts bezogen ist. Es sind dies

- die ordentliche Gerichtsbarkeit, die die Zivil- und Strafgerichtsbarkeit umfaßt,
- die Verwaltungsgerichtsbarkeit,
- die Finanzgerichtsbarkeit,
- die Arbeitsgerichtsbarkeit und
- die Sozialgerichtsbarkeit.

Diese fünf Gerichtszweige sind einander gleichrangig. Dagegen nimmt die Verfassungsgerichtsbarkeit eine besondere Position ein, die sich aus ihrer Aufgabe erklärt, für die Beachtung der Verfassung Sorge zu tragen. Dies geschieht im Bund durch das Bundesverfassungsgericht, in den Ländern durch die Landesverfassungsgerichte, auch Verfassungsgerichtshöfe genannt.

In dieser Schrift, die der Zivilgerichtsbarkeit gewidmet ist, kann nur ihre Abgrenzung zu den anderen Gerichtszweigen und innerhalb der ordentlichen Gerichtsbarkeit ihre Unterscheidung von der Strafgerichtsbarkeit interessieren. Ob es sich um ein Zivil- oder Strafverfahren handelt, ist leicht feststellbar. Auch die Zuordnung zu den meisten anderen Gerichtszweigen ist nach dem Gegenstand der Streitigkeit regelmäßig einfach. Die Finanzgerichte entscheiden Steuerrechtsstreitigkeiten, und die Sozialgerichte sind für Sozialrechtsstreitigkeiten z. B. aufgrund der Sozialversicherung zuständig. Schwierigkeiten treten fast nur in der Abgrenzung zwischen der Zivilgerichtsbarkeit zur Verwaltungsgerichtsbarkeit auf. Handelt es sich bei dem oben gebrachten Beispiel einer Unterlassungsklage gegen Geräuschbelästigungen[1] nicht um einen privat betriebenen Tennisplatz, sondern um einen von der Gemeinde errichteten Kinderspielplatz, dann ist die Zuständigkeit des Verwaltungsgerichts gegeben. Der Unterschied in der Zuständigkeit erklärt sich dadurch, daß sich im Tennisplatzfall mit dem Betreiber der Anlage und dem gestörten Grundstückseigentümer zwei Privatleute gegenüberstehen, deren Rechtsbeziehungen aufgrund des Privatrechts zu entscheiden sind, während im Kinderspielplatzfall seine Errichtung auf eine hoheitliche Tätigkeit der Gemeinde zurückgeht, die auf dem Gebiet des öffentlichen Rechts liegt und über deren Rechtmäßigkeit deshalb auch ein Verwaltungsgericht zu befinden hat. Dies bedeutet allerdings nicht, daß nicht auch eine Gemeinde oder eine andere öffentlich-rechtliche Institution privatrechtlich tätig werden kann, so daß dafür die Zivilgerichte zuständig sind. Verkauft beispielsweise eine Gemeinde an einen Privaten einen Pkw oder deckt sie ihren Bürobedarf durch Einkauf bei einem Schreibwarenhändler, dann schließt sie privatrechtliche Kaufverträge, und für die daraus entstehenden Streitigkeiten sind die Zivilgerichte zuständig.

Die Abgrenzung zwischen Zivilgerichtsbarkeit und Verwaltungsgerichtsbarkeit kann nicht selten nur aufgrund fundierter Rechtskenntnisse zutreffend vorgenommen werden. Deshalb ist zu empfehlen, bei Zweifeln eine Rechtsanwältin oder einen Rechtsanwalt zu konsultieren. Hat man irrtümlich das falsche Gericht angerufen, dann hat dieses nach Anhörung der Parteien von Amts wegen seine Unzuständigkeit durch Beschluß auszusprechen und den Rechtsstreit an das zuständige Gericht zu verweisen (§ 17a GVG). Nachteile ergeben sich für den Kläger nur daraus, daß er die Mehrkosten zu tragen hat, die durch die Anrufung des falschen Gerichtes entstanden sind, und zwar auch dann, wenn er letztlich den Prozeß gewinnt (§ 17b Abs. 2 GVG).

Die Gliederung der Zivilgerichtsbarkeit

Die Zivilgerichte sind in zwei Instanzenzügen gegliedert, und zwar in dem sog. kleinen und dem großen Rechtsweg.

Der *kleine Rechtsweg* umfaßt das Amtsgericht als erste Instanz und das Landgericht in zweiter Instanz,

---

[1] Einzelheiten dazu im Abschnitt: »Soll ich klagen?«

während der *große Rechtsweg* mit dem Landgericht als erster Instanz beginnt über das Oberlandesgericht als zweite Instanz führt und beim Bundesgerichtshof als dritter Instanz endet.

Daneben gibt es noch den Rechtsweg in Kindschafts- und Familiensachen, der in erster Instanz das Amtsgericht, in zweiter Instanz das Oberlandesgericht und in dritter Instanz den Bundesgerichtshof aufweist. Zur Unterscheidung zwischen diesen verschiedenen Rechtswegen ist folgendes zu bemerken:

Ob ein Rechtsstreit dem kleinen Rechtsweg zuzuordnen ist, also das Amtsgericht in erster Instanz zu entscheiden hat, richtet sich im Regelfall nach dem Wert des Anspruchs, den der Kläger mit seiner Klage gegen den Beklagten geltend macht.[2] Ist der Wert dieses Anspruchs nicht höher als 10 000 DM dann ist das Amtsgericht zuständig, sonst das Landgericht (§ 23 Nr. 1, § 71 Abs. 1 GVG). Es gibt allerdings auch Streitigkeiten, die ohne Rücksicht auf ihren Wert dem kleinen oder dem großen Rechtsweg zugewiesen werden. So ist das Amtsgericht unabhängig vom Wert geltend gemachter Ansprüche zuständig für Streitigkeiten über Ansprüche aus einem Mietverhältnis über Wohnraum und für Streitigkeiten zwischen Reisenden und Wirten wegen Zechschulden, Übernachtungskosten u. ä. Gleiches gilt für Streitigkeiten wegen Viehmängel und wegen Wildschadens.

Kindschafts-, Unterhalts- und Ehesachen

Eine wichtige Zuständigkeit ist den Amtsgerichten in Kindschafts-, Unterhalts- und Ehesachen übertragen worden. Kindschaftssachen sind Rechtsstreitigkeiten, die auf die Feststellung des Bestehens oder Nichtbestehens eines Eltern-Kind-Verhältnisses insbesondere auf die Feststellung der Wirksamkeit oder Unwirksamkeit einer Anerkennung der Vaterschaft gerichtet sind; auch die Anfechtung der Ehelichkeit eines Kindes gehört dazu. Unterhaltsstreitigkeiten, die von den Amtsgerichten zu entscheiden sind, betreffen eine durch Ehe oder Verwandtschaft begründete gesetzliche Unterhaltspflicht. Als Ehesachen werden die Verfahren bezeichnet, die eine Scheidung, die Aufhebung oder Nichtigkeitserklärung einer Ehe, die Fest-

---

[2] Einzelheiten zur Berechnung des Wertes finden sich im Abschnitt »Was kostet mich der Prozeß?«

stellung des Bestehens einer Ehe sowie Klagen auf Herstellung der ehelichen Lebensgemeinschaft zum Gegenstand haben. Die Ehesachen zählen zu den Familiensachen, die von besonderen Abteilungen der Amtsgerichte, den sog. Familiengerichten entschieden werden. Außer den Ehesachen sind noch eine Reihe von anderen Verfahren als Familiensachen ausgewiesen (§ 23b Abs. 1 GVG). Dazu gehören die Verfahren über die Regelung der elterlichen Sorge für ein eheliches Kind, die Verfahren über die Regelung des Umganges eines Elternteiles mit dem ehelichen Kinde, die Verfahren über die Herausgabe des Kindes an den anderen Elternteil, Streitigkeiten, die die gesetzliche Unterhaltspflicht gegenüber einem ehelichen Kinde betreffen, Streitigkeiten, die auf die durch Ehe begründeten gesetzlichen Unterhaltspflichten gerichtet sind, Verfahren über den Versorgungsausgleich, über die Regelung der Rechtsverhältnisse an der Ehewohnung und am Hausrat sowie Streitigkeiten über Ansprüche aus dem ehelichen Güterrecht. Für diese Familiensachen gelten besondere Verfahrensregeln, die in bestimmten Punkten von dem Regelverfahren, wie es oben dargestellt wurde[3], abweichen. Auf Einzelheiten wird noch später eingegangen werden.[4]

Besondere Zuständigkeiten

Auch dem Landgericht sind ohne Rücksicht auf den Wert des durch Klage geltend gemachten Anspruchs bestimmte Zuständigkeiten zugewiesen, so beispielsweise für Ansprüche, die aufgrund der Beamtengesetze gegen den Fiskus erhoben werden, sowie für Ansprüche gegen Richter und Beamte wegen Amtspflichtverletzungen (§ 71 Abs. 2 GVG).

Auch Arbeitssachen gehören ihrem Gegenstand nach zur Zivilgerichtsbarkeit. Aber wie bereits einleitend ausgeführt worden ist, wurde dafür ein eigener Gerichtszweig geschaffen: die Arbeitsgerichtsbarkeit. Zu den Arbeitssachen gehören insbesondere Streitigkeiten zwischen Arbeitnehmern und Arbeitgebern, die sich im Zusammenhang aus einem zwischen ihnen bestehenden Arbeitsverhältnis ergeben. Solche Streitigkeiten sind vor den Gerichten für Arbeitssachen auszutragen. Die Gerichtsbarkeit in Arbeitssachen wird ausgeübt durch die Arbeitsgerichte in erster Instanz,

---

[3] Beschrieben im Abschnitt »Wie läuft ein Zivilprozeß ab?«
[4] Einzelheiten dazu im Abschnitt »Der Scheidungsprozeß«.

die Landesarbeitsgerichte in zweiter Instanz und das Bundesarbeitsgericht in dritter und letzter Instanz. Für die Verfahren vor den Gerichten für Arbeitssachen gelten besondere Regelungen, die im Arbeitsgerichtsgesetz enthalten sind.[5]

Örtliche Zuständigkeit

Bisher wurden nur die Rechtswegzuständigkeit, also die Zuständigkeit, die zwischen den verschiedenen Gerichtszweigen besteht, und die sachliche Zuständigkeit dargestellt, die sich auf die Frage bezieht, welches Zivilgericht in erster Instanz anzurufen ist, ob also das Amtsgericht oder das Landgericht über die Klage zu befinden hat. Zu berücksichtigen ist aber auch die örtliche Zuständigkeit.

Jedes Gericht ist für ein bestimmtes räumliches Gebiet zuständig, und die Entscheidung des einzelnen Rechtsstreits ist dem sachlich zuständigen Gericht übertragen, zu dessen Bezirk der Streit in irgendeiner räumlichen Beziehung steht. Die Merkmale, die den Anknüpfungspunkt für die örtliche Zuständigkeit eines Gerichts bilden, sind in der Zivilprozeßordnung unterschiedlich gestaltet. In erster Linie entscheidet der Wohnsitz des Beklagten (§§ 12, 13 ZPO). Dort, wo sich eine Person ständig niederläßt und auf diese Weise ihren Wohnsitz begründet (§ 7 Abs. 1 BGB), soll sie im Regelfall auch verklagt werden. Diese Entscheidung, die den Beklagten begünstigt, ist vom Gesetzgeber wohlüberlegt getroffen worden. Der Beklagte wird als Angegriffener in einen Rechtsstreit hineingezogen und seine Verteidigung würde erheblich dadurch erschwert werden, wenn er sich dazu an einen anderen Ort begeben müßte. Der Nachteil für den Kläger, seine Klage möglicherweise vor einem Gericht zu erheben, das von seinem Wohnort weit entfernt liegt, wird dadurch aufgewogen, daß er den Zeitpunkt und die Art des Klageangriffs bestimmen kann. Hat eine Person keinen Wohnsitz im Inland, dann ist ihr Aufenthaltsort maßgebend; ist ein solcher nicht bekannt, dann kommt es auf ihren letzten inländischen Wohnsitz an (§ 16 ZPO). Juristische Personen, also Aktiengesellschaften, Gesellschaften mit beschränkter Haftung, Vereine, Stiftungen und Anstalten, sind an dem Ort zu verklagen, an dem sich ihre Verwaltung befindet (§ 17 Abs. 1 ZPO).

Neben diesem »allgemeinen Gerichtsstand«, an dem man grundsätz-

---

[5] Einzelheiten dazu im Abschnitt »Der Arbeitsgerichtsprozeß«.

lich alle Ansprüche geltend machen kann, gibt es noch den »besonderen Gerichtsstand«, der auf bestimmte Ansprüche beschränkt bleibt. So kann nach § 21 ZPO ein Gewerbetreibender, Freiberufler oder Landwirt, der eine Niederlassung außerhalb seines Wohnsitzes hat, auch vor dem für den Ort dieser Niederlassung zuständigen Gericht verklagt werden, wenn sich die Klage auf den Geschäftsbetrieb der Niederlassung bezieht. Die Regelung über den besonderen Gerichtsstand der Niederlassung beruht auf ähnlichen Erwägungen, wie sie für die Wahl des Wohnsitzes als Anknüpfungspunkt für den allgemeinen Gerichtsstand einer Person beschrieben worden sind. Wer von einer Niederlassung aus Geschäfte betreibt, der muß sich auch gefallen lassen, an diesem Ort verklagt zu werden.

Es gibt jedoch auch andere Gründe, die eine strikte Durchführung des Grundsatzes, daß stets dort Klage zu erheben ist, wo der Beklagte ansässig ist, unzweckmäßig erscheinen lassen. Ist beispielsweise der Streit der Parteien auf ein Geschehen gerichtet, das sich nicht am Wohnsitz des Beklagten zugetragen hat, dann kann das Gericht am Ort dieses Geschehens möglicherweise den Rechtsstreit einfacher und kostengünstiger entscheiden. So erklärt sich, daß für Klagen aus unerlaubten Handlungen das Gericht zuständig ist, in dessen Bezirk die Handlung begangen worden ist (§ 32 ZPO). Bei Klagen aus unerlaubter Handlung geht es regelmäßig um Ansprüche auf Schadensersatz wegen unerlaubter und schuldhafter Verletzung eines Rechts oder Rechtsguts des Klägers durch den Beklagten. Eine solche unerlaubte Handlung kann beispielsweise durch einen vom Beklagten verschuldeten Verkehrsunfall begangen worden sein. Wird deshalb Klage erhoben, dann kann zur Aufklärung des Unfallhergangs eine Ortsbesichtigung durch das Gericht erforderlich werden; dies spricht dafür, die Entscheidung dem Gericht zu übertragen, das dem Ort des Geschehens am nächsten ist. Allerdings ist der Kläger nicht gezwungen, seine Klage am besonderen Gerichtsstand der unerlaubten Handlung zu erheben. Er hat vielmehr die Wahl, ob er den Beklagten dort oder an seinem allgemeinen Gerichtsstand, also vor dem Gericht verklagt, das für den Wohnsitz des Beklagten zuständig ist (§ 35 ZPO).

Ist also die Wahl zwischen verschiedenen allgemeinen und besonderen Gerichtsständen dem Kläger überlassen, so gilt dies nicht, wenn das Gesetz einen sog. ausschließlichen Gerichtsstand bestimmt hat. Solche ausschließlichen Gerichtsstände gehen allgemeinen und besonderen Gerichtsständen vor und müssen von den Parteien beachtet werden. So muß die Klage wegen Streitigkeiten aus Miet- oder Pachtverhältnissen über Räume oder über das Bestehen solcher Verhältnisse vor dem Gericht erhoben werden, in dessen Bezirk sich die Räume befinden (§ 29a ZPO, in dessen Abs. 2 werden hier nicht näher zu erläuternde Ausnahmen bestimmt).

Parteivereinbarungen

Die Regelung des Gerichtsstandes, insbesondere der Grundsatz, daß Klagen am Wohnsitzgericht des Beklagten zu erheben sind, bezweckt, wie ausgeführt, den Beklagten zu schützen. Deshalb ist auch eine davon abweichende Vereinbarung der Parteien im Prinzip unzulässig. Von dem Verbot der Gerichtsstandsvereinbarung läßt das Gesetz jedoch auch Ausnahmen zu. Handelt es sich bei den Parteien um Vollkaufleute, dann können sie eine abweichende Vereinbarung über die Zuständigkeit des Gerichts für Streitigkeiten aus einem bestimmten Rechtsverhältnis schließen. Der Gesetzgeber geht davon aus, daß Vollkaufleute durchaus imstande sind, die rechtlichen Konsequenzen einer solchen Vereinbarung richtig einschätzen zu können. Außerdem ist eine Gerichtsstandsvereinbarung anderer Personen zulässig, wenn sie ausdrücklich und schriftlich nach dem Entstehen der Streitigkeit geschlossen wird (§ 38 Abs. 3 Nr. 1 ZPO).

Schließlich ist noch darauf hinzuweisen, daß sowohl die örtliche als auch die sachliche Zuständigkeit eines Gerichts dadurch begründet werden kann, daß der Beklagte sich auf den Rechtsstreit einläßt und mündlich verhandelt, ohne die Unzuständigkeit des Gerichts geltend zu machen (§ 39 S. 1 ZPO). Im amtsgerichtlichen Verfahren, in dem der Beklagte auch ohne Rechtsanwalt den Prozeß führen kann, tritt diese Wirkung nur ein, wenn das Gericht den Beklagten auf die Folgen einer solchen Einlassung auf den Rechtsstreit hingewiesen hat (§ 39 S. 2 iVm. § 504 ZPO). Eine solche Zuständigkeitsbegründung ist jedoch nur zulässig, wenn kein ausschließlicher Gerichtsstand bestimmt ist und wenn sich der Rechtsstreit auf vermögensrechtliche Ansprüche bezieht, also auf Ansprüche, die auf Geld oder Geldwert gerichtet sind. Dieselbe Einschränkung gilt auch für Gerichtsstandsvereinbarungen (§ 40 Abs. 2 ZPO).

Brauche ich einen Rechtsanwalt?

Diese Frage ist für die Gerichte zu bejahen, bei denen ein Anwaltszwang besteht. Anwaltszwang bedeutet die Notwendigkeit für eine Partei, durch einen beim Prozeßgericht zugelassenen Rechtsanwalt vertreten zu werden. Der Begriff »Rechtsanwalt« wird hier und in den folgenden Ausführungen im Sinne einer Berufsbezeichnung verwendet, die selbstverständlich auch die weiblichen Angehörigen dieses Berufsstandes einschließt. Ein Anwaltszwang besteht in allen Verfahren vor den Landgerichten, Oberlandesgerichten und dem Bundesgerichtshof sowie in Bayern vor dem Bayerischen Obersten Landesgericht. Dagegen müssen die Parteien in Verfahren vor den Amtsgerichten grundsätzlich nicht durch einen Rechtsanwalt vertreten werden. Ausnahmen gelten nur in einem bestimmten Umfang für Verfahren vor den Familiengerichten, bei denen es sich um Abteilungen der Amtsgerichte handelt.[1] Insbesondere für Verfahren auf Scheidung, Aufhebung oder Nichtigkeitserklärung einer Ehe sowie auf Feststellung des Bestehens oder Nichtbestehens einer Ehe und in Sorgerechts-, Unterhalts- und Versorgungsausgleichsverfahren, die im Zusammenhang mit einem Ehescheidungsverfahren stehen und deshalb regelmäßig mit ihm zusammen verhandelt werden müssen, ist Anwaltszwang vorgesehen (§ 78 Abs. 2 ZPO).

Aber auch soweit es sich nicht um Anwaltsprozesse, also Verfahren mit Anwaltszwang, handelt, sondern um einen sog. Parteiprozeß, in dem eine Vertretung durch Anwälte nicht geboten ist und die Parteien den Rechtsstreit selbst oder durch einen Bevollmächtigten führen können, der nicht ein beim Prozeßgericht zugelassener Rechtsanwalt sein muß, sollte stets sorgfältig die Frage geprüft werden, ob nicht doch die Prozeßführung einem Rechtsanwalt übertragen werden sollte. Abgesehen von der Pro-

---

[1] Einzelheiten dazu im Abschnitt: »Welches Gericht ist zuständig?«

zeßvertretung empfiehlt es sich in Fällen, in denen ein Prozeß droht, einen Rechtsanwalt zu Rate zu ziehen, um die Erfolgsaussichten abzuschätzen und sich richtig zu verhalten. Die dadurch entstehenden Anwaltskosten rentieren sich meist, zumal sie von dem Gegner zurückgefordert werden können, wenn er durch sein Verhalten die Einschaltung eines Rechtsanwaltes veranlaßt hat. Für einen mündlichen oder schriftlichen Rat oder eine Auskunft, die in einer ersten Beratung erteilt werden und die nicht mit einer anderen gebührenpflichtigen Tätigkeit zusammenhängen, kann der Rechtsanwalt höchstens 350 DM fordern (§ 20 Abs. 1 BRAGO).

Wer nicht über die erforderlichen finanziellen Mittel für die Rechtsberatung durch einen Anwalt verfügt, kann nach dem Beratungshilfegesetz einen Antrag auf Beratungshilfe beim Amtsgericht stellen, in dessen Bereich der Rechtsuchende seinen Wohnsitz hat. Dies kann mündlich oder schriftlich unter Verwendung eines dafür vorgeschriebenen Vordrucks geschehen. Dabei ist der Sachverhalt, für den Beratung gewünscht wird, anzugeben. Die persönlichen und wirtschaftlichen Verhältnisse des Rechtsuchenden sind glaubhaft zu machen. Hat sich der Rechtsuchende wegen der Beratungshilfe unmittelbar an einen Rechtsanwalt gewandt, dann kann der Antrag auch noch nachträglich gestellt werden. Wird dem Antrag entsprochen, dann kann die Beratungshilfe durch das Amtsgericht selbst gewährt werden, soweit dies durch eine sofortige Auskunft, durch Hinweise auf andere Möglichkeiten für Hilfe oder durch die Aufnahme eines Antrages oder einer Erklärung des Rechtsuchenden möglich ist. In anderen Fällen wird dem Rechtsuchenden ein Berechtigungsschein ausgestellt. Mit diesem Berechtigungsschein kann sich der Rechtsuchende zu einem Rechtsanwalt seiner Wahl begeben, um sich dort beraten zu lassen. Der Rechtsanwalt kann für die Beratungshilfe eine Gebühr von 20 DM erheben, bei der es sich um eine Art Selbstbeteiligung des Rechtsuchenden handelt. Diese Gebühr kann der Rechtsanwalt aber auch dem Rechtsuchenden erlassen. In einzelnen Bundesländern wie in Berlin, Bremen und Hamburg gibt es eine öffentliche Rechtsberatung, die der Rechtsuchende in Anspruch nehmen kann.

Rechtsanwälte sind umfassend ausgebildet, so daß sie in der Lage sind, in jeder zivilrechtlichen Frage mit Rat und Tat zu helfen. Dennoch gibt es auf dem weiten Gebiet des Zivilrechts Spezialisierungen, die nur beim Arbeitsrecht durch eine entsprechende Fachanwaltsbezeichnung kenntlich gemacht werden dürfen (§ 43c BRAO). Es ist deshalb manchmal nicht ganz einfach, den Rechtsanwalt zu finden, der sich mit bestimmten Rechtsfragen besonders intensiv befaßt und auf diesem Bereich über Spezialkenntnisse verfügt. Bei der Suche nach einem solchen Anwalt kann der Deutsche Anwaltsverein, Adenauerallee 106, 53113 Bonn (Tel. 0228/26 07 0), und die Bundesrechtsanwaltskammer, Joachimsstraße 1, 53113 Bonn (Tel. 02 28/22 30 05), sowie der mit der Bundesrechtsanwaltskammer kooperierende Anwalt-Suchservice, Unter den Ulmen 96–98, 50968 Köln (Tel. 0 180/52 54 555), helfen.

Wie erhebe ich Klage?

Im folgenden sollen einige Hinweise für denjenigen gegeben werden, der ohne Hilfe eines Rechtsanwalts einen Rechtsstreit führen möchte und deshalb auch die Klage allein zu verfassen hat. Diese Möglichkeit besteht nur in Verfahren, in denen es keinen Anwaltszwang gibt, also nur in Rechtsstreitigkeiten, die durch die Amtsgerichte zu entscheiden sind.[1] In diesen Verfahren besteht die Besonderheit, daß die Klage mündlich zu Protokoll der Geschäftsstelle jedes Amtsgerichts, also nicht nur des für die Entscheidung des Rechtsstreits örtlich zuständigen, angebracht werden kann. Diese Form der Klageerhebung bedeutet eine Erleichterung für die nicht anwaltlich vertretene Partei. Denn bei Aufnahme der Klage wird der damit befaßte Justizbeamte auf sachgerechte Anträge und Erklärungen hinweisen und dafür sorgen, daß den Anforderungen genügt wird, die an eine ordnungsgemäße Klage zu stellen sind. Zusätzliche Kosten durch die Aufnahme der Klage zu Protokoll der Geschäftsstelle entstehen dem Kläger nicht. Er hat nur, wie auch sonst bei der Klageerhebung, den Gerichtskostenvorschuß zu entrichten, soweit ihm nicht Prozeßkostenhilfe bewilligt wurde.[2]

Wird die Klage nicht zu Protokoll der Geschäftsstelle angebracht, dann muß sie in Form eines Schriftsatzes erhoben werden, der an das örtlich zuständige Amtsgericht zu richten ist. Die Klage, einerlei ob sie durch Schriftsatz oder zu Protokoll der Geschäftsstelle erhoben wird, muß bestimmten Anforderungen genügen. Als eine Selbstverständlichkeit erscheint es, daß in der Klageschrift die Parteien, also Kläger und Beklagter, bezeichnet werden. Erforderlich sind Angaben, die eine ausreichende Individualisierung er-

---

[1] Einzelheiten zur Zuständigkeit des Amtsgerichts finden sich im Abschnitt »Welches Gericht ist zuständig?« Dabei sind die Ausnahmen zu beachten, die in Familiensachen gelten; dazu Einzelheiten im Abschnitt »Brauche ich einen Rechtsanwalt?«
[2] Einzelheiten finden sich im Abschnitt »Was kostet mich der Prozeß?«

möglichen. Im Regelfall ist zu verlangen, daß die Anschrift beider Parteien so genau genannt wird, daß eine Zustellung von Schriftstücken ohne weiteres möglich ist. Bei einer Klage, die durch Schriftsatz erhoben wird, ist es selbstverständlich, daß genau bezeichnet wird, welches Gericht Adressat sein soll. Bei einer Klage zu Protokoll der Geschäftsstelle muß ebenfalls das örtlich zuständige Amtsgericht genannt werden; bei Zweifeln wird der die Klage aufnehmende Beamte helfen. Der Kläger muß einen Antrag stellen, also angeben, was er von dem Beklagten begehrt, außerdem sein Begehren begründen. Dies bedeutet, daß der Kläger den tatsächlichen Vorgang zu schildern hat, aus dem er sein Recht ableitet, das er mit der Klage verfolgt. Dies muß so genau geschehen, daß Gericht und Gegner erkennen können, auf welche Tatsachen der Kläger den von ihm gestellten Antrag stützt. Beispielsweise kann der Kläger folgendes vortragen:

> Es wird beantragt, den Beklagten zur Herausgabe eines Pkw Marke VW Golf III, amtliches Kennzeichen ABC-1, Fahrzeug-Identifizierungs-Nummer XYZ, zu verurteilen. Der Kläger hat das Fahrzeug auf dem Grundstück des Beklagten untergestellt. Als Zeitraum für die Unterstellung waren vier Wochen vorgesehen. Als Entgelt war für diese Zeit ein Betrag von 120 DM vereinbart worden. Nach Ablauf dieser Frist verweigert der Beklagte die Herausgabe mit der Begründung, er habe noch eine weitere Forderung gegen den Beklagten aus dem Verkauf eines Fernsehgerätes. Dieses Fernsehgerät ist aber defekt und wurde deshalb dem Beklagten zurückgegeben.

Die genaue Bezeichnung des herauszugebenden Pkw ist erforderlich, damit der Richter im Urteil das Auto des Klägers so genau beschreiben kann, daß später bei einer Vollstreckung der Gerichtsvollzieher keine Zweifel hat, welches Fahrzeug gemeint ist. Die übrige Darstellung des Sachverhalts genügt den zu stellenden Anforderungen, denn Gericht und Gegner können ihm entnehmen, um was es hier dem Kläger geht.

Erforderlich ist außerdem, daß die Klageschrift vom Beklagten eigenhändig unterschrieben wird. Wird die Klage durch Telegramm, Telebrief oder Fernschreiben eingelegt, was zulässig ist, dann genügt es, daß die Identität des Absenders feststeht. Auf eine eigenhändige Unterschrift muß dann aus technischen Gründen verzichtet werden. Bei Übermittlung von Kopien, wie dies bei Telefax geschieht, muß jedoch die Kopievorlage unterschrieben sein.

Es gibt Fälle, in denen es dem Kläger nicht möglich ist, einen bestimmten Antrag zu stellen, weil erst die Höhe seiner Forderung gegen den Beklagten im Prozeß zu klären ist. Hat beispielsweise der Beklagte für den Kläger Geschäfte geführt, aus denen er den erzielten Gewinn abzuführen hat, und weiß der Kläger nicht, welcher Gewinn erzielt wurde, dann kann er eine Klage auf Rechnungslegung mit der Klage auf Herausgabe desjenigen verbinden, was der Beklagte aus dem zugrundeliegenden Rechtsverhältnis schuldet (§ 254 ZPO). Da jedoch der Kläger erst nach Rechnungslegung weiß, in welchem Umfang der Beklagte zur Herausgabe verpflichtet ist, kann er zunächst von der bestimmten Angabe der Geldsumme, die er beansprucht, absehen und diese Angabe nachholen, wenn der Beklagte die von ihm begehrte Information gegeben hat. Soll die Höhe einer Geldforderung erst durch eine Beweisaufnahme oder durch eine gerichtliche Schätzung ermittelt werden oder steht dem Kläger ein Anspruch auf Schmerzensgeld zu, dann ist es ausreichend, wenn die zahlenmäßige Feststellung der Klageforderung dem Gericht überlassen wird, sofern nur dem Richter zugleich die tatsächlichen Grundlagen mitgeteilt werden, die ihm die Feststellung der Höhe des dem Kläger zuzusprechenden Betrages ermöglichen. Allerdings muß der Kläger in einem solchen Fall die ungefähre Größenordnung erkennen lassen, von der er ausgeht.

Wird die Klage durch einen vom Kläger selbst verfaßten Schriftsatz erhoben, dann sollte er sich bemühen, die wesentlichen Punkte, auf die es ihm ankommt, genau, jedoch ohne Ausschmückungen und Abschweifungen darzustellen. Dies sollte möglichst leidenschaftslos in einer nüchternen Sprache geschehen; denn die Klageschrift soll über das Begehren des Klägers informieren und nicht Stimmung machen. Insbesondere sind beleidigende und die Gegenpartei herabsetzende Ausführungen strikt zu vermeiden. Der Richter wird nämlich eine Klageschrift mit einem beleidigenden Inhalt zurückweisen und den Prozeß nicht in Gang setzen. Die Beweise, auf die sich der Kläger für die Richtigkeit seiner Sachdarstellung stützen kann, sind zu nennen.[3]

---

[3] Einzelheiten dazu finden sich im Abschnitt »Haben Sie Beweise?«

Was kostet mich der Prozeß?

Bevor jemand einen Prozeß beginnt, wird er regelmäßig die Erfolgsaussichten seiner Klage und das Kostenrisiko, das er damit eingeht, festzustellen versuchen. Beide Fragen sind eng miteinander verknüpft, weil grundsätzlich der in einem Rechtsstreit Unterlegene die dadurch entstandenen Kosten zu tragen hat (§ 91 ZPO). Diese Kosten können – wie noch zu zeigen sein wird – erheblich sein. Um die Erfolgsaussichten einer Klage beurteilen zu können, muß die Rechtslage geprüft werden. In den meisten Fällen wird deshalb die Beauftragung eines Rechtsanwalts mit der Vorbereitung des Rechtsstreits geboten sein. Der Rechtsanwalt wird dann seinem Mandanten auch das Kostenrisiko im einzelnen erläutern.

Die Anwaltsgebühren

Ein Rechtsanwalt kann für seine Tätigkeit ein Entgelt beanspruchen. Im Grundsatz kann dieses Entgelt zwischen Anwalt und Mandanten frei vereinbart werden. Wird eine solche Vereinbarung nicht getroffen, dann richtet sich die Vergütung des Anwalts nach der Bundesgebührenordnung für Rechtsanwälte (üblicherweise und im folgenden abgekürzt: BRAGO). Geringere Gebühren, als in der BRAGO genannt, dürfen regelmäßig nicht von Rechtsanwälten vereinbart werden (§ 49b BRAO). Eine höhere Vergütung bedarf der schriftlichen Erklärung des Mandanten (§ 3 Abs. 1 BRAGO).

Nach der Regelung der BRAGO ist zwischen verschiedenen Gebühren zu unterscheiden, die ein Rechtsanwalt beanspruchen kann:

- Die Prozeßgebühr (§ 31 Abs. 1 Nr. 1 BRAGO), die der Rechtsanwalt »für das Betreiben des Geschäfts einschließlich der Information« sei-

nes Mandanten erhält und durch die jede Tätigkeit des Rechtsanwalts als Prozeßbevollmächtigter abgegolten wird, für die nach der BRAGO keine besondere Gebühr vorgesehen ist.
- Die Verhandlungsgebühr (§ 31 Abs. 1 Nr. 2 (BRAGO), die anfällt, wenn vor Gericht mündlich verhandelt wird.
- Die Beweisgebühr für die Vertretung im Beweisaufnahmeverfahren oder bei der Anhörung oder der Vernehmung einer Partei in Ehesachen (§ 31 Abs. 1 Nr. 3 BRAGO).
- Die Erörterungsgebühr für die Erörterung der Sache auch im Rahmen eines Versuchs zur gütlichen Beilegung, sofern nicht eine Verhandlungsgebühr anfällt, die denselben Gegenstand betrifft und im selben Rechtszug entsteht (§ 31 Abs. 1 Nr. 4, Abs. 2 BRAGO).
- Die Vergleichsgebühr (§ 23 BRAGO) für die Mitwirkung an einem Vergleich.

Diese verschiedenen Gebühren entstehen regelmäßig unabhängig voneinander und addieren sich. So erhält ein Rechtsanwalt für einen Rechtsstreit, der nach einer mündlichen Verhandlung und nach einer Beweisaufnahme entschieden wird, eine Prozeßgebühr, eine Verhandlungsgebühr und eine Beweisgebühr. Hinzu kann noch eine Vergleichsgebühr kommen, wenn das Verfahren nach mündlicher Verhandlung und nach Beweisaufnahme durch einen Prozeßvergleich und nicht durch ein Urteil beendet wird. Prozeßgebühr, Verhandlungsgebühr und Beweisgebühr fallen in jeder Instanz gesondert an. Dies bedeutet, daß der Rechtsanwalt für das Berufungsverfahren noch einmal diese Gebühren berechnen kann, wenn in zweiter Instanz mündlich verhandelt wird und eine Beweisaufnahme stattfindet. In der Berufungsinstanz erhöhen sich die Gebühren um drei Zehntel gegenüber der ersten Instanz (vgl. die Tabelle im Anhang 1 und 2). In Revisionsverfahren vor dem Bundesgerichtshof verdoppeln sich regelmäßig diese Sätze (§ 11 Abs. 1 S. 4 und 5 BRAGO).

Streitwert

Die Gebühren richten sich nach dem Wert des Streitgegenstandes (Streitwert), wobei sowohl für die Gebühren des Rechtsanwalts als auch für die noch darzustellenden Gerichtsgebühren gleiche Regeln gelten. Wird ein vermögensrechtlicher Anspruch vom Kläger mit seiner Klage geltend gemacht, d. h. ein Anspruch, der auf Geld oder Geldwert gerichtet ist oder aus einem Rechtsverhältnis abgeleitet wird, das auf Gewinn von Geld oder geldwerten Gegenständen abzielt, dann ist der Wert dieses Anspruches maßgebend. Bei Klagen, deren Ziel die Verurteilung des Beklagten zur Zahlung einer bestimmten Geldsumme ist, fällt die Feststellung des Streitwertes leicht: Streitwert ist dann der vom Kläger begehrte Betrag, wobei zusätzlich geforderte Zinsen bei der Berechnung unberücksichtigt bleiben. Wird die Herausgabe einer Sache, z. B. eines Pkw oder eines Grundstücks, vom Kläger verlangt, dann ist der Wert dieser Sache zugrunde zu legen. Das Gericht kann auf Antrag einer Partei, eines am Verfahren beteiligten Rechtsanwalts oder der Staatskasse, aber auch von Amts wegen, also ohne Antrag, den Wert für die Gerichtsgebühren festsetzen; diese Festsetzung gilt dann auch für die Gebühren des Rechtsanwalts (§ 9 Abs. 1 BRAGO). Bei Streitigkeiten über Miete und Pacht bemißt sich der Streitwert nach dem auf die streitige Zeit entfallenden Miet- oder Pachtzins; übersteigt dieser Betrag die Miete oder Pacht eines Jahres, so ist die Jahresmiete oder Jahrespacht maßgebend. Bei Räumungsklagen ist regelmäßig von dem für die Dauer eines Jahres zu entrichtenden Miet- oder Pachtzins auszugehen. Der gerichtlichen Wertfestsetzung kommt insbesondere bei nicht vermögensrechtlichen Streitigkeiten (Beispiel: Klage auf Widerruf beleidigender Behauptungen, Ehescheidungen) eine besondere Bedeutung zu. Hierbei ist der Streitwert unter Berücksichtigung aller Umstände des Einzelfalles, insbesondere des Umfanges und der Bedeutung der Sache sowie der Vermögens- und Einkommensverhältnisse der Parteien zu bestimmen. In Ehesachen ist für die Einkommensverhältnisse, das in den drei letzten Monaten vor Einreichung der Klage oder Scheidungsantrages erzielte Nettoeinkommen der Eheleute einzusetzen (§ 12 Abs. 2 GKG); daneben sind aber auch die Vermögensverhältnisse der Ehegatten zu beachten. Zu den Ehesachen zählen die Verfahren auf Scheidung, Aufhebung und Nichtigkeitserklärung einer Ehe.

Sonstige Kosten

Mit den Gebühren werden auch die allgemeinen Geschäftsunkosten des Rechtsanwaltes entgolten (§ 25 Abs. 1 BRAGO). Muß der Anwalt bei Ausführung des Auftrages Post- und Telekommunikationsdienstleistungen bezahlen, dann hat er einen Anspruch auf Ersatz dieser Kosten. Anstelle der tatsächlich entstandenen Kosten kann ein Pauschsatz gefordert werden, der 15 Prozent der gesetzlichen Gebühren, höchstens jedoch 40 DM beträgt (§ 26 BRAGO). Für Kosten, die für Ablichtungen und Abschriften entstehen, kann der Rechtsanwalt nur unter eingeschränkten, im Gesetz ausdrücklich genannten Voraussetzungen ein zusätzliches Entgelt fordern (§ 27 Abs. 1 BRAGO). Muß der Rechtsanwalt sich auf Reisen außerhalb des Ortes begeben, in dem sich seine Kanzlei befindet, dann kann er Reisekosten berechnen. Er erhält für Reisen mit dem eigenen Pkw 0,52 DM für jeden gefahrenen Kilometer zuzüglich der Parkgebühren, bei Benutzung anderer Verkehrsmittel die tatsächlichen Aufwendungen, soweit sie angemessen sind. Als Tage- und Abwesenheitsgeld erhält der Rechtsanwalt bei einer Geschäftsreise von nicht mehr als vier Stunden 30 DM, von mehr als vier bis acht Stunden 60 DM und von mehr als acht Stunden 110 DM. Bei Auslandsreisen kann zu diesen Beträgen ein Zuschlag von 50 Prozent gerechnet werden. Außerdem hat der Rechtsanwalt Anspruch auf Ersatz der Übernachtungskosten (§ 28 BRAGO).

Beispiel für die Berechnung von Anwaltsgebühren

Zum besseren Verständnis der Ausführungen über die einem Rechtsanwalt zu entrichtenden Gebühren und zu erstattenden Kosten soll das folgende Beispiel beitragen:

Der Kläger klagt gegen den Beklagten auf Zahlung von 20 000,- DM. Der Prozeß wird nach einer Beweisaufnahme in der ersten Instanz mit einem Urteil abgeschlossen. Es entstehen dann folgende Rechtsanwaltsgebühren: Prozeßgebühr, Verhandlungsgebühr und Beweisgebühr für den Anwalt des Klägers je 945,- DM, insgesamt also 2 835,- DM.[1] Hinzukommt ein Pauschbetrag von 40 DM für Postgebühren. Hinzuzurechnen ist noch die Umsatzsteuer in Höhe von 15 Prozent (§ 25 Abs. 2 BRAGO). Geht man davon aus, daß Reisekosten und Schreibauslagen nicht angefallen sind, dann sind an den Anwalt des Klägers insgesamt 2 985,- DM plus 15 Prozent MwSt., also

---

[1] In den neuen Bundesländern sind nach dem Einigungsvertrag um 20 Prozent ermäßigte Gebühren zu zahlen, so daß eine Gebühr 756,- DM beträgt und insgesamt 2 268,- DM entrichtet werden müssen (vgl. die Tabelle in Anlage 2).

insgesamt 3 432,75 DM zu zahlen. Denselben Betrag hat auch der Anwalt des Beklagten zu fordern. Die Partei, die den Prozeß verliert, muß die Kosten des eigenen und des gegnerischen Anwalts tragen. Ist der Beklagte in erster Instanz zur Zahlung der vom Kläger verlangten 20 000,- DM verurteilt worden, dann hat er an die beiden Anwälte insgesamt 6 865,50 DM zu entrichten.[2]
Wird gegen das Urteil Berufung eingelegt und erneut in der Berufungsinstanz Beweis erhoben, dann fallen erneut Prozeßgebühr, Verhandlungsgebühr und Beweisgebühr an, die sich jedoch im Berufungsverfahren um drei Zehntel erhöhen, also jeweils 1 228,50 DM betragen und dann die Summe von 3 685,50 DM ergeben. Auch hierzu ist wiederum Auslagenpauschale und Umsatzsteuer hinzuzurechnen, so daß jeder Anwalt für das Berufungsverfahren dann 4 284,33 DM erhält. Die unterlegene Partei hat dann an Anwaltskosten für beide Instanzen 15 434,15 DM zu zahlen.[3]

Entscheidend für diese Verpflichtung ist, welche Partei endgültig unterliegt. Auch die Partei, die in erster Instanz obsiegt, in zweiter Instanz jedoch den Prozeß verloren hat, muß sowohl die Kosten der ersten als auch der zweiten Instanz tragen.

Haben sich die Parteien in zweiter Instanz nach Durchführung einer Beweisaufnahme verglichen, dann fällt für beide Anwälte noch zusätzlich eine Vergleichsgebühr an. Diese Vergleichsgebühr errechnet sich nicht nach dem Wert der Leistungen, auf die sich die Parteien im Vergleich einigen, sondern nach dem Wert des Streitgegenstandes, also dem Wert, der bei Berechnung der übrigen Gebühren zugrunde gelegt worden ist. In unserem Beispiel würden die Anwälte zusammen einschließlich der Umsatzsteuer noch zusätzlich je 2 825,56 DM erhalten. Wer diese Kosten letztlich zu tragen hätte, müßte im Vergleich geregelt werden.

---

[2] In den neuen Bundesländern belaufen sich die Anwaltskosten auf insgesamt 5 308,40 DM.
[3] Ist der Prozeß vor einem Gericht der neuen Bundesländer geführt worden, dann ergibt sich der Betrag von 12 181,72 DM.

Die Gerichtskosten

Selbstverständlich fallen bei einem Rechtsstreit auch Gerichtskosten an. Nach § 11 Abs. 1 Gerichtskostengesetz (GKG) in Verbindung mit Nr. 1201 des die Anlage zu diesem Gesetz bildenden Kostenverzeichnis ist für das Prozeßverfahren in erster Instanz eine dreifache Gebühr zu entrichten, die vom Kläger bei Erhebung der Klage gezahlt werden muß (§ 61 GKG). Die Gebühr bemißt sich nach dem Wert des Streitgegenstandes; dieser Wert stimmt in einem Rechtsstreit mit dem Wert überein, nach dem sich die Gebühren des Rechtsanwalts berechnen. In Berufungsverfahren beträgt die Gebühr für das Verfahren im allgemeinen das Anderthalbfache, für das Urteil noch einmal das Dreifache (vgl. die Tabelle im Anhang 3). Im Revisionsverfahren ist eine zweifache Gebühr für das Verfahren im allgemeinen und die dreifache Gebühr für das Urteil zu entrichten. Die Urteilsgebühr ermäßigt sich sowohl im Berufungs- als auch Revisionsverfahren, wenn das Urteil keine Begründung enthält, was unter bestimmten Voraussetzungen bei einem Verzicht der Parteien sowie bei Versäumnis-, Anerkenntnis- und Verzichtsurteilen möglich ist.

In einigen besonderen Verfahren gelten für die Gerichtskosten abweichende Regelungen. So ist z. B. im Ehescheidungsverfahren nur eine Gebühr für das Verfahren erster Instanz zu entrichten, die sich um eine weitere Gebühr für das Urteil erhöht. Auf Einzelheiten dieser abweichenden Regelungen kann hier nicht eingegangen werden.

Bezieht man das oben gebrachte Beispiel einer Zahlungsklage in Höhe von 20.000 DM auf die Gerichtskosten, dann ergibt sich folgendes:

> In erster Instanz fällt eine Verfahrensgebühr in Höhe von 1155,- DM (3 x 385,- DM; vgl. die Tabelle in Anhang 3) an. In zweiter Instanz beträgt die Verfahrensgebühr das Anderthalbfache einer Gebühr, also 577,50 DM; hinzukommt die dreifache Urteilsgebühr in Höhe von 1155,- DM, so daß sich die Kosten in dieser Instanz auf insgesamt 1732,50 DM belaufen. Für beide Instanzen addieren sich die Gerichtskosten auf die Summe von 2887,50 DM.[4]

---

[4] Hat der Kostenschuldner seinen Wohnsitz in den neuen Bundesländern, dann ermäßigen sich nach dem Einigungsvertrag die Gebühren um 20 Prozent, so daß die Gerichtskosten im Beispielsfall 924,- DM in erster Instanz und 1.386,- DM in zweiter Instanz betragen, also insgesamt 2.310,- DM (vgl. die Tabelle in Anhang 4).

Wird wegen eines Prozeßvergleichs der Parteien ein Urteil überflüssig, dann entfallen die Urteilsgebühren. Der Prozeßvergleich selbst ist gebührenfrei.

Damit sind noch nicht alle Kosten erfaßt, die durch einen Zivilprozeß entstehen können. Vielmehr muß berücksichtigt werden, daß auch eine Beweisaufnahme nicht unerhebliche Kosten verursachen kann. Zeugen haben Anspruch auf Entschädigung ihres Verdienstausfalls. Sachverständige erhalten eine Vergütung für ihre Leistungen. Beiden sind die Fahrtkosten zu ersetzen; hinzu können noch andere notwendige Aufwendungen kommen.

Berechnet man alle diese Gebühren und Kosten, dann kann leicht ein Betrag zusammenkommen, der den Streitwert nicht unerheblich überschreitet, wenn der Prozeß durch alle drei Instanzen geführt wird. Auch dies muß sorgfältig berücksichtigt werden, wenn die Entscheidung zu treffen ist, ob ein Prozeß begonnen werden soll.[5]

Kostenschuldner

Die Kosten eines Rechtsstreits hat derjenige zu tragen, der ihn verliert (§ 91 ZPO). Das Gesetz beschränkt diese Kostentragungspflicht auf die notwendigen Kosten, das sind die Kosten, die zu einer zweckentsprechenden Rechtsverfolgung oder Rechtsverteidigung notwendig waren, einschließlich der Aufwendungen für notwendige Reisen sowie die gesetzlichen Gebühren und Auslagen des Rechtsanwalts der obsiegenden Partei. Als Rechtsanwaltskosten sind also nur die Gebühren und Auslagen zu erstatten, die nach der BRAGO anfallen. Hat sich eine Partei darüber hinaus mit dem Rechtsanwalt auf die Zahlung eines höheren Honorars geeinigt, dann muß sie den Differenzbetrag zu den gesetzlichen Gebühren auch im Falle ihres Prozeßsieges selbst tragen.

Wenn jede Partei teils obsiegt, teils unterliegt, so sind die Kosten entweder gegeneinander aufzuheben, d. h. jeder hat seine Kosten selbst zu tragen und die Gerichtskosten fallen jeder Partei zur Hälfte zu, oder sie sind im Verhältnis des Obsiegens und Unterliegens zu teilen (§ 92 ZPO). Hat beispielsweise der Kläger Klage auf Zahlung von 10 000.- DM erhoben und hat ihm das Gericht 7 000.- DM zugesprochen und im übrigen die Klage abge-

---

[5] Vgl. dazu den Abschnitt »Soll ich klagen?«

wiesen, dann werden die Kosten des Rechtsstreits im Verhältnis sieben Zehntel zu drei Zehntel durch das Gericht auf die Parteien verteilt. In bestimmten Fällen kann das Gericht den Beklagten auch die gesamten Kosten auferlegen, wenn der Kläger nicht im vollen Umfang obsiegt hat, aber seine Zuvielforderung verhältnismäßig geringfügig war und keine besonderen Kosten veranlaßt hat. Gleiches gilt, wenn die gegnerische Forderung im Zeitpunkt der Klageerhebung nicht feststeht, sondern durch richterliches Ermessen festgesetzt werden muß.

Prozeßkostenhilfe

Wenn eine Partei nicht über die erforderlichen finanziellen Mittel verfügt, um einen Prozeß zu führen, dann kann sie auf Antrag Prozeßkostenhilfe erhalten. Die Prozeßkostenhilfe ist einmal davon abhängig, daß die beabsichtigte Rechtsverfolgung oder Rechtsverteidigung hinreichende Aussicht auf Erfolg bietet und nicht mutwillig erscheint (§ 114 ZPO). Um dem Gericht eine entsprechende Prüfung zu ermöglichen, muß in dem Antrag auf Bewilligung der Prozeßkostenhilfe dargelegt werden, welcher Anspruch durchgesetzt oder gegen welchen Anspruch der Antragsteller sich verteidigen will. Es ist der Sachverhalt mitzuteilen, auf dessen rechtliche Beurteilung es ankommt. In der Praxis wird nicht selten der Entwurf einer Klage oder einer Klageerwiderung vorgelegt, um das Gericht über den eingenommenen Rechtsstandpunkt und über die dafür erheblichen Tatsachen zu informieren.

Der Antrag auf Bewilligung der Prozeßkostenhilfe ist bei dem Gericht zu stellen, bei dem der Rechtsstreit zu führen ist. Er kann auch vor der Geschäftsstelle dieses Gerichts oder jedes Amtsgerichts zu Protokoll erklärt werden. Dem Antrag sind eine Erklärung der Partei über ihre persönlichen und wirtschaftlichen Verhältnisse (Familienverhältnisse, Beruf, Vermögen, Einkommen und Lasten) sowie entsprechende Belege beizufügen. Die Erklärung und die Belege dürfen dem Gegner nur mit Zustimmung der Partei zugänglich gemacht werden (§ 117 Abs. 2 ZPO). Für diese Erklärungen hat sich die Partei – von bestimmten Ausnahmen abgesehen – eines Vordrucks zu bedienen.

Das Gericht wird dann die Erfolgsaussicht der Rechtsverfolgung und die Frage der Mutwilligkeit prüfen. Mutwillig erscheint eine Rechtsverfolgung dann, wenn eine Partei, die die Kosten selbst tragen müßte, nach sachlicher Abwägung von Aufwand und Erfolg vernünftigerweise auf einen Rechtsstreit verzichten würde.

Das Gericht kann verlangen, daß der Antragsteller seine tatsächlichen Angaben glaubhaft macht, d. h. durch den Vortrag von Tatsachen und die Vorlage von Belegen mit hinreichender Wahrscheinlichkeit darlegt, daß die Angaben richtig sind. Das Gericht kann auch Erhebungen anstellen und insbesondere die Vorlage von Urkunden anordnen und Auskünfte einholen. Gelangt das Gericht zu dem Ergebnis, daß die Voraussetzungen für eine Prozeßkostenbewilligung gegeben sind, dann wird dem Antrag für die Instanz entsprochen. Wird der Rechtsstreit aufgrund einer Berufung oder Revision in einer höheren Instanz fortgesetzt, dann ist erneut ein Antrag auf Prozeßkostenhilfe zu stellen. In einem höheren Rechtszug ist jedoch nicht zu prüfen, ob die Rechtsverfolgung oder Rechtsverteidigung hinreichende Aussicht auf Erfolg bietet oder mutwillig erscheint, wenn der Gegner das Rechtsmittel eingelegt hat.

Mit der Bewilligung der Prozeßkostenhilfe setzt das Gericht zu zahlende Monatsraten und aus dem Vermögen zu zahlende Beträge fest. Für diese Festsetzung sind die Einkommens- und Vermögensverhältnisse der antragstellenden Partei maßgebend. Das Gesetz bestimmt, daß die Partei zur Abdeckung der Prozeßkosten ihr Einkommen einzusetzen hat. Zum Einkommen gehören alle Einkünfte in Geld oder Geldeswert. Jedoch sind davon eine Reihe von Beträgen abzuziehen und nur nach dem verbleibenden monatlichen Einkommen zu berechnen, ob und in welcher Höhe eine Partei die Prozeßkosten selbst tragen muß (§ 115 Abs. 1 ZPO). Die insoweit anzustellenden Berechnungen sind recht kompliziert und lassen sich hier nicht in allen Einzelheiten darstellen. Ganz allgemein läßt sich nur sagen, daß von dem Bruttoeinkommen des Antragstellers Steuern, Pflichtbeiträge zur Sozialversicherung einschließlich der Arbeitslosenversicherung, die für eine freiwillige Mitgliedschaft in der gesetzlichen Kranken- und Rentenversicherung zu entrichtenden Beiträge, Beiträge zu privaten Kranken- und Unfallversicherungen und die mit der Erzielung des Einkommens verbundenen notwendigen Ausgaben wie Fahrtkosten zur Arbeitsstätte, Aufwendungen für Arbeitsmaterial und Arbeitskleidung abzusetzen sind. Ferner ist zu berücksichtigen, daß der Antragsteller seinen Ehegatten und anderen Familienangehörigen Unterhalt zu leisten hat; insoweit werden pauschalierte Beträge zugrunde gelegt, die auf jährlich vom Bundesjustizministerium zu bestimmende Sätze zurückgehen. Der danach sich ergebende Unterhaltsfreibetrag vermindert sich um ein eigenes Einkommen der unterhaltsberechtigten Person. Schließlich sind Kosten der Unterkunft und Heizung, soweit sie nicht in einem auffälligen Mißverhältnis zu den Lebensverhältnissen der Partei stehen, vom Bruttoeinkommen abzurechnen. Auch können Beträge abgesetzt werden, soweit dies mit Rücksicht auf besondere Belastungen des Antragstellers angemessen ist. Der sich nach diesen Abzügen ergebende Teil des monatlichen Einkommens bildet dann die Grundlage für die Entscheidung des Gerichts, in welcher Höhe der Antragsteller Monatsraten zur Deckung der Prozeßkosten zu leisten hat.

Um die Kosten eines Zivilprozesses abzudecken, hat die Partei grundsätzlich ihr Vermögen einzusetzen, soweit dies zumutbar ist. § 115 Abs. 2 ZPO verweist insoweit auf § 88 des Bundessozialhilfegesetzes. Daraus ergibt sich, daß ein angemessenes Hausgrundstück, das von dem Antragsteller bewohnt wird, ein angemessener Hausrat sowie Gegenstände, die zur Aufnahme oder Fortsetzung der Berufsausbildung oder Erwerbstätigkeit unentbehrlich sind, nicht als verwertbares Vermögen gelten.

Wie die vorstehenden Ausführungen deutlich gemacht haben dürften, sind die Rechts- und Entscheidungsgrundlagen, die das Gericht bei der Bewilligung eines Antrages auf Prozeßkostenhilfe zu beachten hat, recht kompliziert und umfangreich. Es können deshalb hier nur Hinweise zur Orientierung gegeben werden. Im Einzelfall müssen stets seine Besonderheiten berücksichtigt und bewertet werden.

Die Bewilligung der Prozeßkostenhilfe bewirkt, daß die Partei rückständige und neu entstehende Gerichtskosten und die Gebühren für den sie vertretenden Rechtsanwalt nicht zu entrichten hat, sondern daß sie lediglich die vom Gericht festzusetzenden Monatsraten und gegebenenfalls die aus dem Vermögen zu zahlenden Beträge an die Landeskasse abzuführen hat. Ist eine Vertretung durch Rechtsanwälte vorgeschrieben[6], dann wird der Partei ein zur Vertretung bereiter Rechtsanwalt beigeordnet, den sie ausgewählt hat. Ist eine Vertretung durch Anwälte nicht vorgeschrieben, wird der Partei auf ihren Antrag ein zur Vertretung bereiter Rechtsanwalt ihrer Wahl beigeordnet, wenn die Vertretung durch einen Rechtsanwalt erforderlich erscheint oder der Gegner durch einen Rechtsanwalt vertreten ist. Findet die Partei keinen zur Vertretung bereiten Anwalt, dann muß sie einen Antrag an das Gericht auf Beiordnung eines Rechtsanwalts stellen. Sie muß in dem Antrag darlegen, daß sie bei der Anwaltssuche erfolglos

---

[6] Einzelheiten dazu im Abschnitt »Brauche ich einen Rechtsanwalt?«

geblieben ist. Der Vorsitzende des Prozeßgerichts ordnet ihr dann einen Anwalt bei.

Wie bereits bemerkt, umfaßt die Prozeßkostenhilfe nur die eigenen Kosten des Antragstellers, nicht auch die Kosten des Gegners. Unterliegt die Partei, die die Prozeßkostenhilfe erhalten hat, dann muß sie dem obsiegenden Gegner dessen Kosten erstatten (§ 123 ZPO). Deshalb kann die Partei, der Prozeßkostenhilfe bewilligt worden ist, durch die Erstattungsansprüche des Gegners, die insbesondere die notwendigen Kosten der Vertretung durch einen Rechtsanwalt umfassen, erheblich finanziell belastet werden. Insoweit hilft ihr dann die gewährte Prozeßkostenhilfe nicht.

Gegen die Ablehnung des Antrages auf Bewilligung von Prozeßkostenhilfe kann der Antragsteller Beschwerde einlegen. Die Beschwerde wird regelmäßig bei dem Gericht erhoben, das über den Prozeßkostenhilfeantrag entschieden hat. Die Beschwerde wird entweder durch Einreichung einer Beschwerdeschrift oder zu Protokoll der Geschäftsstelle eingelegt. Wird dem Antrag auf Prozeßkostenhilfe entsprochen, dann kann die Gegenpartei diese Entscheidung nicht anfechten. Jedoch ist die Staatskasse befugt, Beschwerde gegen die Bewilligung zu erheben, wenn weder Monatsraten noch aus dem Vermögen zu zahlende Beträge festgesetzt worden sind und nach den persönlichen und wirtschaftlichen Verhältnissen der Partei solche Zahlungen zu leisten wären.

Wie verhalte ich mich am besten gegenüber einer Klage?

Wird Ihnen vom Gericht eine Klage zugestellt, dann lesen Sie erst in Ruhe und mit Sorgfalt die Klageschrift und die ihr beigefügten Mitteilungen des Gerichts. Der Klageschrift können Sie entnehmen, was der Kläger mit seiner Klage erreichen will. Meistens wird Sie die Klage und der dazu vom Kläger eingenommene Standpunkt nicht überraschen, weil Sie bereits aus früheren Gesprächen und Schriftwechseln die Auffassung des Klägers und die von ihm verfolgten Ziele kennen. Ihre Reaktion auf die Klage hängt davon ab, ob Sie dem klägerischen Begehren entsprechen wollen, oder ob Sie dies ablehnen. Es gibt Fälle, in denen ein Prozeß auch dann unvermeidbar ist, wenn die Parteien über das mit der Klage verfolgte Ziel überhaupt nicht verschiedener Meinung sind. Dies sind die Fälle, in denen die richterliche Entscheidung erforderlich ist, um den gewünschten Rechtszustand herbeizuführen. Als Beispiel sei auf die Ehescheidung verwiesen, die nach deutschem Zivilrecht nur durch den Richterspruch vollzogen werden kann.[1]

In anderen Fällen wird jeder, der einen Zivilrechtsstreit auf sich zukommen sieht, vernünftigerweise vorher überlegt haben, ob der Prozeß verhindert werden kann. Gibt es dafür keine Chance, oder erscheint der Preis, der dafür zu entrichten ist, zu hoch, dann muß man den Prozeß führen und versuchen, den eigenen Rechtsstandpunkt erfolgreich durchzusetzen.

---

[1] Einzelheiten finden Sie im Abschnitt »Der Scheidungsprozeß«.

Anerkennung der klägerischen Forderung

Allerdings kann es auch vorkommen, daß ein Beklagter durch sein Verhalten zur Erhebung der Klage überhaupt keine Veranlassung gegeben hat, der Kläger aber dennoch Klage erhebt, obwohl er bei vernünftiger Würdigung davon ausgehen konnte, er werde ohne Klage zu seinem Recht kommen. In diesem Fall ist dem Beklagten, der bereit ist, dem klägerischen Anspruch zu genügen, dringend zu empfehlen, diesen Anspruch sofort anzuerkennen, weil dann dem Kläger die Prozeßkosten zur Last fallen (§ 93 ZPO). Wie dieses Anerkenntnis abzugeben ist, richtet sich danach, ob ein früher erster Termin zur mündlichen Verhandlung vom Gericht anberaumt worden ist oder ob ein schriftliches Vorverfahren stattfindet.[2] Welchen Weg das Gericht im konkreten Fall gewählt hat, kann der der Klage beigefügten Mitteilung des Gerichts entnommen werden. Handelt es sich um ein schriftliches Vorverfahren, dann wird der Beklagte aufgefordert, innerhalb von zwei Wochen nach Zustellung der Klageschrift dem Gericht schriftlich anzuzeigen, ob er sich gegen die Klage verteidigen will. Auch wird dann angegeben, ob für das Verteidigungsvorbringen die Beauftragung eines Rechtsanwalts erforderlich ist, weil der Prozeß vor einem Landgericht oder vor einem Familiengericht geführt wird und deshalb Anwaltszwang besteht.[3] In diesem Fall sind alle weiteren Einzelheiten insbesondere auch die Frage eines Anerkenntnisses mit dem Rechtsanwalt zu erörtern. Handelt es sich dagegen um ein amtsgerichtliches Verfahren, bei dem eine Vertretung durch Rechtsanwälte nicht zwingend vorgeschrieben ist, dann enthält die schriftliche Belehrung des Gerichts auch einen Hinweis darauf, daß ein Anerkenntnis im schriftlichen Vorverfahren, also schon vor der mündlichen Verhandlung, abgegeben werden kann und daß ein solches Anerkenntnis die Verurteilung des Beklagten aufgrund eines entsprechenden Antrages des Klägers zur Folge haben wird. Will der Beklagte anerkennen, dann kann er dies entweder durch einen Schriftsatz oder zu Protokoll der Geschäftsstelle eines Amtsgerichts (nicht notwendigerweise des Amtsgerichts, vor dem Klage erhoben worden ist) tun. Dabei ist auch darauf hinzuweisen, warum der Kläger keinen triftigen Grund gehabt hat, Klage zu erheben.

---

[2] Zu dieser Alternative finden Sie Einzelheiten im Abschnitt »Wie läuft ein Zivilprozeß ab?«
[3] Einzelheiten zum Anwaltszwang und auch zur Frage, welche Hilfen es für die Wahl eines Rechtsanwalts gibt, finden Sie in dem Abschnitt »Brauche ich einen Rechtsanwalt?«

Es dürfte sich von selbst verstehen, daß der das Anerkenntnis enthaltende Schriftsatz den Rechtsstreit mit Namen der Parteien und Aktenzeichen genau bezeichnet, in dem das Anerkenntnis abgegeben wird, und daß auch der Gegenstand des Anerkenntnisses, der Anspruch des Klägers, zu nennen ist. Der Anspruch des Klägers muß auch nicht insgesamt anerkannt werden, sondern das Anerkenntnis kann sich auf abgrenzbare Teile beziehen. Macht beispielsweise der Kläger einen Schadensersatzanspruch geltend, der sich auf verschiedene Schadenspositionen bezieht (als Schadensfolgen eines Unfalls werden Reparaturkosten, Kosten einer ärztlichen Behandlung und Verdienstausfall beziffert), dann können eine oder mehrere Positionen anerkannt und andere dagegen bestritten werden. Der Schriftsatz muß – wie dies für jeden Schriftsatz, der an das Gericht gerichtet ist, selbstverständlich sein dürfte – unterschrieben werden.

Die Führung des Prozesses durch die Partei selbst

In den vorstehenden Ausführungen ist bereits darauf hingewiesen worden, daß die der Klageschrift beigefügten Mitteilungen des Gerichts Auskunft darüber geben, ob ein Rechtsanwalt beauftragt werden muß. Aber auch in Fällen, in denen man selbst den Prozeß ohne anwaltlichen Beistand führen kann, sollte stets erwogen werden, die Hilfe eines Anwalts in Anspruch zu nehmen. Daß eine Partei, die nicht über die dafür erforderlichen Mittel verfügt, Prozeßkostenhilfe erhalten kann, war bereits an anderer Stelle[4] ausgeführt worden. Entschließt sich der Beklagte dennoch, auf anwaltlichen Beistand zu verzichten, dann muß er sorgfältig die Aufforderung des Gerichts hinsichtlich seines weiteren Verhaltens beachten. Im schriftlichen Vorverfahren wird er dann aufgefordert, innerhalb einer Frist von zwei Wochen nach Zustellung der Klageschrift dem Gericht schriftlich anzuzeigen, ob er sich gegen die Klage verteidigen will. Gibt er diese Erklärung nicht rechtzeitig ab, dann trifft auf Antrag des Klägers das Gericht die Entscheidung ohne mündliche Verhandlung, wobei das Vorbringen des Klägers als richtig unterstellt wird. Neben der Anzeige der Verteidigungsbereitschaft ist innerhalb der vom Gericht gesetzten Frist auf die Klage schriftlich zu erwidern.

---

[4] Einzelheiten über die Prozeßkostenhilfe finden Sie in dem Abschnitt »Was kostet mich der Prozeß?«

Hat das Gericht einen frühen ersten Termin zur mündlichen Verhandlung anberaumt, dann kann der Beklagte ebenfalls zur schriftlichen Klageerwiderung aufgefordert werden, wobei dieser Aufforderung mit der Belehrung über eine notwendige anwaltliche Vertretung verbunden wird. Auch hier gilt wieder der bereits ausgesprochene Rat, in Fällen, in denen eine anwaltliche Vertretung nicht vorgeschrieben ist, sorgfältig zu erwägen, ob nicht doch ein Rechtsanwalt beauftragt werden soll. Will der Beklagte den Prozeß ohne anwaltliche Hilfe führen, dann hat er sich auf den frühen ersten Termin vorzubereiten und insbesondere einer etwaigen Aufforderung zur Klageerwiderung nachzukommen. Diese Klageerwiderung kann von ihm auch zu Protokoll der Geschäftsstelle eines Amtsgerichts erklärt werden; es gilt insoweit das gleiche wie für das Anerkenntnis, das zu Protokoll der Geschäftsstelle abgegeben wird. In der Klageerwiderung ist zu den tatsächlichen Behauptungen, die der Kläger in seiner Klage aufgestellt hat, Stellung zu nehmen und insbesondere die Beweise für eine abweichende Sachdarstellung anzugeben.

Jede Partei hat sich über die von dem Gegner behaupteten Tatsachen zu erklären (§ 138 Abs. 2 ZPO). Dies bedeutet für den Beklagten, daß er den Behauptungen des Klägers, die er für falsch hält, entgegenzutreten und durch die nach seiner Auffassung richtige Sachdarstellung zu korrigieren hat. Denn ein Tatsachenvortrag, den der Gegner nicht ausdrücklich bestreitet, gilt als zugestanden und ist deshalb vom Richter als zutreffend seiner Entscheidung zugrunde zu legen. Ist der Beklagte im amtsgerichtlichen Verfahren nicht vor der mündlichen Verhandlung zu einer schriftlichen Stellungnahme aufgefordert worden, dann hat er in der mündlichen Verhandlung seine Erklärung über tatsächliche Umstände, die für die Entscheidung bedeutsam sind, vollständig und der Wahrheit gemäß abzugeben. Der Richter wird ihn dabei durch Fragen und Hinweise unterstützen.[5] Will der Beklagte den Anspruch des Klägers anerkennen, dann muß er eine entsprechende Erklärung abgeben, bevor er einen Antrag auf Klageabweisung stellt, weil ihm sonst die Kosten des Rechtsstreits auferlegt werden.

---

[5] Einzelheiten dazu finden sich im Abschnitt »Was erwartet mich in der mündlichen Verhandlung?«

Die Aufrechnung mit einer Gegenforderung durch den Beklagten

Hat der Beklagte gegen den Kläger, der mit seiner Klage eine Geldforderung geltend macht, seinerseits eine Forderung, dann kann die klägerische Forderung durch Aufrechnung getilgt und die Klage dadurch unbegründet werden. Da die Aufrechnung nach dem Zivilrecht bewirkt, daß die beiden Forderungen, soweit sie sich der Höhe nach decken, als in dem Zeitpunkt erloschen gelten, in dem sie zur Aufrechnung geeignet einander gegenübergetreten sind (§ 389 BGB), hat dies zur Folge, daß der Kläger mit der Klage kostenpflichtig abgewiesen wird, wenn die Aufrechnungslage bereits im Zeitpunkt der Klageerhebung bestanden hat. Ist die Aufrechnungslage erst nach Klageerhebung eingetreten (der Beklagte hat erst später die Gegenforderung, mit der er aufrechnet, erworben), dann wird durch die Aufrechnung des Beklagten die Klage ebenfalls unbegründet. Jedoch muß berücksichtigt werden, daß vor der Aufrechnung die Klageforderung bestanden hat und es nicht gerecht wäre, dem Kläger die Kosten des Rechtsstreits aufzuerlegen. Der Kläger wird dann wegen der Aufrechnung seine Klage als erledigt erklären[6], und das Gericht wird die Kostenentscheidung so treffen, wie sie ohne Aufrechnungserklärung hätte ausfallen müssen.

Ist der Beklagte der Auffassung, daß die Klage auch ohne seine Aufrechnung unbegründet ist, dann kann er erklären, er rechne nur für den Fall auf, daß vom Gericht die Existenz der Klageforderung bejaht wird, es also die Begründetheit der Klage anders beurteilt als der Beklagte. Eine solche sog. Eventualaufrechnung hat für den Beklagten den Vorteil, daß er damit eine zweite Verteidigungslinie aufbaut. In erster Linie verteidigt er sich mit anderen Gründen gegen die Klage. Nur wenn er damit nicht durchdringt, greift die Aufrechnung als zweite Verteidigungslinie und bewirkt, daß die Klage deshalb unbegründet wird, und zwar – wie oben ausgeführt – rückbezogen auf den Zeitpunkt, in dem sich klägerische Forderung und Gegenforderung des Beklagten erstmals aufrechenbar gegenübergetreten sind.

---

[6] Einzelheiten dazu im Abschnitt »Die Klage hat sich erledigt. Was ist zu tun?«

Widerklage

Der Beklagte muß sich nicht darauf beschränken, sich gegen die Klage zu verteidigen, sondern kann seinerseits zum Angriff auf den Kläger übergehen und ihn im selben Verfahren verklagen. Eine solche »Gegen-Klage« des Beklagten wird Widerklage genannt. An einem Beispiel soll der Zweck einer solchen Widerklage erläutert werden:

> Der Kläger hat dem Beklagten eine Maschine verkauft und verlangt mit seiner Klage Zahlung des Kaufpreises. Der Beklagte verteidigt sich gegenüber der Klage damit, daß die Maschine mangelhaft gewesen sei und er deshalb die Wandlung erklärt habe. Der Defekt der Maschine hat infolge einer dadurch verursachten Überhitzung zu einem Brand geführt, der Schäden in der Werkstatt des Beklagten angerichtet hat. Mit einer Widerklage verlangt der Beklagte Ersatz dieses Schadens.

Ist das Gericht für die Widerklage örtlich nicht zuständig[7], dann kann die Widerklage nur erhoben werden, wenn die Ansprüche von Klage und Widerklage in einem rechtlichen Zusammenhang stehen (§ 33 Abs. 1 ZPO), d. h. beide aus einem innerlich zusammenhängenden einheitlichen Lebensverhältnis stammen, wie dies in dem gebrachten Beispiel der defekten Maschine der Fall ist. Wird in einem amtsgerichtlichen Verfahren durch Widerklage ein Anspruch geltend gemacht, der zur sachlichen Zuständigkeit des Landgerichts gehört[7], dann kann eine Partei, bevor über die Widerklage verhandelt wird, den Antrag stellen, den Rechtsstreit an das zuständige Landgericht zu verweisen (§ 506 ZPO). Der Richter hat auf die landgerichtliche Zuständigkeit hinzuweisen. Stellt daraufhin eine der Parteien einen Verweisungsantrag, dann wird der gesamte Rechtsstreit (Klage und Widerklage) an das Landgericht verwiesen. Wird dieser Antrag nicht gestellt und verhandelt der Kläger auch über die Widerklage, dann wird dadurch das Amtsgericht für die Widerklage ebenfalls zuständig.

---

[7] Einzelheiten dazu finden sich im Abschnitt »Welches Gericht ist zuständig?«

Haben Sie Beweise?

Es ist bereits darauf hingewiesen worden, daß in einem Zivilprozeß Recht haben und Recht bekommen zweierlei ist[1]. Dies liegt in erster Linie daran, daß der Richter nur solche Tatsachen seiner Entscheidung zugrunde legen kann, die nicht bestritten sind, von denen also die Parteien übereinstimmend ausgehen, oder die er in einem Beweisverfahren feststellen konnte. Der Erfolg eines Prozesses hängt also ganz wesentlich davon ab, daß die erforderlichen Beweise beigebracht werden. In einem Zivilprozeß ist die Führung der Beweise regelmäßig Aufgabe der Parteien. Deshalb ist es von großer Wichtigkeit, daß man die Frage »Haben Sie Beweise?« bejahen kann. Allerdings muß man berücksichtigen, daß die Interessen der Parteien und ihre Ziele gegenläufig sind und deshalb stets geklärt werden muß, welcher Partei es zum Nachteil ausfällt, daß bestimmte Tatsachen im Prozeß nicht geklärt werden können. Diese Partei trägt dann die Beweislast. An einem Beispiel soll die Auswirkung der Beweislast erläutert werden:

> Es wird Klage mit dem Antrag erhoben, den Beklagten zur Zahlung von 5 000 DM zu verurteilen. Zur Begründung trägt der Kläger vor, er habe diesen Betrag dem Beklagten als Darlehen gegeben und mit ihm vereinbart, daß das Darlehen nach drei Monaten zurückgezahlt werden sollte. Der Beklagte habe aber nach Ablauf dieser Frist trotz wiederholter Mahnung nicht gezahlt.

Auch ohne daß man sich eingehender mit den Vorschriften befaßt, die im BGB das Darlehen und seine Rückzahlung regeln, dürfte es einsichtig sein, daß der Kläger im Falle eines Bestreitens durch den Beklagten

---

[1] Einzelheiten dazu finden sich im Abschnitt »Soll ich klagen?«

nachweisen muß, daß er die 5000 DM dem Beklagten gegeben hat und daß sich beide darüber einig waren, das Geld werde als ein rückzahlbares Darlehen gewährt. Der Kläger verliert den Prozeß, wenn ihm dieser Beweis nicht gelingt. Steht aber fest, daß das Darlehen ausgezahlt wurde, und beruft sich der Beklagte darauf, daß er bereits zurückgezahlt habe, dann ist es ebenso selbstverständlich, daß man von ihm den Beweis für die Rückzahlung verlangt, wenn vom Kläger dies in Abrede gestellt wird.

Man kann vereinfacht und als Faustregel sagen, daß jede Partei die Tatsachen zu beweisen hat, die ihr günstig sind. Die Frage, welche Tatsachen dies sind, beurteilt sich nach den gesetzlichen Vorschriften, die die Entstehung und den Untergang eines Rechts, um das es im Prozeß geht, regeln. In den meisten Fällen wird man auch ohne genaue Kenntnis dieser Vorschriften wissen, welche Tatsachen feststehen müssen, damit der eigene Rechtsstandpunkt in einem Zivilprozeß durchgesetzt werden kann. Deshalb läßt sich regelmäßig derjenige, der einem anderen Geld als Darlehen gewährt, zumindest eine Quittung über die Auszahlung geben, wenn er nicht darüber hinaus die getroffenen Vereinbarungen über das Darlehen, also Höhe, Frage der Verzinsung, Zeitpunkt der Rückzahlung, in einer schriftlichen Vereinbarung festhält. Andererseits wird der Darlehensnehmer bei Rückzahlung des Darlehens ebenfalls eine Quittung vom Empfänger verlangen. Deshalb dürfte also in unserem Beispielsfall der Beweis der Auszahlung und der Rückzahlung des Darlehens keine Schwierigkeiten bereiten. Allerdings können Urkunden verlorengehen und Zeugen sterben oder nicht mehr auffindbar sein. In solchen Fällen hat dann die Partei, die den Beweis zu führen hat, den Nachteil der Beweislosigkeit zu tragen.

Es kann deshalb nur jedem dringend empfohlen werden, sorgfältig zu überlegen, wie man sich Beweise sichert, die man möglicherweise später in einem Rechtsstreit benötigt. Wer erklärt, er könne dem anderen vertrauen und es genüge deshalb eine mündliche Vereinbarung, beachtet nicht, daß sich unerwartet eine völlig andere Situation ergeben kann, bei der es auf den Nachweis getroffener Absprachen ankommt. Der vertrauenswürdige Partner kann sterben. Sein Erbe weiß nichts von den Vereinbarungen, die der Erblasser getroffen hat. Warum soll er in dieser Situation allein dem Wort eines ihm möglicherweise Fremden trauen? Es bedeutet also keinesfalls, daß man einem Vertragspartner mißtraut, wenn man den Vertrag schriftlich fixiert und das Vereinbarte von beiden Vertragschließenden unterschreiben läßt. Wenn jeder Vertragspartner ein entsprechendes Papier in Händen hat, kann es keinen Streit mehr darüber geben, welche Vereinbarungen getroffen wurden. Dies hilft unnötige Rechtsstreitigkeiten zu vermeiden.

Auch in Fällen, in denen es nicht um Verträge geht, sollte man stets bedenken, wie man den Beweis von Tatsachen erbringen will, auf deren Feststellung es in einem Rechtsstreit ankommt. Ist man beispielsweise in einen Verkehrsunfall verwickelt, dann sollte man nicht zuletzt daran denken, daß es in einem Zivilprozeß, der wegen der Folgen des Unfalls geführt wird, auf die Feststellung des genauen Unfallhergangs entscheidend ankommt. Deshalb sollte man nach Möglichkeit die Anschriften von Zeugen festhalten, die Polizei – wenn möglich – zur Aufnahme des Unfallhergangs herbeirufen und den Unfallort fotografieren, wenn man einen Fotoapparat zur Hand hat.

Abschließend sei noch darauf hingewiesen, daß sog. offenkundige Tatsachen keines Beweises bedürfen. Eine Tatsache ist dann offenkundig, wenn sie einem größeren Kreis von Personen bekannt ist oder bekannt war und sich der Richter darüber aus zuverlässigen Quellen ohne besondere Fachkunde sicher unterrichten kann. Kommt es für die Entscheidung eines Rechtsstreits auf die Witterungsverhältnisse an einem bestimmten Tag an, auf die Gebräuche in einer Gegend oder auf den Zeitpunkt eines allgemein bekannten Ereignisses, dann wird der Richter nicht darüber Beweis erheben, sondern sich gegebenenfalls selbst entsprechend informieren. Als offenkundig gelten aber auch die sog. gerichtskundigen Tatsachen. Dies sind Tatsachen, die dem Richter aus seiner amtlichen Tätigkeit bekannt sind, beispielsweise aus einem von ihm früher entschiedenen Prozeß.

Was erwartet mich in der mündlichen Verhandlung?

Die Frage setzt voraus, daß man an der mündlichen Verhandlung eines Zivilprozesses teilnimmt. Dies kann man in unterschiedlicher Funktion tun: als Kläger, als Beklagter, als Zeuge oder als Sachverständiger.

Pflicht zum persönlichen Erscheinen

Wer als Sachverständiger vom Gericht zu einer mündlichen Verhandlung geladen wird, der wird ähnlich wie ein Zeuge vom Richter zu bestimmten Tatsachen gehört werden. Auf die Besonderheiten, die sich dabei ergeben, soll an dieser Stelle nicht eingegangen werden[1]. Hier sei lediglich darauf hingewiesen, daß sowohl für den Zeugen als auch für den Sachverständigen die Pflicht besteht, der Ladung durch das Gericht nachzukommen und daß ein Fernbleiben durch ein Ordnungsgeld, bei einem Zeugen sogar durch Ordnungshaft geahndet werden kann. Die Frage, ob ein Kläger oder Beklagter zur mündlichen Verhandlung kommen muß, verlangt dagegen eine differenzierte Antwort. Ist eine Partei anwaltlich vertreten, dann muß sie nur dann zur mündlichen Verhandlung selbst erscheinen, wenn dies vom Gericht angeordnet wird. Das Gericht trifft eine solche Anordnung, wenn die persönliche Anwesenheit der Partei in der mündlichen Verhandlung zur Aufklärung des Sachverhalts geboten erscheint (§ 141 ZPO). Aber auch dann muß die Partei nicht an der mündlichen Verhandlung teilnehmen, wenn sie einen Vertreter entsendet, der zur Aufklärung des Tatbestandes in der Lage ist und zur Abgabe gebotener

---

[1] Einzelheiten dazu finden sich in den folgenden Ausführungen zur Beweisaufnahme und im Abschnitt »Ich bin Zeuge«.

Erklärungen, insbesondere zu einem Vergleichsabschluß, ermächtigt ist (§ 141 Abs. 3 S. 2 ZPO). Die gerichtliche Anordnung zum persönlichen Erscheinen der Parteien kann auch bezwecken, die Bereitschaft des Klägers und des Beklagten festzustellen und zu fördern, den Rechtsstreit im Wege des Vergleichs gütlich beizulegen.[2] Eine Pflicht, einer solchen Anordnung Folge zu leisten, besteht indes nicht. Führt die Partei den Rechtsstreit selbst, ohne einen Rechtsanwalt damit zu betrauen[3], dann muß sie zu der mündlichen Verhandlung kommen, weil sonst ein Versäumnisurteil ergeht[4].

Will eine Partei freiwillig an der mündlichen Verhandlung teilnehmen, dann ist ihr dies ohne jede Einschränkung gestattet. Ihr Recht auf Teilnahme kann nur dann vom Vorsitzenden des Gerichts aufgehoben werden, wenn dies zur Aufrechterhaltung der Ordnung in der Sitzung erforderlich ist, etwa weil eine Partei trotz entsprechender Ermahnungen weiterhin durch Zwischenrufe oder ungebührliches Verhalten die Sitzung erheblich stört und deshalb aus dem Sitzungszimmer verwiesen wird.

Der Beginn der mündlichen Verhandlung

Was eine Partei in der mündlichen Verhandlung erwartet, ist bereits bei Beschreibung des Ablaufs eines Zivilprozesses zumindest in groben Zügen dargestellt worden. Hier soll dies noch einmal detaillierter wiederholt werden.

Die mündliche Verhandlung beginnt mit dem Aufruf zur Sache. Dies bedeutet, daß ein Justizwachtmeister oder – heute regelmäßig – der Richter selbst durch eine Lautsprecheranlage den vor dem Sitzungszimmer wartenden Personen mitteilt, daß ein bestimmter Rechtsstreit verhandelt werden soll und daß die daran Beteiligten in das Sitzungszimmer kommen sollen. Ist dies geschehen, dann eröffnet der Vorsitzende die mündliche Verhandlung und stellt zunächst einmal fest, wer erschienen ist. Sind Zeugen oder Sachverständige vom Gericht zur Verhandlung geladen worden, dann werden sie gebeten, zunächst bis zu ihrem Aufruf vor dem Sitzungs-

---

[2] Im Abschnitt »Soll ich mich vergleichen?« wird zur Frage des gerichtlichen Vergleichs Stellung genommen.
[3] In welchen Fällen dies möglich ist, wird im Abschnitt »Brauche ich einen Rechtsanwalt?« im einzelnen dargestellt.
[4] Einzelzeiten dazu im Abschnitt »Ich habe einen Termin zur mündlichen Verhandlung versäumt. Was nun?«

zimmer zu warten. Das Gericht führt dann in den Sach- und Streitstand ein und erörtert ihn mit den Prozeßbevollmächtigten, also mit den die Parteien vertretenden Anwälten. Ob eine Partei selbst das Wort zu einer Stellungnahme erbittet, sollte sie vorher mit ihrem Prozeßbevollmächtigten klären. Ist die Partei anwaltlich nicht vertreten, dann muß selbstverständlich mit ihr über den Sach- und Streitstand gesprochen werden.

Die Stellung der Anträge

Es sind dann von den Parteien die Anträge zu stellen. Allerdings ist die Reihenfolge zwischen Einführung in den Sach- und Streitstand durch das Gericht und der Antragstellung nicht verbindlich vorgeschrieben; deshalb kommt es in der Praxis nicht selten vor, daß das Gericht zunächst die Anträge stellen läßt, bevor es in den Sach- und Streitstand einführt.

Durch die Anträge erklären die Parteien dem Gericht, welche Entscheidung sie wünschen. Dementsprechend beantragt der Kläger die Verurteilung des Beklagten in dem in der Klageschrift genannten Umfang, während der Beklagte regelmäßig die Abweisung der Klage beantragen wird. Die Antragstellung geschieht durch Verlesung der Anträge aus den Schriftsätzen (Klageschrift und Klageerwiderung). Der Vorsitzende kann auch gestatten, daß die Anträge zu Protokoll mündlich erklärt werden (§ 297 Abs. 1 ZPO). Die Verlesung kann dadurch ersetzt werden, daß die Parteien auf die Schriftsätze Bezug nehmen, die die Anträge enthalten (§ 297 Abs. 2 ZPO). Ein solches Verfahren empfiehlt sich insbesondere, wenn es sich um umfangreiche Anträge handelt.

Der Parteivortrag

Die Prozeßbevollmächtigten oder die Parteien, wenn sie durch Rechtsanwälte nicht vertreten werden, sollen dann den von ihnen eingenommenen Standpunkt dem Gericht vortragen. Auch insoweit ist es regelmäßig gestattet, den mündlichen Vortrag durch eine Bezugnahme auf die Schriftsätze zu ersetzen. Es ist nicht erforderlich, daß man noch einmal mündlich das vorträgt, was das Gericht und der Gegner bereits aus vorbereitenden Schriftsätzen kennen. Die Bezugnahme hat den Vorteil der Zeitersparnis, ohne daß dadurch etwas verlorengeht. Allerdings kann in der mündlichen Verhandlung manches erläutert und klargestellt werden, was schriftlich mitgeteilt wurde.

Die Parteien haben ihre Erklärungen über tatsächliche Umstände vollständig und der Wahrheit gemäß abzugeben. Die Wahrheitspflicht bedeutet, daß eine Partei nicht wissentlich Falsches behaupten darf. Verboten ist also nur die bewußte Lüge. Nicht selten muß aber eine Partei Tatsachen vortragen, die sie nur für möglich hält, ohne sie genau zu kennen. Darin liegt kein Verstoß gegen die Wahrheitspflicht. Die Partei darf auch den Tatsachenvortrag ihres Gegners bestreiten, wenn sie lediglich Zweifel an der Richtigkeit hat.

Jede Partei hat sich über die von dem Gegner behaupteten Tatsachen zu erklären. Dies setzt allerdings voraus, daß die Gegenpartei substantiiert, d. h. durch konkrete Angaben belegt, Tatsachen vorgetragen hat. Hat sich dagegen eine Partei darauf beschränkt, lediglich ohne nähere Begründung eine Behauptung aufzustellen, beispielsweise daß ein Vertrag zwischen den Parteien geschlossen worden sei, dann muß sich die Gegenpartei hierzu nicht erklären. Denn es ist grundsätzlich Sache der Partei, die sich zur Begründung des von ihr geltend gemachten Rechts auf bestimmte Behauptungen stützt, sie näher zu konkretisieren. Ist dies jedoch geschehen, dann muß die Gegenpartei ihrerseits Stellung zu den einzelnen Behauptungen nehmen. Ein pauschales Bestreiten genügt hierfür nicht. Vielmehr muß eine Partei die sich gegen die Richtigkeit des Tatsachenvortrages ihres Gegners wendet, die Gründe angeben, die sie veranlassen, die Behauptungen des Gegners als falsch zu bezeichnen. Nur wenn dem Beklagten ein substantiertes Bestreiten nicht möglich ist, weil es sich nicht um ein eigenes Verhalten oder eigene Wahrnehmungen handelt, reicht es aus, die gegnerischen Behauptungen in Abrede zu stellen. Das Gericht wird die Parteien auffordern, ihren Sachvortrag zu ergänzen, wenn er unvollständig erscheint.

Die Beweisaufnahme

Kommt es für die Entscheidung des Rechtsstreits darauf an, daß bestimmte bestrittene Tatsachen vom Gericht festgestellt werden, dann schließt sich eine Beweisaufnahme an. Die Beweisaufnahme ist im Grundsatz vor dem Prozeßgericht innerhalb der mündlichen Verhandlung durchzuführen. Von diesem Grundsatz gibt es jedoch Ausnahmen. So ist es zulässig, einem Mitglied des Prozeßgerichts oder im Wege der Amtshilfe einem auswärtigen Amtsgericht die Beweisaufnahme zu übertragen. Ist beispielsweise der Beweis dadurch zu erheben, daß ein bestimmtes Objekt in Augenschein genommen wird (Beweis durch Augenschein) und befindet sich dieses Objekt nicht in der Nähe des Gerichts, dann kann durch ein anderes Gericht die Inaugenscheinnahme durchgeführt werden. Das gleiche gilt für die Vernehmung eines Zeugen, allerdings nur dann, wenn anzunehmen ist, daß das Prozeßgericht das Beweisergebnis auch ohne einen unmittelbaren Eindruck von dem Verlauf der Zeugenvernehmung sachgemäß zu würdigen vermag und triftige Gründe, z. B. Krankheit oder große Entfernung, es rechtfertigen, auf eine Vernehmung durch das Prozeßgericht zu verzichten. Bei einer solchen außerhalb der mündlichen Verhandlung stattfindenden Beweisaufnahme haben die Parteien die gleichen Rechte wie bei einer Beweisaufnahme vor dem Prozeßgericht. So können sie an der Beweisaufnahme – auch wenn sie durch einen Prozeßbevollmächtigten vertreten sind – persönlich teilnehmen und Fragen stellen oder durch ihren Prozeßbevollmächtigten stellen lassen. Soweit bei einer Beweisaufnahme Fragen bedeutsam werden, zu deren Beurteilung besondere Kenntnisse beispielsweise technischer oder betriebswirtschaftlicher Art erforderlich sind, darf es einer Partei nicht verwehrt werden, zu ihrer Beratung weitere sachkundige Personen hinzuziehen. Es ist selbstverständlich den Parteien (ihren Prozeßbevollmächtigten) rechtzeitig von dem Termin einer auswärtigen Beweisaufnahme Mitteilung zu machen.

Im Zivilprozeß (von Ausnahmen abgesehen[5]) obliegt es den Parteien, für die Beschaffung der tatsächlichen Grundlagen zu sorgen, auf die sich die gerichtliche Entscheidung stützt. Sie haben folglich den Beweis anzutreten, d. h. das Beweismittel und die dadurch zu beweisenden Tatsachen zu nennen. Dies bedeutet jedoch nicht, daß die Beweiserhebung, also die Anordnung der Beweisaufnahme und ihre Durchführung durch das Gericht, stets von einem entsprechenden Beweisantritt einer Partei abhängig ist. Vielmehr ist dem Gericht im weiten Umfang auch eine Beweiserhebung von Amts wegen gestattet. Dies gilt – wiederum von besonderen Ausnahmen abgesehen – nur beim Zeugenbeweis nicht, der stets einen entsprechenden Antrag einer Partei verlangt.

---

[5] Einzelheiten dazu im Abschnitt »Besondere Verfahren«.

Im Zivilprozeß gibt es nur fünf Beweismittel, und zwar den Beweis

- durch Augenschein,
- durch Zeugenvernehmung,
- durch Sachverständige,
- durch Urkunden und
- durch Parteivernehmung.

Zu diesen Beweismitteln ist folgendes erläuternd zu bemerken:
Der *Beweis durch Augenschein* erfaßt nicht nur – wie seine Bezeichnung nahelegen könnte – die visuelle Bewertung eines Gegenstandes durch den Richter, sondern jede unmittelbare Wahrnehmung der Beschaffenheit von Personen oder Sachen mittels der Sinnesorgane. Der Beweis durch Augenschein beschränkt sich also nicht nur auf das Sehen, sondern umfaßt in gleicher Weise Hören, Schmecken, Riechen und Fühlen. Immer dann, wenn der Richter äußerlich feststellbare Tatsachen durch eigene Wahrnehmung ermittelt, handelt es sich um einen Beweis durch Augenschein. Beispiele sind Ortsbesichtigungen durch das Gericht, um den Ablauf eines entscheidungserheblichen Vorganges z. B. eines Verkehrsunfalles besser rekonstruieren zu können, die Feststellungen von Geruchsbelästigungen oder von Lärm.

Der *Zeugenbeweis* ist das in der Praxis am häufigsten gebrauchte Beweismittel.[6] Als Zeuge kann jeder – unabhängig vom Alter oder Geisteszustand sowie von seinen Beziehungen zum Gegenstand des Rechtsstreits oder zu den Parteien – benannt werden, sofern er nur die erforderliche Verstandesreife besitzt, Wahrnehmungen zu machen, zu behalten und wiederzugeben. Umstände, die einer Glaubwürdigkeit des Zeugen entgegenstehen, beispielsweise verwandtschaftliche oder freundschaftliche Verbundenheit mit einer Partei, führen also nicht zum Ausschluß der Eignung, als Zeuge vernommen zu werden, sondern sind vom Richter bei der Beweiswürdigung zu berücksichtigen. Nur der Richter und die Parteien (von einer hier nicht interessierenden Ausnahme abgesehen) können nicht als Zeugen vernommen werden. Kommt es auf die Bekundungen der Parteien an, dann muß dies im Rahmen der Parteivernehmung geschehen. Soll ein Richter als Zeuge aussagen, dann muß er als Richter aus dem Rechtsstreit ausscheiden.

---

[6] Einzelheiten dazu im Abschnitt »Ich bin Zeuge«.

Der *Sachverständige* vermittelt aufgrund besonderen Fachwissens z. B. als Arzt oder Techniker dem Richter die fehlende Kenntnis, um bestimmte rechtserhebliche Tatsachen feststellen zu können. Seiner Funktion nach ist der Sachverständige ein Gehilfe des Richters. Die Aussage des Sachverständigen geschieht regelmäßig in Form eines schriftlichen Gutachtens. Dieses Gutachten wird zum Gegenstand der mündlichen Verhandlung gemacht und dadurch in den Prozeß eingeführt. Sofern wegen der Kompliziertheit der Materie oder wegen Unklarheiten die mündliche Erläuterung des Gutachtens durch den Sachverständigen erforderlich ist, kann das Gericht das Erscheinen des Sachverständigen zum Termin der mündlichen Verhandlung anordnen. Das Gericht muß dies tun, wenn eine Partei dies beantragt, um Fragen an den Sachverständigen stellen zu können.

Ein Sachverständiger muß als Gehilfe des Richters in gleicher Weise wie dieser neutral sein und darf kein Interesse am Ausgang des Rechtsstreits haben. Deshalb kann eine Partei einen Sachverständigen ablehnen, wenn er durch seine Beziehungen zu einer Partei oder aus anderen Gründen die Besorgnis rechtfertigt, daß er nicht unbefangen und unparteilich sein Gutachten erstattet. Es gelten insoweit die gleichen Gründe für die Ablehnung eines Sachverständigen wie für die Ablehnung eines Richters[7]. Ist die Partei mit dem Gutachten nicht einverstanden, dann hat sie grundsätzlich keinen Anspruch darauf, daß der Richter ein weiteres Gutachten einholt. Die Partei muß vielmehr die Gründe angeben, aus denen sie das Gutachten ablehnt und es dem Richter überlassen, ob er deshalb ein weiteres Gutachten erstatten läßt. Lehnt er dies ab, dann hat die Partei nur die Möglichkeit, gegen das Urteil, das sich auf das Gutachten stützt, ein Rechtsmittel einzulegen[8].

Die Beauftragung eines Gutachters im Rahmen eines Sachverständigenbeweises muß stets vom Gericht vorgenommen werden, das die Parteien auffordern kann, Vorschläge zu machen. Einigen sich die Parteien über eine bestimmte Person als Sachverständigen, so hat das Gericht einem derartigen Vorschlag zu folgen; sonst ist es in der Wahl des Sachverständigen frei. Beauftragt eine Partei einen Sachverständigen, ein Gutachten zu erstellen, dann kann damit kein Sachverständigenbeweis geführt werden. Ein

---
[7] Einzelheiten dazu im Abschnitt »Kann ich einen Richter ablehnen?«
[8] Einzelheiten zur Einlegung von Rechtsmitteln im Abschnitt »Ich habe den Prozeß verloren, was jetzt?«

solches Privatgutachten ist lediglich als Parteivortrag anzusehen, und seine Richtigkeit kann von der Gegenpartei bestritten werden. Widerspricht der Prozeßgegner der Verwertung des Privatgutachtens und beantragt er die Einholung eines gerichtlichen Sachverständigengutachtens, so muß diesem Antrag entsprochen werden, es sei denn, das Gericht verfügt selbst über die erforderliche Sachkunde, um das Privatgutachten bewerten zu können.

Urkunden im Sinne des Zivilprozeßrechts sind nur Gedankenäußerungen, die durch Schriftzeichen verkörpert werden. Deshalb sind Fotografien oder Datenträger (Disketten einschließlich ihres Ausdrucks) nur als Augenscheinobjekte Gegenstand eines Beweises. Der Urkundenbeweis wird dadurch angetreten, daß die Originalurkunde (nicht eine Kopie) dem Gericht vorgelegt wird; eine Ausnahme gilt nur für sog. öffentliche Urkunden (das sind Urkunden, die von einer öffentlichen Behörde innerhalb der Grenzen ihrer Amtsbefugnis oder von einer mit öffentlichem Glauben versehenen Person z. B. einem Notar innerhalb des ihr zugewiesenen Geschäftskreises in der vorgeschriebenen Form aufgenommen sind), bei denen auch die Vorlage einer öffentlich beglaubigten Abschrift genügt, wenn das Gericht nicht die Vorlage des Originals anordnet.

Der Erfolg des durch eine Urkunde zu führenden Beweises hängt selbstverständlich von ihrer Echtheit ab. Öffentliche Urkunden haben die Vermutung der Echtheit für sich. Eine Partei, die sich auf die Unechtheit einer derartigen Urkunde beruft, muß die Unechtheit beweisen. Wird dagegen eine Privaturkunde dem Gericht vorgelegt (dies sind alle Urkunden, die nicht öffentliche Urkunden sind), dann muß sich der Gegner zur Echtheit dieser Urkunde äußern. Bestreitet er die Echtheit nicht, dann gilt sie als zugestanden und der Richter hat von ihrer Echtheit auszugehen; in Verfahren vor dem Amtsgericht muß allerdings der Gegner aufgefordert werden, sich zur Echtheit der Urkunde zu erklären. Wird die Echtheit bestritten, dann muß sie von demjenigen bewiesen werden, der sich zum Beweis auf die Urkunde beruft. Steht die Echtheit der Namensunterschrift fest, dann ist davon auszugehen, daß der unterschriebene Urkundentext dem Willen des Ausstellers entspricht, es sei denn, es wird ein Gegenbeweis geführt.

Ein Beweismittel stellt auch die *Parteivernehmung* dar. Die Parteivernehmung ist von den sonstigen Bekundungen einer Partei im Zivilprozeß zu unterscheiden. Nur auf die förmlich durch Beweisschluß anzuordnende Parteivernehmung, bei der es sich um eine Art Zeugnis der Partei handelt, treffen die im folgenden beschriebenen Besonderheiten zu. Da aus erklärlichen Gründen die Parteivernehmung nicht als ein besonders zuverlässiges Beweismittel gelten kann, wird sie nur unter eingeschränkten Voraussetzungen zugelassen. Grundsätzlich darf nur der Gegner der Partei auf ihren Antrag hin vernommen werden, die den ihr obliegenden Beweis mit anderen Beweismitteln nicht vollständig geführt hat oder andere Beweismittel nicht vorgebracht hat (§ 445 Abs. 1 ZPO). Es liegt auf der Hand, daß sich jeder sehr sorgfältig überlegen wird, ob er einen solchen Antrag stellt und damit den Ausgang eines Rechtsstreits mehr oder weniger von der Aussage der Gegenpartei abhängig macht. Hat das Gericht bereits bestimmte Tatsachen als erwiesen angesehen, dann kann zur Entkräftung dieser Tatsachen nicht ein Antrag auf Parteivernehmung gestellt werden. Da der Antrag auf Parteivernehmung von derjenigen Partei gestellt werden müßte, der die festgestellten Tatsachen ungünstig sind, würde eine Parteivernehmung in einem solchen Fall dazu führen, daß die vernommene Partei gezwungen würde, durch eigene Aussage das ihr günstige Prozeßergebnis wieder in Frage zu stellen. Dies ist unzumutbar.

Von diesen Regeln gibt es allerdings Ausnahmen. Eine Partei kann über die von ihr zu beweisende Tatsache vernommen werden, wenn sie dies beantragt und wenn der Gegner damit einverstanden ist. Auch ohne Antrag einer Partei und ohne Rücksicht darauf, welche Partei einen Beweis zu führen hat, kann das Gericht von Amts wegen die Parteivernehmung anordnen, wenn das Ergebnis der Verhandlungen und einer etwaigen Beweisaufnahme nicht ausreicht, um die richterliche Überzeugung von der Wahrheit oder Unwahrheit einer zu beweisenden Tatsache zu begründen.

Grundsätzlich werden die Parteien uneidlich vernommen. Jedoch kann das Gericht die Beeidung anordnen, wenn die unbeeidete Aussage nicht ausreicht, um das Gericht von der Richtigkeit der zu beweisenden Behauptung zu überzeugen. Die Beeidung muß allerdings unterbleiben, wenn die Gegenpartei darauf verzichtet. Wurden beide Parteien vernommen, so kann die Beeidung der Aussagen über dieselbe Tatsache nur von einer Partei verlangt werden.

Ordnet das Gericht die Vernehmung einer Partei an, dann ist sie weder zum Erscheinen in der mündlichen Verhandlung noch zur Aussage gezwungen. Erscheint sie nicht oder verweigert sie die Vernehmung, dann hat das Gericht dieses Verhalten frei zu würdigen, wobei es allerdings regelmäßig dann von dem Erfahrungssatz ausgehen wird, daß eine Partei, die etwas für sich Günstiges bekunden kann, erscheint und aussagt. Das gleiche gilt auch für den Eid. Weigert sich eine Partei, ihre Aussage zu beeiden, dann hat das Gericht in gleicher Weise wie bei der Aussageverweigerung unter Berücksichtigung der gesamten Sachlage, insbesondere der für die Verweigerung vorgebrachten Gründe, nach freier Überzeugung zu entscheiden, ob es die behauptete Tatsache als erwiesen ansehen will.

Das weitere Verfahren

Die Parteien haben insbesondere durch die sie vertretenden Rechtsanwälte die Möglichkeit, bereits während der Beweisaufnahme durch Fragen an Sachverständige und Zeugen sowie durch Hinweise auf Umstände, die sie für bedeutsam ansehen, auf das Beweisergebnis Einfluß zu nehmen. Nach Abschluß der Beweisaufnahme wird ihnen Gelegenheit gegeben, noch einmal Stellung zu nehmen und gegebenenfalls weitere Beweise anzubieten. Zu diesem Zweck erörtert das Gericht mit den Parteien den Sach- und Streitstand, wie er sich nach der Beweisaufnahme darstellt.

Wie es danach weitergeht, hängt wesentlich davon ab, ob der Rechtsstreit aufgrund der bisherigen Verhandlung vom Gericht als entscheidungsreif angesehen wird. In diesem Fall schließt dann das Gericht die mündliche Verhandlung und bereitet das Urteil vor, das regelmäßig in einem eigenen Termin verkündet wird. Da das Urteil den Parteien schriftlich zugestellt wird, brauchen weder sie noch ihre Anwälte zu dem Verkündungstermin zu erscheinen. Ist dagegen der Rechtsstreit noch nicht zur Entscheidung reif, dann muß der Richter einen weiteren Termin zur Fortsetzung der mündlichen Verhandlung anberaumen, der in gleicher Weise abläuft wie der erste.

Öffentlichkeit der Verhandlung

Die mündliche Verhandlung vor dem den Rechtsstreit entscheidenden Gericht einschließlich der Verkündung des Urteils ist öffentlich. Dies bedeutet, daß jedermann, allerdings im Rahmen der verfügbaren Plätze, Zutritt zur Verhandlung hat. Auch muß Kenntnis von der Durchführung der Verhandlung in einer Weise gegeben werden, daß ein Interessierter teilnehmen kann. Findet die Verhandlung außerhalb des Gerichtsgebäudes statt, dann muß dies beispielsweise durch schriftlichen Hinweis im

Gerichtsgebäude auf den Ort der Verhandlung bekanntgegeben werden. Der Grundsatz der öffentlichen Verhandlung gehört zu den tragenden Prinzipien des Verfahrensrechts und findet eine Erklärung in dem durch die geschichtliche Entwicklung zu verstehenden Gedanken der Teilnahme des Volkes an der staatlichen Machtausübung und der dadurch möglichen Kontrolle. Es wird dadurch einer »Geheimjustiz« eine Absage erteilt, die sich der Transparenz ihrer Tätigkeit entzieht und dadurch Mißtrauen und Zweifeln an ihre Objektivität und Unparteilichkeit aussetzen muß. Nur Ton- und Filmaufnahmen zum Zwecke der Veröffentlichung sind in der mündlichen Verhandlung verboten. Jede Partei muß also damit rechnen, daß ihre Nachbarn, Bekannte und auch Konkurrenten interessiert der mündlichen Verhandlung ihres Rechtsstreits zuhören. Dies mag nicht immer sehr willkommen sein, muß aber im Regelfall hingenommen werden.

Nun gibt es jedoch auch Fälle, in denen die Verhandlung eines Rechtsstreits vor einem Publikum den Parteien schlechthin unzumutbar ist. Deshalb muß es Ausnahmen von dem Grundsatz der öffentlichen Verhandlung geben. Eine generelle Ausnahme wird für Verhandlungen in Familien- und Kindschaftssachen gemacht. Dazu gehören Ehescheidungsverfahren, Verfahren über die Regelung der elterlichen Sorge für ein eheliches Kind sowie Verfahren, bei denen es um die Abstammung eines Kindes und die Anfechtung der Ehelichkeit eines Kindes oder der Anerkennung der Vaterschaft geht. Bei der Verhandlung von Fragen aus diesem sensiblen Bereich, der zur engen Privat- und Intimsphäre eines Menschen gehört, sollen unbeteiligte Dritte nicht anwesend sein. Dem Schutz des Intimbereichs dient auch die Vorschrift, daß die Öffentlichkeit vom Gericht ausgeschlossen werden kann, soweit Umstände aus dem persönlichen Lebensbereich eines Prozeßbeteiligten, Zeugen oder einer anderen durch eine Straftat verletzten Person zur Sprache kommen, deren öffentliche Erörterung schutzwürdige Interessen verletzen würde, soweit nicht das Interesse an der öffentlichen Erörterung dieser Umstände überwiegt. Außerdem werden in § 172 GVG weitere Gründe genannt, aus denen das Gericht auf Antrag eines Beteiligten oder von Amts wegen die Öffentlichkeit für die gesamte Verhandlung oder für Teile davon ausschließen kann. Zu diesen Gründen gehört es, daß wichtige Geschäfts-, Betriebs-, Erfindungs- oder Steuergeheimnisse zur Sprache kommen oder ein privates Geheimnis erörtert werden muß, dessen unbefugte Offenbarung durch Zeugen oder Sachverständige mit Strafe bedroht ist.

Kann ich einen Richter ablehnen?

Geschäftsverteilung

Welcher Richter zur Entscheidung eines Rechtsstreits berufen ist, ergibt sich aus dem jährlich vom Präsidium des Gerichts zu erstellenden Geschäftsverteilungsplan. Wie die Bezeichnung bereits deutlich macht, ist in diesem Plan anzugeben, wie die »Geschäfte«, d. h. die Aufgabe der Richter, die anfallenden Rechtsstreitigkeiten zu entscheiden, unter den einzelnen Abteilungen (Amtsgericht), Kammern (Landgericht) und Senate (Oberlandesgericht, Bundesgerichtshof) aufzuteilen sind. Dabei sind abstrakte Kriterien zu nennen, die eine Zuordnung des einzelnen Rechtsstreits ermöglichen. Als solche abstrakte Kriterien dienen beispielsweise Anfangsbuchstaben des Familiennamens des Beklagten oder bestimmte Sachgebiete, denen der einzelne Rechtsstreit zuzuordnen ist (z. B. Mietstreitigkeiten, Bausachen). Außerdem ist im Geschäftsverteilungsplan zu bestimmen, welche Richter dem einzelnen Spruchkörper (Kammer oder Senat) angehören. Der Geschäftsverteilungsplan muß so gestaltet werden, daß jede Manipulationsmöglichkeit durch das Gericht selbst oder Dritte ausgeschlossen ist.

Ausschließung von der Ausübung des Richteramtes

Es steht also aufgrund objektiver Merkmale fest, welcher Richter den einzelnen Rechtsstreit entscheiden wird. Nun kann es allerdings durchaus vorkommen, daß der auf diese Weise bestimmte Richter in persönlichen Beziehungen zu der zu entscheidenden Sache oder zu einer Partei steht. Ein Verwandter oder guter Freund klagt oder wird verklagt; nachdem der Richter einen Rechtsstreit entschieden hat, wird er an das übergeordnete

Gericht versetzt und soll über das von ihm verfaßte Urteil aufgrund eines Rechtsmittels entscheiden. Es liegt auf der Hand, daß ein solcher Richter nicht als unvoreingenommen und unbefangen gelten kann. Es gehört aber zu den unverzichtbaren Grundregeln eines rechtsstaatlich geordneten Gerichtsverfahrens, daß der Richter eine unbeteiligte und unvoreingenommene Person sein muß, deren Unparteilichkeit und Objektivität gewährleistet ist. Deshalb wird ein Richter von der Ausübung des Richteramtes kraft Gesetzes ausgeschlossen, wenn sich eine personenbezogene Nähe des Richters zu einem Verfahrensbeteiligten oder eine Beziehung zum Verfahren aufgrund einer von ihm vorher ausgeübten prozessualen Funktion ergibt. Im einzelnen bestimmt das Gesetz, daß ein Richter in Sachen, in denen er selbst Partei ist oder bei denen er zu einer Partei in dem Verhältnis eines Mitberechtigten, Mitverpflichteten oder Regreßpflichtigen steht, in Sachen seines Ehegatten, auch wenn die Ehe nicht mehr besteht, in Sachen einer Person, mit der er verwandt oder verschwägert ist oder war, in Sachen, in denen er als Prozeßbevollmächtigter oder als gesetzlicher Vertreter einer Partei aufzutreten berechtigt ist oder gewesen ist, in Sachen, in denen er als Zeuge oder Sachverständiger vernommen worden ist und in Sachen, in denen er in einem früheren Rechtszuge oder im schiedsgerichtlichen Verfahren bei Erlaß der angefochtenen Entscheidung mitgewirkt hat, nicht als Richter fungieren darf (§ 41 ZPO). Die Ausschließung des Richters ist von Amts wegen zu beachten. An seine Stelle tritt der im Geschäftsverteilungsplan als sein Vertreter genannte Richter. Beachtet der Richter seine Ausschließung nicht, dann können die Parteien den Ausschließungssachverhalt durch eine Richterablehnung geltend machen.

Ablehnung wegen Besorgnis der Befangenheit

Die genannten Ausschließungsgründe erschöpfen nicht alle Sachverhalte, in denen die Unparteilichkeit und Objektivität des Richters aus begründetem Anlaß in Zweifel gezogen werden kann. Deshalb gibt das Gesetz in § 42 ZPO den Parteien die Möglichkeit, einen Richter wegen Besorgnis der Befangenheit abzulehnen. Die Besorgnis der Befangenheit ist gerechtfertigt, wenn ein Grund besteht, der geeignet ist, Mißtrauen gegen die Unparteilichkeit eines Richters zu rechtfertigen. Ist beispielsweise ein Richter eng mit einer Partei befreundet oder mit ihr verfeindet, dann ist die Besorgnis der Befangenheit begründet. Eine Voreingenommenheit kann sich auch aus dem Verhalten des Richters zeigen, mit dem er einer Partei gegenübertritt. Unsachliche Äußerungen in der mündlichen Verhandlung, eine beleidigende Wortwahl gegenüber einer Partei oder ihrem Anwalt, abqualifizierende Bemerkungen über die Qualität eines Schriftsatzes können, müssen jedoch nicht einen Richter als befangen erscheinen lassen.

Will eine Partei einen Richter wegen Besorgnis der Befangenheit ablehnen, dann muß sie ein Ablehnungsgesuch bei dem Gericht, dem der Richter angehört, anbringen. Ein solches Gesuch kann auch vor der Geschäftsstelle zu Protokoll erklärt werden. Der Ablehnungsgrund ist anzugeben und glaubhaft zu machen, d. h. es sind Tatsachen vorzutragen, aus denen sich die Wahrscheinlichkeit ergibt, daß der Ablehnungsgrund zutrifft. Da eine schnelle und endgültige Klärung der Frage erforderlich ist, ob ein Richter am Verfahren nach Bekanntwerden eines Ablehnungsgrundes weiter mitwirken darf, muß die Partei, die den Ablehnungsgrund kennt, ihn geltend machen, bevor sie sich in eine Verhandlung einläßt oder Anträge stellt. Wird das Ablehnungsgesuch erst nach einer Verhandlung oder Antragstellung von einer Partei angebracht, dann hat die Partei glaubhaft darzulegen, daß der Ablehnungsgrund erst später entstanden ist oder ihr vorher nicht bekannt war. Diese Regelungen sollen verhindern, daß eine Partei sich einen Ablehnungsgrund aufspart, um ihn später zu verwenden, wenn es ihr geeignet erscheint.

Über das Ablehnungsgesuch entscheidet das Gericht, dem der Abgelehnte angehört; das Gericht ist hier der einzelne Spruchkörper, also die Kammer oder der Senat. Wird dieses Gericht durch das Ausscheiden des abgelehnten Mitgliedes beschlußunfähig, wie dies beispielsweise der Fall ist, wenn alle Richter einer Kammer oder eines Senats als befangen abgelehnt werden, dann entscheidet das im Rechtszug zunächst höhere Gericht. Wird ein Richter beim Amtsgericht abgelehnt, dann entscheidet das Landgericht, in Kindschaftssachen und bei Ablehnung eines Familienrichters das Oberlandesgericht. Einer solchen Entscheidung bedarf es jedoch nicht, wenn der Richter beim Amtsgericht das Ablehnungsgesuch für begründet hält. Wird das Ablehnungsgesuch für unbegründet erklärt, dann kann dagegen von der betroffenen Partei Beschwerde eingelegt werden. Solange nicht rechtskräftig über das Ablehnungsgesuch entschieden ist, darf ein abgelehnter Richter nur solche Handlungen vornehmen, die keinen Aufschub gestatten.

Soll ich mich vergleichen?

Vergleichsbereitschaft als unverzichtbare Voraussetzung

Dem Gericht ist vom Gesetz aufgegeben, in jeder Lage des Verfahrens auf eine gütliche Beilegung des Rechtsstreits bedacht zu sein (§ 279 Abs. 1 ZPO). Es kann zu diesem Zweck die Parteien zu einem sog. Güteversuch persönlich laden.[1] Aber auch abgesehen von solchen Bemühungen des Richters wird sich jede Partei im Laufe des Rechtsstreits vernünftigerweise die Frage vorlegen, ob nicht durch einen Vergleich eine Lösung des Konflikts empfehlenswert erscheint und deshalb versucht werden sollte, zu einer Einigung mit der Gegenpartei zu kommen. Das Wort von dem mageren Vergleich, der immer noch besser ist als ein fetter Prozeß, gilt nicht nur vor Beginn eines Rechtsstreits. Andererseits muß aber die Partei, die einen Vergleich schließt, dies freiwillig tun und von dem Vorteil einer solchen Beendigung des Rechtsstreits überzeugt sein. Wer nur deshalb einen Vergleich akzeptiert, weil er fürchtet, sich sonst das Wohlwollen des Richters zu verscherzen, oder dies aus anderen ihn nicht überzeugenden Gründen tut, der sollte sich besser nicht auf einen Vergleich einlassen, weil dadurch nur Unzufriedenheit erzeugt wird.

Die Vor- und Nachteile eines Vergleichs

Die Antwort auf die Frage »Soll ich mich vergleichen?« verlangt nach einer sorgfältigen Abwägung der Vor- und Nachteile, die mit einem Vergleich verbunden sind. Der Nachteil ist schnell beschrieben: Man muß in

---

[1] Einzelheiten im Abschnitt »Was erwartet mich in der mündlichen Verhandlung?«

der Sache nachgeben und manchmal auch einen schmerzhaft empfundenen Verzicht leisten.

Welches sind nun die Vorteile? Einmal spart man durch einen Vergleich Zeit und Nerven. Zu den emotionalen Belastungen, die fast zwangsläufig mit einem Rechtsstreit verbunden sind, ist bereits einiges bei Erörterung der Frage gesagt worden, ob jemand eine Klage erheben soll[2]. Dies gilt selbstverständlich in gleicher Weise für den Kläger wie für den Beklagten. Muß man mit der Gegenpartei als Nachbar, Arbeitskollege, Mitgesellschafter oder in einem anderen Verhältnis weiter zusammenleben, dann hat ein Vergleich für die Zukunft erhebliche psychologische Vorteile, denn er kennt keinen Sieger und keinen Besiegten; dies erleichtert die künftigen Beziehungen erheblich. Ein Vergleich kann auch Geld sparen, wenn er beispielsweise eine teure Beweisaufnahme entbehrlich werden läßt. Schließlich ist in jedem Fall der Vergleich für eine Partei sehr vorteilhaft, nämlich für die, die sonst den Rechtsstreit verlieren würde. Nicht selten ist aber ungewiß, welchen Inhalt die gerichtliche Entscheidung haben würde und wer die Partei ist, die von einem Vergleich profitiert.

Ein besonderer Vorteil des Vergleichs, der durch ein Urteil nicht erreicht werden kann, besteht darin, daß die Parteien auch über den Gegenstand des Prozesses hinaus Vereinbarungen treffen können, um ihre Rechtsverhältnisse zu ordnen und zur Vermeidung weiterer Streitigkeiten neu zu regeln.

> Klagt beispielsweise ein Wohnungseigentümer gegen einen anderen auf Unterlassen der Benutzung eines Pkw-Stellplatzes und zeigt sich im Laufe des Prozesses, daß die Ursache für die Meinungsverschiedenheiten über das Recht zur Nutzung des Stellplatzes in unklaren Bestimmungen der Gemeinschaftsordnung liegt, dann kann die erforderliche Änderung der Gemeinschaftsordnung zum Zwecke einer klaren, die Rechte der einzelnen Miteigentümer genau bezeichnenden Regelung nicht durch die Klage einzelner Miteigentümer gegeneinander erreicht werden. Hierfür ist vielmehr die Vereinbarung aller Wohnungseigentümer der Gemeinschaft erforderlich.

Ein Vergleich eröffnet aber die Möglichkeit, daß auch nicht am Rechtsstreit beteiligte Personen einbezogen werden können. Es ist also

---

[2] Einzelheiten dazu im Abschnitt »Soll ich klagen?«

nicht nur eine Regelung von Punkten zulässig, die nicht den Gegenstand des Rechtsstreits gebildet haben, sondern auch die Einbeziehung am Rechtsstreit nicht beteiligter Personen. Durch einen Vergleich kann also eine umfassende, für die Zukunft wirkende Gesamtregelung gefunden werden, die durch die gerichtliche Entscheidung nicht erreichbar ist. Allerdings ist stets für einen Vergleich unverzichtbare Voraussetzung, daß er einen Gegenstand betrifft, über den die Parteien verfügen können, der also ihrer Regelungsbefugnis untersteht. Ein Vergleich über die Auflösung einer Ehe kann beispielsweise nicht geschlossen werden, weil die Entscheidung darüber dem Gericht vorbehalten ist.

Der Prozeßvergleich

Schließen die Parteien einen Vergleich vor dem Gericht, um den anhängigen Rechtsstreit dadurch zu beenden, dann spricht man von einem »Prozeßvergleich«. Ein solcher Vergleich beendet den Rechtsstreit unmittelbar. Außerdem kann man aus dem Vergleich wie aus einem Urteil vollstrecken, d. h. zwangsweise Ansprüche durchsetzen, wenn eine Partei, die Verpflichtungen im Vergleich eingegangen ist, diese nicht erfüllt. Wird dagegen der Vergleich außerhalb des Gerichts geschlossen, dann ergeben sich daraus keine unmittelbaren Wirkungen für den Prozeß. Vielmehr muß sich die Partei, die für sich Rechte aus dem Vergleich in bezug auf den Prozeß ableiten will, darauf berufen. Haben beispielsweise die Parteien in dem Vergleich vereinbart, daß der Kläger die Klage zurücknehmen soll, und tut er dies nicht, dann muß der Beklagte dem Richter die entsprechende Vereinbarung des Vergleichs mitteilen; in diesem Fall wird dann die Klage als unzulässig abgewiesen.

Der Anwaltsvergleich

Eine besondere Bedeutung als Mittel außergerichtlicher Streitbeilegung kommt dem sog. Anwaltsvergleich zu (§ 1044b ZPO). Dieser außergerichtliche Vergleich, der sowohl während eines anhängigen Rechtsstreits als auch unabhängig davon geschlossen werden kann, hat seinen Namen dadurch erhalten, daß eine Mitwirkung von Rechtsanwälten dafür erforderlich ist. Durch dieses Rechtsinstitut können die Parteien gemeinsam mit ihren Rechtsanwälten Vereinbarungen treffen, um Rechtsstreitigkeiten zu vermeiden oder begonnene zu beenden. Da für einen derartigen Vergleich – wie bemerkt – eine Mitwirkung von Rechtsanwälten erforderlich ist, kann davon ausgegangen werden, daß die Rechtsanwälte ihren Mandanten über Voraussetzungen und Wirkungen eines derartigen Vergleichs ausreichend informieren. Deshalb kann hier auf die Darstellung von Einzelheiten verzichtet werden.

Ruhen des Verfahrens

Die Suche nach einem Kompromiß, der zum Inhalt eines Prozeßvergleichs (also eines Vergleichs, durch den ein bereits begonnener Rechtsstreit beendet werden soll) gemacht werden kann, läßt insbesondere bei tatsächlich und rechtlich kompliziert gelagerten Sachverhalten nicht selten langwierige Verhandlungen zwischen den Parteien und ihren Prozeßbevollmächtigten erforderlich werden. Um die dafür erforderliche Zeit zu haben, können die Parteien beim Gericht das Ruhen des Verfahrens beantragen (§ 251 ZPO). Das Verfahren kann dann vor Ablauf von drei Monaten nur mit Zustimmung des Gerichts aufgenommen werden. Das Gericht erteilt diese Zustimmung, wenn ein wichtiger Grund dafür besteht. Dies wäre beispielsweise der Fall, wenn die Parteien eine Einigung gefunden haben und einen Prozeßvergleich vor dem Prozeßgericht schließen wollen oder wenn ihre Vergleichsverhandlungen endgültig gescheitert sind und der Prozeß fortgesetzt werden soll.

Ich habe einen Termin zur mündlichen Verhandlung versäumt. Was nun?

Wann ist man säumig?

Da die Parteien grundsätzlich nicht verpflichtet sind, an der mündlichen Verhandlung teilzunehmen[1], ist es unschädlich, wenn eine Partei, die anwaltlich vertreten ist, zur mündlichen Verhandlung nicht kommt. Dies gilt selbst dann, wenn das persönliche Erscheinen der Parteien vom Gericht angeordnet worden ist, die Partei jedoch einen Vertreter, der auch ihr Prozeßbevollmächtigter sein kann, entsendet, der zur Aufklärung des Tatbestandes in der Lage und zur Abgabe der gebotenen Erklärungen – insbesondere zu einem Vergleichsabschluß – ermächtigt ist.[1] Nur wenn ein solcher Vertreter nicht bestellt worden ist, kann gegen eine Partei, die der Anordnung des persönlichen Erscheinens nicht Folge geleistet hat, Ordnungsgeld bis zu 1000 DM verhängt werden. Gegen die Festsetzung des Ordnungsgeldes kann Beschwerde eingelegt werden. War die Partei aus einem zwingenden Grund z. B. wegen Krankheit verhindert, dann kann sie anstatt der Beschwerde auch einen Antrag auf Aufhebung der Anordnung des Ordnungsgeldes an das Gericht richten; das Gericht wird dann diesem Antrag entsprechen.

Anders stellt sich die Rechtslage dar, wenn die nichterschienene Partei in der mündlichen Verhandlung nicht durch einen Prozeßbevollmächtigten vertreten ist. In einem solchen Fall kann ein Versäumnisurteil ergehen, das bei Säumnis des Klägers die Klage abweist und bei Säumnis des Beklagten ihn verurteilt. Der Erlaß eines Versäumnisurteils ist jedoch noch von der Erfüllung einiger zusätzlicher Voraussetzungen abhängig.

---

[1] Einzelheiten dazu im Abschnitt »Was erwartet mich in der mündlichen Verhandlung?«

Zunächst sind jedoch noch einige Erläuterungen zur Frage erforderlich, wann eine Partei säumig ist. Hierbei muß danach unterschieden werden, ob es sich um ein Verfahren mit oder ohne Anwaltszwang handelt.[2] In Verfahren vor den Amtsgerichten (mit Ausnahme der Familiengerichte), in denen die Parteien nicht anwaltlich vertreten sein müssen, ist eine Partei dann säumig, wenn sie nach Aufruf zur Sache bis zum Schluß der mündlichen Verhandlung nicht erscheint und auch nicht ordnungsgemäß vertreten wird. Als nichterschienen ist auch eine Partei anzusehen, die zwar im Termin anwesend ist, aber nicht verhandelt (§ 333 ZPO). Im Anwaltsprozeß ist eine Partei säumig, wenn für sie kein beim Prozeßgericht zugelassener Rechtsanwalt als Bevollmächtigter erscheint. Die persönliche Anwesenheit der Partei ist insoweit unerheblich.

Wann ergeht ein Versäumnisurteil?

Ein Versäumnisurteil trotz Säumnis einer Partei darf nicht ergehen, wenn das Gericht beispielsweise nicht zuständig oder wenn die Klage nicht ordnungsgemäß erhoben wurde, z. B. den insoweit zu stellenden Anforderungen nicht entspricht.[3] Ein Versäumnisurteil setzt auch voraus, daß die nichterschienene Partei ordnungsgemäß zum Prozeß geladen wurde (§ 335 Abs. 1 Nr. 2 ZPO).

Desweiteren muß danach unterschieden werden, ob der Kläger oder der Beklagte säumig ist. Im Falle der Säumnis des Beklagten sind die vom Kläger zur Begründung seiner Klage vorgetragenen Tatsachen vom Gericht als zutreffend anzusehen. Rechtfertigen sie das klägerische Begehren, dann ist der Beklagte auf Antrag des Klägers durch Versäumnisurteil zu verurteilen; tun sie dies nicht, dann ist trotz der Säumnis des Beklagten die Klage abzuweisen (§ 331 Abs. 2 ZPO). Bei der Säumnis des Klägers kommt es dagegen nicht darauf an, ob das Verteidigungsvorbringen des Beklagten rechtlich erheblich erscheint. Vielmehr wird dann ohne Prüfung des vom Beklagten vorgetragenen Tatsachenstoffs die Klage abgewiesen (§ 330 ZPO). Der Unterschied in diesen Regelungen erklärt sich dadurch, daß vom Kläger, der durch seine Klage den Rechtsstreit begonnen und vom Gericht Rechtsschutz verlangt, erwartet werden kann, daß er sich um seine Klage

---

[2] Einzelheiten dazu im Abschnitt »Brauche ich einen Rechtsanwalt?«
[3] Einzelheiten dazu im Abschnitt »Wie erhebe ich Klage?«

kümmert und in der mündlichen Verhandlung erscheint. Unterläßt er dies, dann wird die Klage und damit auch sein Rechtsschutzgesuch abgewiesen. Die Verurteilung des Beklagten bei dessen Säumnis ist dagegen nur dann begründet, wenn nach dem Vortrag des Klägers das von ihm behauptete Recht besteht.

Einspruch gegen ein Versäumnisurteil

Ist ein Versäumnisurteil ergangen, dann kann die dadurch betroffene Partei Einspruch einlegen (§ 338 ZPO). Dieser Einspruch muß innerhalb von zwei Wochen nach Zustellung des Versäumnisurteiles durch Einreichung einer Einspruchsschrift bei dem Gericht, das das Versäumnisurteil erlassen hat, erhoben werden (§§ 339, 340 ZPO). Die Einspruchsschrift muß die Bezeichnung des Urteils, gegen das der Einspruch gerichtet wird, und die Erklärung enthalten, daß gegen dieses Urteil Einspruch eingelegt wird. Eine Begründung, insbesondere die Angabe von Gründen, weshalb man säumig war, ist dagegen nicht erforderlich. Nur wenn die säumige Partei bisher noch nicht ausreichend auf die Klage erwidert oder entgegen einer Aufforderung des Gerichts zur Klageerwiderung nicht Stellung genommen hat, muß sie innerhalb der Einspruchsfrist dies nachholen. Auf Antrag kann der Vorsitzende des Gerichts für eine solche Begründung die Frist verlängern, wenn dadurch der Rechtsstreit nicht verzögert wird oder die Partei triftige Gründe für eine solche Verlängerung darlegt. In amtsgerichtlichen Verfahren kann der Einspruch und sonstige Erklärungen mündlich zu Protokoll der Geschäftsstelle angebracht werden (§ 496 ZPO). Zwar muß dazu nicht die Geschäftsstelle des zuständigen Amtsgerichts aufgesucht werden, weil auch die Geschäftsstelle jedes anderen Amtsgerichts zuständig ist (§ 129a Abs. 1 ZPO). Berücksichtigt muß jedoch dabei werden, daß der Einspruch erst mit Eingang bei dem zuständigen Gericht wirksam wird und daß die Übersendung des Protokolls mit den Erklärungen der Partei Zeit beansprucht, auch wenn die Übersendung unverzüglich zu geschehen hat (§ 129a Abs. 2 ZPO). Es kann also auf diese Weise die Einspruchsfrist versäumt werden.

Wird der Einspruch ordnungsgemäß, d. h. rechtzeitig und in gehöriger Form, erhoben, dann wird der Prozeß in die Lage zurückversetzt, in der er sich vor Eintritt der Versäumnis befunden hat (§ 342 ZPO). Dies bedeutet, daß das Gericht Termin zur mündlichen Verhandlung über den Einspruch und über die Klage zu bestimmen hat. Zu diesem Termin muß die säumige Partei selbst erscheinen oder durch einen Prozeßbevollmächtigten vertreten sein. Ist die Partei, die den Einspruch eingelegt hat, in der mündlichen Verhandlung, in der über ihren Einspruch verhandelt werden soll, wiederum säumig, dann ergeht ein zweites Versäumnisurteil durch das der Einspruch verworfen wird. Gegen dieses zweite Versäumnisurteil ist ein weiterer Einspruch nicht mehr zulässig (§ 345 ZPO). Die Partei kann dann nur noch Berufung einlegen (§ 513 Abs. 2 ZPO) und wird damit Erfolg haben, wenn sie darzulegen vermag, daß sie überhaupt nicht im zweiten Fall säumig war (Beispiel: Sie war nicht ordnungsgemäß geladen) oder daß sie ihr Nichterscheinen nicht verschuldet hat (Beispiel: schwerer Autounfall auf der Fahrt zum Gericht, der eine Benachrichtigung des Gerichts unmöglich macht). Die Einlegung der Berufung muß jedoch durch einen Rechtsanwalt geschehen, so daß eine bisher nicht anwaltlich vertretene Partei in jedem Fall einen Rechtsanwalt beauftragen muß.

Ist die Partei in dem aufgrund ihres Einspruchs anberaumten Termin zur mündlichen Verhandlung anwesend, dann wird die Verhandlung an dem Punkt fortgesetzt, an dem sie sich im Zeitpunkt der Säumnis der Partei befunden hat; es wird in gleicher Weise wie auch sonst so lange verhandelt, bis der Rechtsstreit zur Entscheidung reif ist und ein Urteil ergehen kann. Für den Inhalt dieser Entscheidung wirkt sich also die Säumnis einer Partei nicht aus. Allerdings werden ihr die Kosten der Säumnis auferlegt, und zwar unabhängig davon, ob sie diese Säumnis verschuldet hat oder nicht (§ 344 ZPO).

Kann ich die Klage noch nachträglich ändern?

Die Gründe, warum ein Kläger an seinem ursprünglichen Klageziel nach Erhebung der Klage nicht mehr festhalten will oder kann, können unterschiedlich sein. Er kann beispielsweise feststellen, daß er den Falschen verklagt hat oder daß seine Forderung zu hoch bemessen wurde. Von diesen oder anderen Gründen, die schon vor Erhebung der Klage bestanden haben und nur falsch vom Kläger eingeschätzt wurden, sind andere zu unterscheiden, die erst nachträglich, also nach Erhebung der Klage, eintreten. Nachdem der Kläger Klage erhoben hat, überweist der Beklagte auf das Konto des Klägers den Betrag, den der Kläger mit seiner Klage von ihm verlangt, oder der Beklagte gibt freiwillig die Sache zurück, deren Herausgabe mit der Klage gefordert wird. In diesen Fällen, in denen sich die Klage aufgrund nachträglich eintretender Umstände erledigt hat, ist dem Kläger zu empfehlen, die Erledigung der Hauptsache zu erklären und das Gericht nur noch über die Kosten entscheiden zu lassen.[1] Hier sollen nur die Fälle betrachtet werden, in denen der Kläger seine Klage zwar weiter verfolgen will, jedoch mit einem geänderten Antrag. Insoweit gilt folgendes:

Ist die Klageschrift dem Beklagten vom Gericht zugestellt und damit die Streitsache rechtshängig geworden, dann darf die Klage nicht mehr einseitig vom Kläger geändert werden. Dieses Verbot der Klageänderung, das allerdings Ausnahmen kennt (dazu Einzelheiten sogleich), dient dem Interesse des Beklagten. Er soll sich in seiner Verteidigung auf die erhobene Klage einstellen können, ohne daß der Kläger durch Änderung der Klage das Verteidigungsvorbringen leerlaufen lassen kann. Zudem muß man dem Beklagten das Recht zubilligen, daß eine gegen ihn erhobene unbegründete Klage kostenpflichtig abgewiesen und nicht nachträglich durch

---

[1] Einzelheiten dazu im Abschnitt »Die Klage hat sich erledigt. Was ist zu tun?«

Änderung erfolgreich gemacht wird. Wenn aber das Verbot der Klageänderung den Beklagten schützen soll, dann ist es nur folgerichtig, daß man eine Ausnahme dann zuläßt, wenn der Beklagte freiwillig auf diesen Schutz verzichtet. Deshalb hat das Gesetz in § 263 ZPO eine Klageänderung zugelassen, wenn der Beklagte darin einwilligt. Diese Einwilligung muß nicht ausdrücklich erklärt werden. Vielmehr wird sie kraft Gesetzes dann angenommen, wenn der Beklagte auf die geänderte Klage in der mündlichen Verhandlung eingeht und über sie verhandelt, ohne der Änderung zu widersprechen (§ 267 ZPO).

Wollte man bei diesem Ergebnis stehenbleiben und eine Klageänderung nur dann zulassen, wenn der Beklagte in sie einwilligt, dann müßte man hinnehmen, daß der Kläger gezwungen wird, eine neue Klage gegen den Beklagten zu erheben, um sein geändertes Prozeßziel zu erreichen. Dies kann zu einer unwirtschaftlichen Vermehrung von Prozessen führen, die man dadurch verhindern kann, daß man in dem bereits anhängigen Prozeß eine Änderung des Streitgegenstandes auch dann zuläßt, wenn ihr der Beklagte widerspricht. Deshalb hat der Gesetzgeber in § 263 ZPO außerdem auch die rechtliche Möglichkeit geschaffen, daß vom Gericht eine Klageänderung gegen den Willen des Beklagten zugelassen wird, wenn dies sachdienlich erscheint. Für die Frage nach der Sachdienlichkeit ist insbesondere maßgebend, ob die Klageänderung dazu führt, einen zwischen den Parteien bestehenden Streit im Rahmen des anhängigen Prozesses auszuräumen und dadurch den in einem anderen Fall zu erwartenden Rechtsstreit zu vermeiden. Führt die Klageänderung dazu, daß ein völlig neuer Streitstoff zur Beurteilung und Entscheidung des Gerichts vorgetragen wird, ohne daß dafür das Ergebnis des bisherigen Prozesses verwertet werden kann, dann gibt es keinen Grund, eine Klageänderung zuzulassen; sie wäre dann nicht sachdienlich. Besteht dagegen ein sachlicher Zusammenhang zwischen dem alten Klageantrag und dem geänderten und haben deshalb Ergebnisse des bisherigen Rechtsstreits für die Entscheidung über den neuen Antrag durchaus Bedeutung, dann spricht die Prozeßwirtschaftlichkeit dafür, eine Klageänderung zu gestatten. Es kommt also immer auf den Einzelfall an, ob ein Gericht eine Klageänderung als sachdienlich erachtet und einen Widerspruch des Beklagten damit übergeht.

Bisher ist davon ausgegangen worden, daß bei einer Klageänderung immer der Antrag des Klägers geändert wird. Dies erfaßt jedoch einerseits nicht alle Fälle einer Klageänderung, während andererseits auch nicht jede Änderung des Klageantrages als eine Klageänderung im technischen Sinne anzusehen ist. Nicht als Klageänderung gilt aufgrund einer ausdrücklichen Bestimmung im Gesetz (§ 264 Nr. 2 ZPO), wenn der Klageantrag erweitert oder beschränkt wird.

> Der Kläger hat zunächst als Ersatz seines bei einem Autounfall erlittenen Schadens 12 000 DM gefordert. Er stellt fest, daß der Schaden höher ausfällt, als er ursprünglich geschätzt hat, und erhöht deshalb die Klageforderung auf 18 000 DM. In diesem Fall ist also die Einwilligung des Beklagten oder eine Sachdienlichkeitserklärung des Gerichts nicht erforderlich. Das gleiche gilt, wenn der Kläger seine Klageforderung ermäßigt, also anstelle der ursprünglich geforderten 18 000 DM als Schadensersatz nur noch 12 000 DM vom Kläger verlangt.

Das Gesetz hat noch einen weiteren Fall, in dem der Antrag des Klägers geändert wird, ausdrücklich von dem Erfordernis einer Einwilligung des Beklagten oder der Sachdienlichkeitserklärung des Gerichts ausgenommen. Es ist dies der Fall, daß der Kläger anstelle des ursprünglich geforderten Gegenstandes wegen einer später eingetretenen Veränderung einen anderen Gegenstand oder Schadensersatz fordert (§ 264 Nr. 3 ZPO).

> Der Kläger fordert zunächst Herausgabe des von ihm vermieteten Kfz. Im Laufe des Rechtsstreits wird das Kfz bei einem Unfall zerstört. Daraufhin ändert der Kläger seinen Antrag dahingehend, daß er nunmehr Schadensersatz in Höhe des Wertes des Pkw vom Beklagten begehrt.

Eine Klageänderung kann jedoch auch ohne Änderung des Klageantrages zu bejahen sein, nämlich dann, wenn der Kläger den Sachverhalt, auf den er seinen Antrag stützt, in entscheidenden Punkten so ändert, daß er zu einem anderen wird.

> Der Kläger verlangt mit seiner Klage 10 000 DM vom Beklagten und begründet diese Klage damit, daß er dem Kläger diesen Betrag als Darlehen gewährt habe. Im Laufe des Prozesses trägt der Kläger vor, er habe die Klageforderung als Schadensersatz vom Beklagten zu beanspruchen, weil dieser ihn betrogen habe.

Nach wie vor wird also die Verurteilung des Beklagten zur Zahlung von 10 000 DM beantragt, aber durch die Sachverhaltsänderung handelt es sich um einen völlig neuen Streitstoff; stimmt der Beklagte der Klageänderung in diesem Fall nicht zu, dann ist sie unzulässig, weil eine Sachdienlichkeit offensichtlich nicht gegeben ist.

Streiten die Parteien darüber, ob der Kläger seine Klage geändert hat, dann ist die Entscheidung des Gerichts, die dies verneint, nicht anfechtbar. Das gleiche gilt für die Zulassung der Klageänderung durch das Gericht (§ 268 ZPO). Dagegen kann die Entscheidung, die Klageänderung sei mangels Einwilligung oder Sachdienlichkeit unzulässig, mit den Rechtsmitteln, die gegen das Urteil gegeben sind[2], angefochten werden.

---

[2] Einzelheiten dazu im Abschnitt »Ich habe den Prozeß verloren, was jetzt?«

Die Klage hat sich erledigt. Was ist zu tun?

Nach Erhebung der Klage können neue Entwicklungen eintreten, die den Streit der Parteien erledigen. Als Beispiele lassen sich anführen:

> Nachdem dem Beklagten die Klage zugestellt worden ist, erfüllt er freiwillig die gegen ihn gerichtete Forderung. Die Parteien sind Nachbarn und der Kläger verlangt vom Beklagten Unterlassung ruhestörenden Lärms. Während des Rechtsstreits zieht der Beklagte um, so daß eine Störung des Klägers durch ihn nicht mehr möglich ist. Würde der Kläger in solchen Fällen seine Klage zurücknehmen, was nach Beginn der mündlichen Verhandlung nur noch mit Einwilligung des Beklagten zulässig ist, dann würden ihm die Kosten des Rechtsstreits auferlegt werden (§ 269 ZPO).

Dies wäre in den beiden Beispielsfällen offensichtlich nicht gerechtfertigt, wenn ursprünglich die Klage begründet war. Es gibt deshalb für den Kläger in einer solchen Lage die Möglichkeit, seine Klage für erledigt zu erklären. Schließt sich der Beklagte dieser Erklärung an, dann hat das Gericht nur noch über die Kosten zu entscheiden. Diese Kostenentscheidung ergeht nach billigem Ermessen unter Berücksichtigung des bisherigen Sach- und Streitstandes (§ 91a Abs. 1 ZPO). Inbesondere wird das Gericht dabei berücksichtigen, wie der Rechtsstreit ohne Erledigung der Hauptsache ausgegangen wäre.

Die Erklärung, daß sich der Rechtsstreit in der Hauptsache erledigt hat, ist gegenüber dem Prozeßgericht abzugeben. Dies geschieht entweder in der mündlichen Verhandlung oder durch Schriftsatz oder durch Erklärung zu Protokoll der Geschäftsstelle.

Nun kann es durchaus vorkommen, daß nur der Kläger glaubt, die Hauptsache habe sich erledigt, während der Beklagte eine andere Auffassung vertritt, weil er meint, die Klage sei von vornherein unbegründet gewesen und die weitere Entwicklung sei deshalb unbeachtlich.

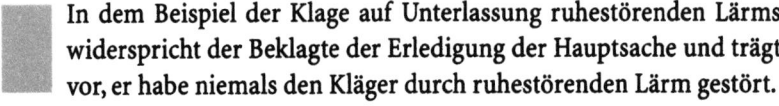
In dem Beispiel der Klage auf Unterlassung ruhestörenden Lärms widerspricht der Beklagte der Erledigung der Hauptsache und trägt vor, er habe niemals den Kläger durch ruhestörenden Lärm gestört.

Ist dieses Vorbringen richtig, dann hat sich an der Unbegründetheit der Klage durch den Wegzug des Beklagten nichts geändert; dieser Umstand ist also bedeutungslos und kann nicht zur Erledigung der Hauptsache führen. Nur eine ursprünglich zulässige und begründete Klage kann sich also durch den Eintritt neuer Tatsachen erledigen.

Streiten die Parteien deshalb über die Erledigung der Hauptsache, dann muß dieser Streit durch ein Urteil beendet werden, das insbesondere dazu Stellung nimmt, ob die Klage zunächst begründet war und sich im Laufe des Rechtsstreits erledigt hat. Wird dies vom Gericht bejaht, dann ist eine solche Feststellung durch das Urteil auszusprechen. Die Kosten sind in diesem Fall dem Beklagten aufzuerlegen, denn er hat ja den Rechtsstreit verloren, weil er der Erledigung widersprochen hat. Gelangt dagegen das Gericht zu dem Ergebnis, daß die Klage von vornherein nicht begründet war, dann wird sie abgewiesen und dem Kläger die Kosten auferlegt. Der Fall, daß also der Kläger einseitig die Klage für erledigt erklärt, unterscheidet sich wesentlich von der beiderseitigen Erledigungserklärung, bei der nicht mehr über die Hauptsache, sondern nur noch über die Kosten eine Entscheidung zu treffen ist.

Ich habe den Falschen verklagt. Wie verhalte ich mich?

Rücknahme oder Umstellung der Klage

Der »richtige« Beklagte ist derjenige, demgegenüber der Kläger das mit der Klage verfolgte Recht geltend machen will. Bei der Zahlungsklage also der Schuldner der Klageforderung, im Scheidungsprozeß der andere Ehepartner. Nun kann sich in einem Rechtsstreit herausstellen, daß nicht der Beklagte, sondern ein Dritter der richtige Adressat der Klage ist.

> Das auf der Straße abgestellte Fahrzeug des Klägers wird beschädigt. Der Schädiger begeht Fahrerflucht. Da der Kläger gegen Erst einen konkreten Verdacht hat, verklagt er diesen auf Schadensersatz. Im Laufe des Prozesses stellt sich heraus, daß Zweit das Kfz des Klägers beschädigte.

In diesem Fall bleibt dem Kläger nichts anderes übrig, als die Klage zurückzunehmen. Ist bereits mündlich verhandelt worden, dann muß der Beklagte zustimmen. Tut er dies nicht, dann wird die Klage kostenpflichtig abgewiesen. Der Kläger muß dann Zweit verklagen.

Es gibt aber Fälle, in denen es sich empfiehlt, die Ergebnisse des bisher geführten Rechtsstreits auch im Prozeß gegen den neuen Beklagten zu verwerten, wie sich dies im folgenden Beispiel zeigt:

> Der Kläger klagt auf Erfüllung eines Vertrages. Auf seiten des Beklagten war ein Dritter als Vertreter des Beklagten aufgetreten. Im Laufe des Rechtsstreits wird nun festgestellt, daß dieser Dritte überhaupt nicht befugt war, für den Beklagten rechtsverbindliche Erklärungen abzugeben und Verträge zu schließen.

Dementsprechend hat der Kläger auch keinen Anspruch gegen den Beklagten auf Erfüllung des Vertrages. Nach dem BGB kann in einem solchen Fall aber der Dritte, der unbefugt als Vertreter gehandelt hat, selbst in Anspruch genommen werden. Ist beispielsweise erst in einer umfangreichen Beweisaufnahme geklärt worden, daß der als Vertreter des Beklagten aufgetretene Frech ohne Vertretungsmacht gehandelt hat, dann ist dieses Beweisergebnis für den Prozeß gegen Frech von Bedeutung. Der Kläger wird deshalb Wert darauf legen, den Prozeß gegen den neuen Beklagten, also gegen Frech, fortzusetzen. Die Gerichte behandeln einen solchen Parteiwechsel wie eine Klageänderung, verlangen also wie bei dieser entweder die Einwilligung des neuen Beklagten oder die Erklärung des Gerichts, daß dieser Parteiwechsel als sachdienlich anzusehen ist.[1] Die Sachdienlichkeit wird man in einem solchen Fall zu bejahen haben, wenn nicht der neue Beklagte dem Parteiwechsel zustimmt. Allerdings wird man ihm ausreichende Gelegenheit geben müssen, zu dem bisherigen Prozeßergebnis insbesondere zur Beweisaufnahme Stellung zu nehmen. Der bisherige Beklagte muß stets einem Parteiwechsel zustimmen; tut er dies nicht, dann scheitert der Beklagtenwechsel, denn der bisherige Beklagte hat einen Anspruch darauf, daß die gegen ihn unbegründete Klage kostenpflichtig abgewiesen wird. Allerdings wird er regelmäßig nur ein Interesse daran haben, daß ihm die durch den Rechtsstreit entstandenen Kosten ersetzt werden. Dies geschieht auch bei einem Parteiwechsel. Denn in diesem Fall ist auf Antrag des Beklagten durch Beschluß des Gerichts festzustellen, daß die dem Beklagten entstandenen Kosten vom Kläger zu ersetzen sind. Nach Ausscheiden des bisherigen Beklagten wird dann der Prozeß gegen den neuen Beklagten fortgesetzt.

Besonderheiten in der zweiten Instanz

Soll der Beklagtenwechsel erst in zweiter Instanz vorgenommen werden, dann muß man berücksichtigen, daß dadurch dem neuen Beklagten eine Instanz verlorengeht. Ist er damit einverstanden, dann bestehen keine Bedenken, auch in zweiter Instanz einen solchen Parteiwechsel zuzulassen. Weigert sich der Beklagte dagegen, den begonnenen Rechtsstreit

---

[1] Einzelheiten zur Frage der Sachdienlichkeit im Abschnitt »Kann ich die Klage noch nachträglich ändern?«

erst in zweiter Instanz zu übernehmen, dann muß dies regelmäßig dazu führen, daß der Beklagtenwechsel scheitert. Eine Sachdienlichkeitserklärung des Gerichts, durch die ein fehlendes Einverständnis des Beklagten ersetzt werden kann, wird nur dann in Betracht kommen, wenn die Weigerung des Beklagten als rechtsmißbräuchlich erscheint. Dies ist zu bejahen, wenn beispielsweise der neue Beklagte auf seiten des bisherigen als dessen Vertreter den Prozeß geführt hat und dadurch die Möglichkeit hatte, alles das vorzutragen, was auch seiner Rechtsverteidigung dient. Dazu ein Beispiel:

> Der Beklagte ist Geschäftsführer einer GmbH. Der Kläger verlangt Rückzahlung eines Darlehens, das er der GmbH gewährt haben will. Im Prozeß stellt sich heraus, daß nicht die GmbH, sondern der Geschäftsführer selbst Darlehensnehmer ist.

In einem derartigen Fall wäre es rechtsmißbräuchlich, wenn der Geschäftsführer einem Beklagtenwechsel in zweiter Instanz widersprechen würde, denn er hat den Rechtsstreit bisher – wenn auch in anderer Rolle – selbst geführt.

Fälle der Rechtsnachfolge

Im Laufe eines Rechtsstreits können sich Veränderungen bei den bisherigen Parteien ergeben, die dazu führen, daß eine andere Person an die Stelle des ursprünglichen Beklagten tritt. Der bisherige Beklagte stirbt oder fällt in Konkurs. An seine Stelle muß dann der Erbe oder der Konkursverwalter treten. Diese Personen sind Rechtsnachfolger des bisherigen Beklagten und treten kraft Gesetzes an seine Stelle. Es ist deshalb selbstverständlich, daß in solchen Fällen der bisherige Prozeß mit den Rechtsnachfolgern fortgesetzt wird. Dies ist ausdrücklich im Gesetz bestimmt (§§ 239, 240 ZPO; diese Vorschriften werden für den Konkurs durch Regelungen der Konkursordnung ergänzt). Es liegt auf der Hand, daß sich ein solcher Parteiwechsel auch auf seiten des Klägers vollziehen kann; für ihn gilt das gleiche wie für den Beklagtenwechsel.

Nun kann in einem Prozeß, in dem es um die Herausgabe einer Sache geht, der Beklagte die Sache auf einen Dritten übertragen.

Beispielsweise wird mit der Klage die Herausgabe eines vermieteten Pkw gefordert. Während des Rechtsstreits veräußert der Beklagte den Pkw an einen Dritten. Muß jetzt der Dritte verklagt werden?

Diese Frage ist nach der in der ZPO getroffenen Regelung zu verneinen. Das Gesetz hat es zugelassen, daß ein schwebender Prozeß an der Befugnis der Parteien nichts ändert, die streitbefangene Sache zu veräußern. Diese Entscheidung ist mit der Anordnung verbunden, daß eine solche Veräußerung auf den schwebenden Prozeß ohne Einfluß bleibt. Vielmehr erstreckt sich die Rechtskraft des Urteils auf denjenigen, der die streitbefangene Sache erworben hat. In unserem Beispielsfall kann also der Kläger trotz Veräußerung des Pkw den Rechtsstreit gegen den bisherigen Beklagten fortsetzen. Wird der Beklagte zur Herausgabe verurteilt, dann kann der Kläger aufgrund dieses Urteils Herausgabe des Pkw von dem Dritten fordern, der den Pkw erworben hat. Die Einflußlosigkeit einer Veräußerung des Streitgegenstandes auf den Prozeß hat konsequenterweise zur Folge, daß der Rechtsnachfolger weder verpflichtet noch berechtigt ist, anstelle der veräußernden Partei den Rechtsstreit fortzusetzen. Etwas anderes gilt nur dann, wenn der Veräußerer und sein Gegner der Übernahme des Prozesses durch den Rechtsnachfolger zustimmen (§ 265 Abs. 2 S. 2 ZPO). Im Beispielsfall müssen also sowohl Kläger als auch bisheriger Beklagter damit einverstanden sein, daß der Prozeß um die Herausgabe des Pkw von dem Erwerber als neuer Beklagter fortgeführt wird und der alte Beklagte aus dem Prozeß ausscheidet.

Falsche Parteibezeichnung

Um einen Parteiwechsel handelt es sich nicht, wenn lediglich eine unrichtige Parteibezeichnung korrigiert wird, dadurch aber die Person der Partei unverändert bleibt.

Hat beispielsweise der Kläger den Schlossermeister Eifrig auf Schadensersatz wegen verschiedener Mängel einer Werkleistung verklagt und stellt sich im Prozeß heraus, daß Eifrig nicht das Handwerksunternehmen persönlich betreibt, sondern in der Form einer Kommanditgesellschaft, dann kann der Kläger in diesem Fall die Bezeichnung des Beklagten ändern, und es muß nicht etwa Eifrig als

Beklagter ausscheiden und als neuer Beklagter die Kommanditgesellschaft in den Prozeß eintreten.

Aus dem vom Kläger vorgetragenen Sachverhalt ist erkennbar, daß die Klage gegen den Handwerker gerichtet werden soll, der die Arbeit für ihn vorgenommen und die Werkleistung mangelhaft erbracht hat. Die Bezeichnung der Parteien in der Klageschrift sind nicht allein für ihre Parteistellung im Prozeß ausschlaggebend. Es kommt vielmehr darauf an, welchen Sinn der von der klagenden Partei in der Klageschrift gewählten Parteibezeichnung bei objektiver Würdigung des Erklärungsinhalts und Berücksichtigung aller dafür bedeutsamen Umstände beizulegen ist. Danach ist grundsätzlich derjenige als Partei zu betrachten, der erkennbar durch die Klage in Anspruch genommen werden soll, im Beispielsfall also die Kommanditgesellschaft.

Falscher Empfänger

Schließlich ist noch darauf hinzuweisen, daß auch dann kein Parteiwechsel erforderlich wird, wenn die Klageschrift irrtümlich einem Falschen zugestellt wird, den der Kläger gar nicht mit seiner Klage meint. Dies kann beispielsweise bei Namensgleichheit vorkommen. Dazu folgendes Beispiels:

> Der Kläger erhebt wegen einer Kaufpreisforderung Klage gegen den kaufmännischen Angestellten Josef Schmitz, Blumenstraße 4, Köln-Nippes. Im selben Haus wohnt der Sohn des Beklagten, der ebenfalls Josef Schmitz heißt. Ihm wird die Klage zugestellt.

Durch diese Zustellung wird nicht etwa Josef Schmitz jun. zum Beklagten, sondern die Zustellung muß lediglich an die richtige Person nachgeholt werden. Wenn aber Josef Schmidt jun. durch den Irrtum Kosten entstehen, etwa weil er meint, er sei verklagt, und deshalb einen Rechtsanwalt aufsucht, dann sind auf seinen Antrag hin diese Kosten dem Kläger aufzuerlegen, der sie gegebenenfalls von der Justiz zurückfordern kann, wenn diese bei der Zustellung einen vermeidbaren Fehler begangen hat.

Streitverkündung – was ist das?

Ein zivilgerichtliches Urteil entscheidet den Streit zwischen den Parteien und hat regelmäßig auch nur Wirkungen zwischen ihnen und nicht auch gegenüber Dritten. Hieraus können sich durchaus Nachteile ergeben, wenn derselbe Sachverhalt zum Gegenstand mehrerer Prozesse gemacht wird und die damit befaßten Richter ihn unterschiedlich bewerten. Ein Beispiel soll dies erläutern:

> Wund verunglückt auf dem Grundstück des Eich und muß deshalb längere Zeit im Krankenhaus bleiben. Die Kosten des Krankenhauses und seinen Verdienstausfall verlangt Wund von Eich ersetzt und trägt vor, ein großes Eisentor sei nicht ordnungsgemäß befestigt gewesen und sei beim Öffnen auf ihn gestürzt. Nach einer Beweisaufnahme geht der Richter davon aus, daß die Behauptungen des Wund richtig sind und deshalb verurteilt er Eich zum Schadensersatz. Das Eisentor ist von dem Handwerksmeister Emsig befestigt worden. Von diesem verlangt Eich, daß er ihm das erstattet, was er an Wund zahlen muß. In dem Prozeß zwischen Eich und Emsig kommt jedoch der Richter zu dem Ergebnis, daß das Tor ordnungsgemäß installiert worden sei, und weist deshalb die Klage ab.

Da es hierbei um die Bewertung von Tatsachen geht, können verschiedene Richter durchaus auch zu unterschiedlichen Ergebnissen gelangen. In unserem Beispielsfall würde deshalb Eich beide Prozesse verlieren und gleichsam zwischen sämtlichen Stühlen sitzen. Dies kann er dadurch verhindern, daß er im ersten Prozeß, also im Rechtsstreit zwischen ihm und Wund, Emsig den Streit verkündet.

Die Streitverkündung ist die förmliche Benachrichtigung von einem anhängigen Rechtsstreit, die an einen Dritten gerichtet ist und ihn auffordert, sich an dem Rechtsstreit als sog. Nebenintervenient zu beteiligen. Der Nebenintervenient unterstützt die Partei bei der Führung des Rechtsstreits, ohne selbst Partei zu werden. Die entscheidende Wirkung der Nebenintervention besteht insbesondere darin, daß ein Richter in einem folgenden Prozeß, der zwischen dem Nebenintervenienten und der unterstützten Partei geführt wird, an die tatsächlichen und rechtlichen Feststellungen im Urteil des ersten Prozesses gebunden ist (§ 68 ZPO). Durch die Streitverkündung erreicht also in unserem Beispielsfall Eich, daß die Feststellungen über die Unfallursache auch Wirkungen gegenüber Emsig haben. Wenn er jetzt Emsig auf Schadensersatz verklagt, dann kann der Richter dieses Prozesses nicht über die Unfallursache anders entscheiden als der Richter des ersten Prozesses.

Die Wirkungen der Streitverkündung sind nicht davon abhängig, ob der Empfänger der Streitverkündung auch als Nebenintervenient beitritt. Auch wenn sich Emsig trotz der Streitverkündung um den Prozeß zwischen Wund und Eich überhaupt nicht kümmert, treffen ihn die Interventionswirkungen (§ 74 ZPO). Eine Streitverkündung ist also ein Mittel, die Interventionswirkung für sich nutzbar zu machen und zu vermeiden, daß derselbe Sachverhalt von verschiedenen Gerichten zum Nachteil des Betroffenen unterschiedlich beurteilt wird. Von diesem Mittel sollte folglich eine Partei Gebrauch machen, die glaubt, im Fall des ungünstigen Ausgangs des Rechtsstreits einen Anspruch auf Gewährleistung oder Schadloshaltung gegen einen Dritten erheben zu können.

Eine Streitverkündung kann auch von der Partei erklärt werden, die im Falle des ihr ungünstigen Ausgangs des Rechtsstreits den Anspruch eines Dritten erwartet. Hat beispielsweise der Beklagte eine Sache von einem Dritten gemietet und verlangt der Kläger Herausgabe dieser Sache, dann kann möglicherweise ein Anspruch auf Schadensersatz gegen den Beklagten von dem Vermieter geltend gemacht werden, wenn der Beklagte aufgrund eines entsprechenden Urteils gegen ihn die Sache herausgibt. In diesem Fall empfiehlt es sich für den Beklagten, dem Vermieter den Streit zu verkünden, damit die Gründe des Urteils, das den Beklagten zur Herausgabe der Sache verurteilt, auch gegenüber dem Vermieter gelten. Bei einem solchen Sachverhalt gibt es sogar noch eine Besonderheit: Erkennt der Dritte, hier der Vermieter, es als richtig an, daß er die Sache dem Beklagten vermietet hat, oder in einem anderen Fall, daß er dem Beklagten aufgrund eines sonstigen Rechtsverhältnisses den Besitz übertrug, dann kann er mit Zustimmung des Beklagten an dessen Stelle den Prozeß übernehmen und weiterführen. Der bisherige Beklagte scheidet dann aus dem Prozeß aus, weil das eigentliche Interesse nicht so sehr bei ihm, sondern bei demjenigen liegt, von dem er die Sache erhalten hat (§ 76 ZPO).

Die Streitverkündung wird durch Einreichung eines Schriftsatzes beim Prozeßgericht vorgenommen. Im Prozeß vor dem Amtsgericht kann die Erklärung der Streitverkündung auch zu Protokoll der Geschäftsstelle abgegeben werden (§ 496 ZPO). In den Schriftsatz oder in die Erklärung zu Protokoll ist zunächst einmal aufzunehmen, daß man einem bestimmten Dritten den Streit verkündet. Außerdem muß der Grund für die Streitverkündung genannt werden, also angegeben werden, welchen Anspruch man im Falle des ungünstigen Ausgangs des Rechtsstreits gegen den Dritten erheben will oder welchen Anspruch des Dritten man befürchtet. Weiter ist erforderlich, daß man den Prozeß und seinen Gegenstand so genau bezeichnet, daß der Dritte erkennen kann, um was es sich handelt. Außerdem muß der Streitstand bezeichnet werden, also beispielsweise der Dritte darüber informiert werden, daß Beweise in der bevorstehenden mündlichen Verhandlung erhoben werden sollen (§ 73 ZPO).

Zusammenfassend kann man also zum Inhalt der Streitverkündungsschrift sagen, daß der Dritte aus ihr entnehmen können muß, ob es Sinn macht, der Aufforderung nachzukommen, in diesem Rechtsstreit zur Unterstützung der streitverkündenden Partei beizutreten. Die Streitverkündungsschrift wird dem Dritten vom Gericht zugestellt und der Gegenpartei in Abschrift mitgeteilt. Mit der Zustellung, die das Gericht von Amts wegen vornimmt, wird die Streitverkündung wirksam.

Tritt der Dritte als Nebenintervenient in den Rechtsstreit ein, dann muß er durch eine Beitrittserklärung dies dem Gericht mitteilen. Handelt es sich um einen Anwaltsprozeß, also um einen Rechtsstreit, der vor einem Familiengericht, einem Landgericht oder einem höheren Gericht geführt wird[1], dann muß die Beitrittserklärung durch einen beim Prozeßgericht zugelassenen Rechtsanwalt vorgenommen werden. Im amtsgerichtlichen Verfahren kann die Beitrittserklärung sowohl durch Schriftsatz als auch zu Protokoll der Geschäftsstelle erklärt werden. Der Schriftsatz, der vom Gericht beiden Parteien zuzustellen ist, muß die Bezeichnung der Parteien und des Rechtsstreits, die bestimmte Angabe des Interesses, das der Nebenintervenient für seinen Beitritt hat sowie die Erklärung des Beitritts enthalten (§ 70 Abs. 1 ZPO). Hat der Gegner der Partei, der der Dritte beige-

---

[1] Einzelheiten dazu im Abschnitt »Brauche ich einen Rechtsanwalt?«

getreten ist, die Kosten des Rechtsstreits zu tragen – dies ist insbesondere der Fall, wenn er den Prozeß verliert[2] –, dann werden ihm auch die Kosten der Nebenintervention auferlegt, also insbesondere die Rechtsanwaltskosten des Dritten. Verliert dagegen die unterstützte Partei, dann muß der Dritte die Kosten der Nebenintervention selbst tragen (§ 101 ZPO).

---

[2] Einzelheiten dazu im Abschnitt »Was kostet mich der Prozeß?«

Ich habe den Prozeß gewonnen, was jetzt:

Der Rechtsstreit ist erst beendet, wenn das ihn entscheidende Urteil rechtskräftig geworden ist. Dies ist der Fall, wenn gegen das Urteil ein Rechtsmittel nicht mehr eingelegt werden kann.[1] Erst in diesem Zeitpunkt kann die erfolgreiche Partei davon sprechen, daß sie den Prozeß gewonnen hat.

Die Erstattung von Prozeßkosten

Ist durch das rechtskräftige Urteil die Klage abgewiesen worden, dann steht damit für die Parteien des Rechtsstreits fest, daß dem Kläger das gegen den Beklagten mit seiner Klage geltend gemachte Recht nicht zusteht. Da dann dem Kläger die Kosten des Rechtsstreits auferlegt werden einschließlich der notwendigen Kosten, die dem Beklagten durch die Verteidigung gegen die Klage entstanden sind, wird diesen interessieren, auf welche Weise er seine Kosten zurückerhält. Da nur die notwendigen Kosten erstattungsfähig sind, muß zunächst entschieden werden, welche Kosten dies sind. Dies geschieht durch einen sog. Kostenfestsetzungsbeschluß. Ein solcher Beschluß muß vom Beklagten beim Gericht der ersten Instanz beantragt werden (§ 103 Abs. 2 ZPO). Das Gericht der ersten Instanz ist das Gericht, bei dem der Rechtsstreit begonnen wurde, auch wenn er aufgrund von Rechtsmitteln letztlich von einem höheren Gericht entschieden wurde. Der Antrag geschieht durch Einreichung zu Protokoll des Urkundsbeamten der Geschäftsstelle oder schriftlich mit eigenhändiger Unterschrift. Dem

---

[1] Einzelheiten zu den Fragen, in welchen Fällen ein Rechtsmittel statthaft ist und unter welchen Voraussetzungen es eingelegt werden kann, finden sich im Abschnitt »Ich habe den Prozeß verloren, was jetzt?«

Antrag ist eine Kostenberechnung beizufügen. Aus ihr muß sich ergeben, welche Kosten der Antragsteller festsetzen lassen will. Dazu sind die einzelnen Posten zusammenzustellen, wobei Angaben von Grund, Datum und Betrag der Aufwendungen erforderlich sind. Die Belege sind in Urschrift, also nicht in Kopie oder Abschrift beizufügen, wenn sie sich nicht bereits in den Akten des Gerichts befinden. Zu den zu erstattenden Kosten gehören nicht nur die Gerichtskosten und die Anwaltsgebühren, sondern auch Kosten von notwendigen Reisen oder eine Entschädigung für Zeitversäumnisse, die durch eine notwendige Wahrnehmung von Terminen entstanden sind, also ein Verdienstausfall, den der Antragsteller deshalb gehabt hat. Die Prozeßkosten sind vom Eingang des Festsetzungsantrages an mit vier Prozent jährlich zu verzinsen, wenn dies beantragt wird (§ 104 Abs. 1 S. 2 ZPO).

Der Antrag und die eingereichten Unterlagen werden vom Gericht daraufhin überprüft, ob sie zu einer zweckentsprechenden Verteidigung notwendig waren. Als zweckentprechend sind solche Maßnahmen anzusehen, die vernünftigerweise eine Partei bei Führung des Rechtsstreits als sachdienlich ansehen wird. Die dadurch entstehenden Kosten sind notwendig. Anwaltskosten sind stets als notwendig anzuerkennen, auch wenn kein Anwaltszwang besteht. Allerdings sind nur die Gebühren zu ersetzen, die den gesetzlichen Gebührensätzen entsprechen. Hat die Partei ein darüber hinausgehendes Honorar mit ihrem Anwalt vereinbart[2], dann muß sie den überschießenden Betrag auch bei einem Prozeßgewinn selbst tragen. Auch die Mehrkosten durch Zuziehung mehrerer Anwälte werden grundsätzlich nur erstattet, wenn sie die Kosten eines Rechtsanwalts nicht übersteigen oder wenn ein Wechsel des Anwalts erforderlich ist. Dies ist der Fall, wenn der Anwalt stirbt oder vertretungsunfähig wird; das gleiche gilt bei Verweisung der Sache an ein anderes Gericht oder wenn der Anwalt die Vertretung aus einem Grund niedergelegt hat, den die Partei nicht verschuldet hat. Wird der Prozeß vor einem Gericht außerhalb des Wohnsitzes der Partei geführt, dann kann sie sich eines ortsansässigen Rechtsanwaltes (Korrespondenzanwalt) bedienen, wenn dies zur Rechtsverfolgung notwendig erscheint. Die Notwendigkeit wird man bejahen müssen, wenn wegen der Schwierigkeit des Stoffes häufige Besprechungen zwischen Anwalt und Mandant erforderlich sind, wenn die Partei geschäftsungewandt ist oder wenn aus anderen Gründen der unmittelbare Kontakt mit

---

[2] Einzelheiten dazu im Abschnitt »Was kostet mich der Prozeß?«

dem Rechtsanwalt, der vor dem auswärtigen Gericht den Prozeß führt, in unzumutbarer Weise erschwert ist (Beispiel: Alter, Gebrechlichkeit, Krankheit der Partei, so daß Reisen unmöglich sind). Die Kosten eines Korrespondenzanwaltes sind dann als notwendige Kosten erstattungsfähig.

Das Gericht hat der Gegenpartei vor Entscheidung über den Antrag Gelegenheit zur Stellungnahme zu geben. Das Gericht entscheidet dann über den Antrag durch den sog. Kostenfestsetzungsbeschluß. Wird dem Antrag ganz oder teilweise entsprochen, dann ist der Gegenpartei des Antragstellers (seinen Prozeßbevollmächtigten) der Kostenfestsetzungsbeschluß von Amts wegen durch das Gericht zuzustellen. Dem Antragsteller (seinem Prozeßbevollmächtigten) wird der Beschluß nur zugestellt, wenn sein Antrag ganz oder teilweise zurückgewiesen wird. Sonst wird ihm nur formlos der Kostenfestsetzungsbeschluß mitgeteilt.

Die Partei, die durch den Kostenfestsetzungsbeschluß beschwert ist, also die Gegenpartei des Antragstellers, wenn dem Kostenfestsetzungsbeschluß ganz oder teilweise stattgegeben wird, der Antragsteller, wenn seinem Antrag nicht vollständig entsprochen wird, kann ihn anfechten. Da regelmäßig über den Antrag auf Kostenfestsetzung der Rechtspfleger entscheidet (§ 21 Nr. 1 Rechtspflegergesetz), ist die sog. sofortige Erinnerung gegen dessen Entscheidung statthaft (§ 11 Rechtspflegergesetz). Sie muß innerhalb einer Frist von zwei Wochen seit Zustellung des Kostenfestsetzungsbeschlusses eingelegt werden. Die Erinnerung ist stets bei dem Gericht einzulegen, das durch den Rechtspfleger entschieden hat. Die Erinnerung wird durch Einreichung eines Schriftsatzes oder durch Erklärung zu Protokoll der Geschäftsstelle erhoben.

Hat eine Partei bereits vor Verkündung des Urteils die Berechnung ihrer Kosten dem Gericht eingereicht, dann bedarf es eines besonderen Kostenfestsetzungsantrages nicht. Die Berechnung wird dann als Antrag behandelt. In diesem Fall kann auf das Urteil der Kostenfestsetzungsbeschluß gesetzt werden. Diese vereinfachte Festsetzung ist auch zulässig, wenn zwar das Urteil bereits (mündlich) verkündet, aber noch nicht schriftlich mitgeteilt worden ist (§ 105 ZPO).

Zahlt der kostenpflichtige Gegner nicht freiwillig die im Kostenfestsetzungsbeschluß genannten Beträge, dann können sie im Vollstreckungsverfahren zwangsweise beigetrieben werden. Die für die Zwangsvollstreckung eines Kostenfestsetzungsbeschlusses geltenden Regeln sind (von Ausnahmen abgesehen, auf die noch einzugehen sein wird) die gleichen wie die für die Zwangsvollstreckung aus dem Urteil; Ausführungen zum Verfahren der Zwangsvollstreckung eines Kostenfestsetzungsbeschlusses können deshalb unterbleiben, und es kann insoweit auf die noch folgenden Ausführungen über die Zwangsvollstreckung eines Urteils verwiesen werden.

Bisher war nur die Rede von einem klageabweisenden Urteil. In diesem Fall bleibt nur die zwangsweise Durchsetzung der Kostenforderung des Beklagten. Gewinnt dagegen der Kläger den Prozeß, dann wird er ebenfalls seinen Anspruch auf Kostenerstattung gegenüber dem Beklagten verfolgen. Für die Festsetzung seiner Kosten, zu denen dann noch die von ihm gezahlten Gerichtsgebühren kommen, gelten die vorstehenden Ausführungen entsprechend. Der Kläger wird aber noch mehr daran interessiert sein, wie er den Urteilsspruch durchsetzen kann, wenn dieser einen vollstreckungsfähigen Inhalt hat. Darauf soll im folgenden näher eingegangen werden.

Die Zwangsvollstreckung des Urteils

Die Frage einer zwangsweisen Durchsetzung des Urteilsspruchs kann sich nur stellen, wenn zur Erreichung des vom Kläger verfolgten Rechtsschutzzieles ein Tun oder Unterlassen des Beklagten erforderlich ist. Hat der Kläger beispielsweise auf Feststellung der Gültigkeit eines Vertrages geklagt, dann ist das mit der Klage verfolgte Ziel bereits durch das Urteil erreicht, das eine entsprechende Feststellung trifft. In diesem Fall bleibt ebenso wie bei der Klageabweisung nur die Durchsetzung des Kostenanspruchs. Das gleiche gilt, wenn eine Ehe geschieden wird. Das Ehescheidungsurteil spricht die Scheidung aus und mit seiner Rechtskraft wird das verwirklicht, was mit der Ehescheidungsklage angestrebt worden ist. In diesen und ähnlichen Fällen, in denen es nicht darum geht, vom Beklagten ein Tun oder Unterlassen zu erreichen, ist eine zwangsweise Durchsetzung des Urteilsspruchs naturgemäß ausgeschlossen. Urteile, die dagegen den Beklagten verurteilen, eine bestimmte Handlung vorzunehmen, beispielsweise einen Geldbetrag an den Kläger zu zahlen, oder eine Handlung zu unterlassen, beispielsweise den Kläger nicht mehr in seiner Nachtruhe zu stören (man nennt solche Urteile Leistungsurteile), lassen eine zwangsweise Durchsetzung erforderlich sein, wenn der Kläger nicht freiwillig seiner im Urteil ausgesprochenen Verpflichtung nachkommt. Dies geschieht im Vollstreckungsverfahren.

Voraussetzung für die Zwangsvollstreckung ist ein sog. Vollstreckungstitel. Ein solcher Vollstreckungstitel ist ein Leistungsurteil, ein Kostenfestsetzungsbeschluß oder ein zwischen den Parteien geschlossener Prozeßvergleich.[51] Es gibt noch weitere Vollstreckungstitel, auf die hier nicht einzugehen ist oder die später in einem anderen Zusammenhang näher erläutert werden. Hier soll nur das Verfahren der Vollstreckung des Urteils und des Kostenfestsetzungsbeschlusses beschrieben werden.

Aus einem Urteil kann bereits vor seiner Rechtskraft vollstreckt werden (§ 704 Abs. 1 ZPO). Es liegt auf der Hand, daß bestimmte Vorkehrungen getroffen werden müssen, damit nicht dem Vollstreckungsschuldner – dies ist die Partei, gegen die aus dem Urteil vollstreckt wird – ein nicht wiedergutzumachender Schaden zugefügt wird. Denn es steht doch erst nach Rechtskraft des Urteils fest, ob der in der Zwangsvollstreckung verfolgte Anspruch zu Recht durchgesetzt worden ist. Dennoch hat der Gesetzgeber die Zwangsvollstreckung nicht rechtskräftiger Urteile zugelassen; man nennt dies die vorläufige Vollstreckbarkeit des Urteils. Das Rechtsinstitut der vorläufigen Vollstreckbarkeit beruht auf zwei Erwägungen: Zum einen soll die Partei, zu deren Gunsten bereits ein Urteil ergangen ist, nicht länger mit der Durchsetzung ihres Anspruchs warten müssen; dies gilt auch für den Kostenerstattungsanspruch der obsiegenden Partei. Zum anderen muß vermieden werden, daß die unterliegende Partei nur deshalb ein Rechtsmittel einlegt, um die Zwangsvollstreckung hinauszuzögern. Eine vorläufige Vollstreckbarkeit wird nur in Ehe- und Kindschaftssachen ausgeschlossen (§ 704 Abs. 2 ZPO). Ehesachen sind Verfahren, die auf Scheidung, Aufhebung oder Nichtigkeitserklärung einer Ehe sowie auf Feststellung des Bestehens oder Nichbestehens einer Ehe zwischen den Parteien oder auf Herstellung des ehelichen Lebens gerichtet sind; bei Kindschaftssachen handelt es sich um Verfahren, die die Feststellung des Bestehens oder Nichtbestehens eines Eltern-Kindes-Verhältnisses, die Anfechtung der Ehelichkeit eines Kindes, die Anfechtung der Anerkennung der Vaterschaft oder die Feststellung des Bestehens oder Nichtbestehens der elterlichen Sorge zum Gegenstand haben. Sofern solche Urteile überhaupt einen vollstreckungsfähigen Inhalt aufweisen, soll zunächst ihre Unanfechtbarkeit abgewartet werden, bevor mit ihrer zwangsweisen Durchsetzung begonnen wird. Bei allen anderen Urteilen hat das Gericht im Urteil selbst die vorläufige Vollstreckbarkeit anzuord-

---

[3] Einzelheiten im Abschnitt »Soll ist mich vergleichen?«

nen, und zwar von Amts wegen, ohne daß ein darauf gerichteter Antrag erforderlich ist.

Wie bereits bemerkt, müssen auch die Interessen des Vollstreckungsschuldners angemessen bei der vorläufigen Vollstreckbarkeit berücksichtigt werden. Dies geschieht dadurch, daß regelmäßig die Vollstreckbarkeitserklärung mit der Anordnung verbunden ist, daß vor Beginn der Zwangsvollstreckung aufgrund eines vorläufig vollstreckbaren Urteils die vollstreckende Partei Sicherheit zu leisten hat (§ 709 ZPO). Diese Sicherheitsleistung dient dazu, einen dem Vollstreckungsschuldner durch die Zwangsvollstreckung entstehenden Schaden abzudecken. Denn die Durchsetzung eines vorläufig vollstreckbaren Urteils geschieht auf Risiko der die Zwangsvollstreckung betreibenden Partei. Unterliegt sie aufgrund eines Rechtsmittels in der nächsten Instanz und wird das Urteil, aus dem vollstreckt worden ist, aufgehoben, dann muß sie den Schaden ersetzen, der ihrem Gegner durch die Zwangsvollstreckung entstanden ist (§ 717 Abs. 2 ZPO). Die Höhe der Sicherheitsleistung wird dementsprechend so bemessen, daß ein solcher Schaden abgedeckt ist. Die Sicherheitsleistung kann durch Hinterlegung von Geld oder Wertpapieren sowie durch Bürgschaft geschehen (§ 108 ZPO). Von der Rechtsprechung wird bei Sicherheitsleistung durch Stellung eines Bürgen die selbstschuldnerische Bürgschaft einer Großbank oder eines öffentlichen Kreditinstituts gefordert.

Im Gesetz sind bestimmte Urteile aufgeführt, die ausnahmsweise auch ohne Sicherheitsleistung für vorläufig vollstreckbar erklärt werden können. Es sind dies u. a. Urteile, die aufgrund eines Anerkenntnisses oder eines Verzichts ergehen, Versäumnisurteile, Urteile in Streitigkeiten zwischen dem Vermieter und dem Mieter oder Untermieter von Wohnräumen oder anderen Räumen oder zwischen dem Mieter und dem Untermieter solcher Räume wegen Überlassung, Benutzung oder Räumung, wegen Fortsetzung des Mietverhältnisses über Wohnraum sowie wegen Zurückhaltung der von dem Mieter oder dem Untermieter in die Mieträume eingebrachten Sachen. Ferner gehören hierzu Urteile, die die Verpflichtung aussprechen, Unterhalt, Renten wegen Entziehung einer Unterhaltsforderung oder Renten wegen einer Verletzung des Körpers oder der Gesundheit zu entrichten. Ohne Sicherheitsleistung sind auch Urteile der Oberlandesgerichte in vermögensrechtlichen Streitigkeiten (vermögensrechtlich sind solche Ansprüche, die auf Geld oder Geldwert gerichtet sind) vollstreckbar sowie schließlich Urteile anderer Gerichte in vermögensrechtlichen Streitigkeiten, wenn der Gegenstand der Verurteilung 1500 DM nicht übersteigt oder wenn nur die Entscheidung über die Kosten vollstreckbar ist und der Wert von 2000 DM nicht überschritten wird (§ 708 ZPO).

Will der erfolgreiche Kläger aus dem Urteil vollstrecken, gleichgültig ob es für vorläufig vollstreckbar erklärt worden ist oder ob es bereits Rechtskraft erlangt hat, dann muß er zunächst die Erteilung einer Vollstreckungsklausel beantragen. Im Regelfall wird diese Vollstreckungsklausel vom Urkundsbeamten der Geschäftsstelle erteilt und auf das Urteil gesetzt. Die Urschrift des Urteils bleibt in der Verwahrung des Gerichts. Ersetzt wird sie durch eine sog. Ausfertigung, eine Kopie oder Abschrift, versehen mit einem entsprechenden Vermerk, daß es sich dabei um die Ausfertigung der Urschrift handelt. Diese Ausfertigung wird dann mit der Vollstreckungsklausel versehen, durch die bescheinigt wird, daß die vorstehende Ausfertigung der Partei zum Zwecke der Zwangsvollstreckung erteilt ist. Dies gilt auch, wenn aus einem Kostenfestsetzungsbeschluß vollstreckt werden soll; auch hierfür ist eine Vollstreckungsklausel erforderlich. Dies gilt nur dann nicht, wenn es sich um eine vereinfachte Kostenfestsetzung handelt und der Kostenfestsetzungsbeschluß auf das Urteil gesetzt wird. In diesem Fall wird die Zwangsvollstreckung aufgrund einer vollstreckbaren Ausfertigung des Urteils vollzogen, ohne daß es einer besonderen Vollstreckungsklausel für den Kostenfestsetzungsbeschluß bedarf.

Der Vollstreckungstitel muß dem Vollstreckungsschuldner vor der Zwangsvollstreckung zugestellt werden. Urteile und Kostenfestsetzungsbeschlüsse werden durch das Gericht von Amts wegen, also ohne einen darauf gerichteten Antrag, der betroffenen Partei zugestellt, so daß regelmäßig die Partei, die die Zwangsvollstreckung betreibt, insoweit nichts mehr zu unternehmen hat. Die Zustellung von Amts wegen wird durch den auf den Titel angebrachten Zustellungsvermerk nachgewiesen. Hinzuweisen ist noch darauf, daß nur das Urteil oder der Kostenfestsetzungsbeschluß ohne Vollstreckungsklausel zuzustellen ist.

Besitzt die Partei mit einem Urteil oder einem Kostenfestsetzungsbeschluß einen Titel, der auch zugestellt und mit einer Vollstreckungsklausel versehen worden ist, dann kann sie mit der Zwangsvollstreckung beginnen. Bei einem Kostenfestsetzungsbeschluß, der nicht auf das Urteil gesetzt ist, muß zwischen seiner Zustellung und dem Beginn der Zwangsvollstreckung eine Frist von zwei Wochen liegen (§ 798 ZPO). Die Durchführung der Zwangsvollstreckung muß beantragt werden. Der Antrag ist an das zuständige Vollstreckungsorgan zu richten. Zuständig für die

Zwangsvollstreckung ist der Gerichtsvollzieher, wenn die Partei, die vollstrecken will (im Zwangsvollstreckungsverfahren Gläubiger genannt) wegen einer Geldforderung gegen die unterlegene Partei (im Zwangsvollstreckungsverfahren Vollstreckungsschuldner genannt) vorgehen will und es sich um die Pfändung von beweglichen Sachen handelt. Ist der Vollstreckungsschuldner zur Herausgabe einer Sache verurteilt worden (Beispiel: Herausgabe eines Pkw), dann ist für diese Zwangsvollstreckung ebenfalls der Gerichtsvollzieher zuständig (§ 753 Abs. 1 ZPO). In diesen Fällen muß die Zwangsvollstreckung bei dem Gerichtsvollzieher beantragt werden, der für den örtlichen Bezirk zuständig ist, in dem die Zwangsvollstreckung vorgenommen werden soll. Wird wegen einer Geldforderung des Gläubigers in Forderungen (z. B. Lohn oder Gehalt als Forderungen des Arbeitnehmers gegen den Arbeitgeber) oder in andere Vermögensrechte (z. B. in den Geschäftsanteil einer GmbH oder in den Anteil des Miterben am Nachlaß) vollstreckt, dann ist dafür die Zuständigkeit des Vollstreckungsgerichts gegeben (§ 828 ZPO). Ebenso ist für die Zwangsvollstreckung in das unbewegliche Vermögen (insbesondere Grundstücke) das Vollstreckungsgericht zuständig (§ 1 ZVG).

Das Vollstreckungsgericht ist das Amtsgericht, in dessen Bezirk das Vollstreckungsverfahren stattfinden soll (§ 764 Abs. 2 ZPO). Sollen gegenüber dem Vollstreckungsschuldner Ansprüche auf Durchführung von bestimmten Handlungen (z. B. Vorlage von Geschäftsbüchern), von Duldungen (z. B. Betreten eines Grundstücks) oder von Unterlassungen (z. B. Unterlassen ruhestörenden Lärms) zwangsweise durchgesetzt werden, dann ist für einen entsprechenden Antrag das Prozeßgericht erster Instanz zuständig, also das Gericht, bei dem der Rechtstreit begonnen worden ist, aus dem das zu vollstreckende Urteil hervorging (§§ 887, 888, 890 ZPO).

Die Durchführung der Zwangsvollstreckung kann regelmäßig vom Gläubiger selbst beantragt werden. Nur wenn die Zuständigkeit des Landgerichts als Prozeßgericht erster Instanz für die Zwangsvollstreckung auf die Vornahme von Handlungen, Duldungen und Unterlassungen gegeben ist, muß der Antrag durch einen bei diesem Gericht zugelassenen Rechtsanwalt gestellt werden. Aufgrund des Antrages wird das Zwangsvollstreckungsverfahren durchgeführt. Der Gerichtsvollzieher versucht bei der Vollstreckung einer Geldforderung Sachen zu finden, die er pfänden und verwerten kann. Die Verwertung geschieht regelmäßig durch öffentliche Versteigerung (§ 814 ZPO). Der Erlös wird dem vollstreckenden Gläubiger bis zur Höhe seiner Forderung und der Kosten der Zwangsvollstreckung ausgehändigt. Ebenso wird die Sache, die der Schuldner an den Gläubiger herauszugeben hat, vom Gerichtsvollzieher übergeben, wenn er sie beim Schuldner findet. Ist die herauszugebende Sache im Besitz eines Dritten, der nicht zur Herausgabe bereit ist, dann muß der Gläubiger gegen diesen notfalls auf Herausgabe klagen. Erklärt der Schuldner, daß er die herauszugebende Sache nicht besitze, und auch nicht wisse, wo sich die Sache befinde, dann kann der Gläubiger einen Antrag stellen, daß der Schuldner diese Angaben an Eides Statt versichert.[4]

Will der Gläubiger eine bestimmte Forderung des Schuldners gegen einen Dritten pfänden oder ein Vermögensrecht, dann ist dafür – wie bereits ausgeführt – ein entsprechender Antrag an das Vollstreckungsgericht zu richten. Dieser Antrag kann schriftlich oder zu Protokoll der Geschäftsstelle gestellt werden. Dabei ist die mit der Vollstreckungsklausel versehene Ausfertigung des Titels (z. B. Urteil, Kostenfestsetzungsbeschluß) vorzulegen und die Zustellung nachzuweisen. In dem Antrag ist der zu vollstreckende Betrag der Geldforderung anzugeben sowie das zu pfändende Recht mit seinem Gläubiger und Schuldner. Diese Angaben müssen so genau sein, daß das Vollstreckungsgericht genau zu erkennen vermag, um welche Forderungen es sich handelt. Die Entscheidung über den Antrag des Gläubigers ergeht durch Beschluß des Vollstreckungsgerichts. Das Gericht prüft dabei nicht, ob das zu pfändende Recht besteht und zum Vermögen des Schuldners gehört. Es wird vielmehr das »angebliche« Recht des Schuldners gepfändet. Der Beschluß, durch den die Forderung oder das Recht gepfändet wird, nennt sich Pfändungsbeschluß. In diesem Beschluß müßten neben dem Vollstreckungsgericht Gläubiger und Schuldner sowie die zu vollstreckende Geldforderung nach Vollstreckungstitel und Betrag bezeichnet sein. Ebenso ist das gepfändete Recht des Vollstreckungsschuldners nach Grund und Inhalt sowie nach Person seines Schuldners eindeutig zu bezeichnen. Wird der Antrag auf Pfändung der Forderung abgelehnt, dann steht dem Gläubiger dagegen die befristete Erinnerung zu, die innerhalb einer Frist von zwei Wochen schriftlich oder zu Protokoll der Geschäftsstelle beim Vollstreckungsgericht einzureichen ist. Wird dem Antrag des Gläubigers entsprochen, so hat das Gericht bei Pfändung einer Geldforderung dem Schuldner der Forderung zu verbieten, an den Vollstreckungsschuldner zu zahlen. Zugleich hat das Gericht an den Voll-

---

[4] Einzelheiten finden sich im Abschnitt »Das Verfahren zur Abgabe einer Offenbarungsversicherung«.

Vollstreckungsschuldner das Gebot zu erlassen, sich jeder Verfügung über die Forderung, insbesondere ihrer Einziehung zu enthalten (§ 829 ZPO). Die Pfändung der Forderung bewirkt also ihre Beschlagnahme. Damit hat jedoch der Gläubiger noch nicht die Erfüllung seiner mit der Klage geltend gemachten Forderung erreicht. Auf seinen Antrag, der zugleich mit dem Pfändungsantrag verbunden werden kann, wird dem Gläubiger durch einen sog. Überweisungsbeschluß des Vollstreckungsgerichts die Forderung zur Einziehung überwiesen (§ 835 Abs. 1 ZPO). Aufgrund dieser Überweisung ist der Gläubiger berechtigt, die Forderung im eigenen Namen einzuziehen, notfalls auch einzuklagen und im Wege der Zwangsvollstreckung beizutreiben (§ 836 Abs. 1 ZPO). Auf Einzelheiten kann hier nicht näher eingegangen werden.

Vollstreckt der Gläubiger aus einem Urteil, das den Schuldner zur Vornahme einer Handlung verurteilt, dann kommt es darauf an, ob diese Handlung mit gleichem Erfolg auch ein Dritter vornehmen kann (sog. vertretbare Handlung) oder ob sie der Vollstreckungsschuldner selbst vornehmen muß (unvertretbare Handlung). Als Beispiel einer unvertretbaren Handlung sei eine Auskunft genannt, die nur der Vollstreckungsschuldner aufgrund seines speziellen Wissens geben kann. In diesem Fall muß durch die Zwangsvollstreckung erreicht werden, daß der Schuldner die Handlung vollzieht. Auf Antrag des Gläubigers ordnet in einem solchen Fall das Prozeßgericht entweder Zwangsgeld bis zu 50 000 DM oder Zwangshaft bis zu sechs Monaten an (§ 888 Abs. 1, § 913 ZPO). Nimmt der Vollstreckungsschuldner die Handlung nicht vor, dann wird entsprechend der Anordnung das Zwangsgeld auf Antrag des Gläubigers beigetrieben und an die Staatskasse abgeführt oder auf Antrag des Gläubigers die Zwangshaft aufgrund eines Haftbefehls des Prozeßgerichts vollstreckt. Bei einer vertretbaren Handlung, die der Gläubiger selbst vornehmen oder durch Dritte vornehmen lassen kann, muß sich lediglich der Gläubiger ermächtigen lassen, auf Kosten des Schuldners die Handlung vorzunehmen. Zu diesem Zweck muß der Gläubiger einen entsprechenden Antrag an das Prozeßgericht richten, in dem die Nichtvornahme der geschuldeten Handlung darzulegen ist. Zugleich kann der Gläubiger beantragen, den Schuldner zu einem Kostenvorschuß für die Ersatzvornahme zu verurteilen (§ 887 ZPO). Handelt der Schuldner der Verpflichtung zuwider, eine Handlung zu unterlassen oder die Vornahme einer Handlung zu dulden, so ist er wegen einer jeden Zuwiderhandlung auf Antrag des Gläubigers von dem Prozeßgericht zu einem Ordnungsgeld bis zu 500 000 DM oder einer Ordnungshaft bis zu ingesamt zwei Jahren zu verurteilen (§ 890 ZPO). Voraussetzung für die Verhängung eines solchen Ordnungsmittels ist die vorherige Androhung solcher Maßnahmen. Diese Androhung kann, wie dies im Regelfall auch geschieht, auf Antrag der obsiegenden Partei bereits in das Urteil aufgenommen werden, das die Verpflichtung des Beklagten zur Duldung oder Unterlassung ausspricht. Soweit dies nicht geschehen ist, muß die Androhung der Ordnungsmittel auf Antrag des Gläubigers vom Prozeßgericht der ersten Instanz durch Beschluß ausgesprochen werden; vor Erlaß dieses Beschlusses ist der betroffene Vollstreckungsschuldner zu hören. In der Androhung müssen Art und Höhe des Ordnungsmittels nicht bereits bestimmt angegeben, wohl aber unter Angabe des Höchstmaßes bezeichnet werden. In dieser Regelung liegt die Erklärung dafür, warum nicht selten in Presseberichten mit erheblicher Kritik von Urteilen berichtet wird, die jemand zum Unterlassen bestimmter Handlungen verpflichtet, also beispielsweise die Katze nicht in Nachbars Garten zu lassen. Dabei wird dann fälschlicherweise davon ausgegangen, daß bei einem Zuwiderhandeln von der verurteilten Partei 500 000 DM zu zahlen seien. Diese Summe bezeichnet – wie ausgeführt – lediglich den Höchstbetrag; das im Einzelfall zu zahlende Ordnungsgeld wird dann gesondert auf Antrag des Gläubigers festgesetzt und liegt selbstverständlich bei einem ersten Zuwiderhandeln weit unter der Höchstgrenze.

Hat das Gericht auf Antrag des Gläubigers bei einem Zuwiderhandeln ein Ordnungsmittel angeordnet, dann wird die Vollstreckung dieses Ordnungsmittels von Amts wegen durchgeführt. Das Ordnungsgeld erhält die Staatskasse. Wer die Kosten einer Ordnungshaft zu tragen hat, wird nicht einheitlich beurteilt. Überwiegend wird angenommen, daß diese Kosten vom Staat zu tragen seien. Der Gläubiger kann auch beantragen, daß der Schuldner zur Bestellung einer Sicherheit verurteilt wird, durch die ein Schaden abgedeckt wird, der durch Zuwiderhandlungen entsteht. Die entsprechende Anordnung geschieht durch Beschluß des Prozeßgerichts. Voraussetzung dafür ist, daß bereits einmal der Schuldner zuwidergehandelt hat.

Die Zwangsvollstreckung wegen Geldforderungen in ein Grundstück kann entweder durch Eintragung einer Sicherungshypothek, durch Zwangsversteigerung des Grundstücks oder durch seine Zwangsverwaltung vorgenommen werden (§ 866 Abs. 1 ZPO). Der Gläubiger hat die Wahl zwischen diesen Möglichkeiten. Die Zwangsversteigerung verfolgt den Zweck, das Grundstück selbst zu verwerten, um den Erlös zur Abdeckung der Forderung des Gläubigers zu verwenden. Das Verfahren beginnt mit einem Antrag auf Zwangsversteigerung, den jeder Gläubiger des Grundstückseigentümers stellen kann. Der Antrag ist an das Vollstreckungsgericht zu richten und kann formlos oder zu Protokoll der Geschäftsstelle gestellt werden. Der Antrag soll das Grundstück, den Eigentümer (Schuldner), den Anspruch, dessentwegen vollstreckt wird, und den vollstreckbaren Titel bezeichnen (§ 16 Abs. 1 ZVG). Wird der Antrag zurückgewiesen, dann kann der Gläubiger dagegen sofortige Erinnerung einlegen.

Gibt das Vollstreckungsgericht dem Antrag auf Zwangsversteigerung statt, dann erläßt es den Versteigerungsbeschluß, der dem Schuldner zugestellt wird (§§ 3, 8 ZVG). Zugleich hat das Vollstreckungsgericht das Grundbuchamt um Eintragung eines Versteigerungsvermerks im Grundbuch zu ersuchen (§ 19 Abs. 1 ZVG). Der Zwangsversteigerungsbeschluß wirkt zugunsten des betreibenden Gläubigers als Beschlagnahme des Grundstücks (§ 20 Abs. 1 ZVG). Diese Wirkung tritt mit der Zustellung des Beschlusses an den Schuldner oder mit dem Zeitpunkt ein, in dem das Ersuchen um eine Eintragung des Versteigerungsvermerks dem Grundbuchamt zugeht, sofern auf das Ersuchen die Eintragung demnächst erfolgt (§ 22 Abs. 1 ZVG). Die Beschlagnahme hat die Wirkung eines Veräußerungsverbotes zugunsten des betreibenden Gläubigers. Dies bedeutet, daß die Veräußerung des Grundstücks durch den Schuldner gegenüber dem betreibenden Gläubiger nur dann wirksam ist, wenn der Erwerber hinsichtlich der Zwangsversteigerung gutgläubig ist. Die Eintragung des Versteigerungsvermerks im Grundbuch schließt die Möglichkeit eines derartigen gutgläubigen Erwerbs aus.

Das Verfahren der Versteigerung durch das Vollstreckungsgericht soll hier nicht im einzelnen dargestellt werden. Es genügt der Hinweis, daß bei der Zwangsversteigerung des Grundstücks dingliche Rechte an ihm (Hypotheken, Grundschulden) bestehenbleiben, die im Rang dem Recht des betreibenden Gläubigers vorgehen. Ist der betreibende Gläubiger selbst nicht durch ein dingliches Recht an dem Grundstück gesichert, dann haben alle an dem Grundstück bestehenden dinglichen Rechte einen besseren Rang und eine Zwangsvollstreckung wird nur dann erfolgreich durchgeführt werden, wenn bei ihr ein so hohes Gebot abgegeben wird, daß die vorgehenden Rechte und die Kosten des Verfahrens dadurch gedeckt werden. Wird ein solches Gebot nicht abgegeben, dann ist die Zwangsversteigerung gescheitert.

Die Vorbereitung und Durchführung des Versteigerungstermins dauert recht lange. Deshalb wird nicht selten neben der Zwangsversteigerung die Zwangsverwaltung des Grundstücks von dem betreibenden Gläubiger beantragt, wenn sich aus dem Grundstück Erträgnisse wie beispielsweise Mieten ergeben. Für den Antrag auf Anordnung der Zwangsverwaltung gelten die Ausführungen über den Antrag auf Zwangsversteigerung entsprechend. Der Beschluß, durch den die Zwangsverwaltung angeordnet wird, gilt zugunsten des Gläubigers als Beschlagnahme des Grundstücks. Durch die Beschlagnahme wird dem Schuldner die Verwaltung und Benutzung des Grundstücks entzogen (§ 148 Abs. 2 ZVG) und einem Zwangsverwalter übertragen, der alle Handlungen vorzunehmen hat, die erforderlich sind, um das Grundstück in seinem wirtschaftlichen Bestand zu erhalten und ordnungsgemäß zu nutzen (§ 152 Abs. 1 ZVG). Überschüsse, die nach Abdeckung der Kosten der Verwaltung und des Zwangsverwaltungsverfahrens bleiben, sind aufgrund eines für die Dauer des Verfahrens aufzustellenden Teilungsplans nach einer bestimmten Rangordnung an die Gläubiger abzuführen. Erst wenn der betreibende Gläubiger befriedigt ist, ist die Zwangsverwaltung durch gerichtlichen Beschluß aufzuheben (§ 161 Abs. 2 ZVG), wenn das Grundstück nicht vorher auf seinen Antrag hin zwangsversteigert wird.

Durch die Eintragung einer Zwangshypothek erreicht der Gläubiger nur die Sicherung seiner Geldforderung, nicht ihre Erfüllung. Denn er erhält damit die gleiche Rechtsstellung wie der Inhaber einer rechtsgeschäftlich bestellten Hypothek. Kommt es dem Gläubiger wie im Regelfall darauf an, Befriedigung für seine Forderung zu erhalten, dann ist die Zwangshypothek dafür kein geeignetes Mittel.

Ich habe den Prozeß verloren, was jetzt?

Unanfechtbares Urteil

Zunächst kommt es darauf an, ob der Prozeß endgültig verloren wurde oder ob gegen die Verurteilung ein Rechtsmittel eingelegt und dadurch eine neue Verhandlung herbeigeführt werden kann. Ist ein Rechtsmittel ausgeschlossen (wann dies der Fall ist, wird im folgenden dargestellt werden) und ist das Urteil rechtskräftig geworden, dann ist dies sicher für die betroffene Partei ärgerlich und regelmäßig auch mit Nachteilen verbunden. Dennoch sollte man in einer solchen Situation bemüht sein, Gleichmut zu bewahren, und sich sagen, daß ein Prozeßverlust regelmäßig nicht als eine persönliche Niederlage zu empfinden ist. Der Richter, der aufgrund einer von ihm vorzunehmenden Wertung von Tatsachen und aufgrund einer subjektiven Beurteilung der Rechtslage entscheidet, kann immer nur nach bestem Wissen und Gewissen seine Auffassung von den Rechtsbeziehungen der Parteien im Urteil niederlegen. Er kann selbstverständlich wie jeder Mensch dabei irren. Die Kontrolle durch die höhere Instanz, die durch ein Rechtsmittel gegen das Urteil angerufen werden kann, bietet die Möglichkeit, Fehler zu korrigieren. Selbstverständlich können auch in einer höheren Instanz Fehler begangen werden, die dann möglicherweise nicht mehr korrigierbar sind, weil ein Rechtsmittel nicht mehr statthaft ist. Dies mag für die betroffene Partei sehr schmerzhaft sein, muß dann aber hingenommen werden, weil schließlich jeder Zivilprozeß einmal sein Ende finden muß. Zwar gibt es auch rechtliche Mittel, um sich gegen ein rechtskräftiges Urteil zur Wehr zu setzen, aber dabei handelt es sich aus guten Gründen, insbesondere im Interesse des Rechtsfriedens, der irgend wann einmal eintreten muß, um enge Ausnahmen.[1] Man

---

[1] Einzelheiten dazu im Abschnitt »Kann ich mich gegen ein rechtskräftiges Urteil wehren?«

muß also auch dann, wenn man die Entscheidung des Gerichts für ungerecht hält, den unanfechtbaren Spruch des Richters hinnehmen. Ist man zu einer Leistung verurteilt worden, dann sollte man sie, soweit dies möglich ist, freiwillig erbringen, um eine zwangsweise Durchsetzung des Urteils im Wege der Zwangsvollstreckung zu vermeiden[2], die nur unnötige, zusätzliche Kosten verursachen und sonstige Nachteile durch Pfändung und andere Zwangsmaßnahmen auslösen würde.

Berufung

Gegen erstinstanzliche Urteile, also gegen ein Urteil eines Amtsgerichts oder eines Landgerichts, wenn dort der Prozeß begonnen wurde, kann Berufung eingelegt werden (§ 511 ZPO), es sei denn, daß der Wert des Beschwerdegegenstandes 1500 DM nicht übersteigt (§ 511a Abs. 1 ZPO). Beschwerdegegenstand ist der Betrag, um den der Berufungskläger durch das erstinstanzliche Urteil nach seiner Behauptung in seinem Recht benachteiligt ist und in dessen Höhe er durch seinen Berufungsantrag Abänderung des Urteils begehrt. Werden Geldbeträge eingeklagt, dann fällt die Feststellung, welchen Wert der Beschwerdegegenstand aufweist, recht leicht.

Hat der Kläger beantragt, den Beklagten zur Zahlung von 5000 DM zu verurteilen und hat ihm das erstinstanzliche Gericht nur 3000 DM zugesprochen und in Höhe von 2000 DM die Klage abgewiesen, dann kann sowohl der Kläger als auch der Beklagte Berufung einlegen. Der Wert des Beschwerdegegenstandes beträgt dann für den Kläger 2000 DM (Differenz der beantragten 5000 DM und der zugesprochenen 3000 DM) und für den Beklagten 3000 DM, zu deren Zahlung er verurteilt worden ist.

Eine Besonderheit gilt in Streitigkeiten über Ansprüche aus einem Mietverhältnis über Wohnraum und über den Bestand eines solchen Mietverhältnisses. Wird in solchen Streitigkeiten die Berufungssumme von 1500 DM nicht erreicht, dann kann gleichwohl Berufung eingelegt werden, wenn das Amtsgericht, das in erster Instanz zu entscheiden hat, in einer

---

[2] Einzelheiten dazu im Abschnitt »Ich habe den Prozeß gewonnen, was jetzt?«

Rechtsfrage von einer Entscheidung eines Oberlandesgerichts oder des Bundesgerichtshofes abgewichen ist und die Entscheidung auf der Abweichung beruht (§ 511a Abs. 2 ZPO). Bei nicht vermögensrechtlichen Streitigkeiten orientiert sich der »Wert« des Beschwerdegegenstandes am ideellen Interesse des Berufungsklägers und muß nach Ermessen des Berufungsgerichts festgesetzt werden. Ohne Rücksicht auf den Wert des Beschwerdegegenstandes kann Berufung gegen ein Versäumnisurteil eingelegt werden, gegen das der Einspruch nicht statthaft ist (§ 513 Abs. 2 ZPO).[3]

Die Berufung wird durch Einreichung einer Berufungsschrift bei dem Berufungsgericht eingelegt (§ 518 Abs. 1 ZPO). Da das Berufungsgericht stets ein Gericht ist, bei dem Anwaltszwang besteht, muß die Berufungsschrift von einem Rechtsanwalt gefertigt werden. Also auch die Partei, die bisher im amtsgerichtlichen Verfahren ohne anwaltlichen Beistand den Rechtsstreit geführt hat, muß zur Einlegung der Berufung einen Rechtsanwalt beauftragen. Zu beachten ist, daß die Berufung innerhalb eines Monats ab Zustellung des Urteils erhoben werden muß (§ 516 Abs. 1 ZPO). Allerdings kann eine Partei, die ohne ihr Verschulden daran gehindert war, diese Frist einzuhalten, beim Gericht beantragen, ihr eine »Wiedereinsetzung in den vorigen Stand« zu gewähren (§ 233 ZPO), d. h. sie so zu behandeln, als sei die Berufungsfrist noch nicht abgelaufen. Dieser Antrag muß aber innerhalb von zwei Wochen gestellt werden, nachdem das Hindernis behoben wurde, das der Einhaltung der Frist entgegenstand. Ist seit Ablauf der Berufungsfrist ein Jahr vergangen, dann ist ein solcher Antrag nicht mehr zulässig. Der Antrag auf Wiedereinsetzung in den vorigen Stand wegen Versäumung der Berufungsfrist muß von einem Anwalt gestellt werden.

Besonderheiten hinsichtlich der genannten Zulässigkeitsanforderungen ergeben sich bei der sog. Anschlußberufung. Hat eine Partei Berufung eingelegt (sie wird dann Berufungskläger genannt, gleichgültig ob sie in der vorherigen Instanz die Rolle des Klägers oder Beklagten einnahm), dann kann sich die Gegenpartei (Berufungsbeklagter) der Berufung anschließen. Der Sinn der Anschlußberufung erklärt sich aus dem sog. Verschlechterungsverbot, das für Rechtsmittel gilt. Nach diesem Verschlechte-

---

[3] Einzelheiten zu der Frage, wann ein Versäumnisurteil mit der Berufung angefochten werden kann, finden sich im Abschnitt »Ich habe einen Termin in der mündlichen Verhandlung versäumt. Was nun?«

rungsverbot darf die ein Rechtsmittel einlegende Partei nicht schlechter durch die Entscheidung des Rechtsmittelgerichts gestellt werden, als sie vorher nach dem angefochtenen Urteil stand. Legt aber nun auch der Gegner ein Rechtsmittel ein, dann wird dadurch die Sperre, die durch das Verschlechterungsverbot zugunsten des Rechtsmittelklägers geschaffen worden ist, wieder beseitigt, weil dann entsprechend dem Antrag der Gegenpartei das Urteil auch zuungunsten des Rechtsmittelklägers korrigiert werden kann. Die Anschlußberufung befreit von der Notwendigkeit, lediglich vorbeugend das Rechtsmittel einzulegen; vielmehr kann man in Fällen, in denen man sich mit der Entscheidung abfinden will, warten, ob die Gegenpartei Berufung einlegt, um sich ihr dann anzuschließen und eine Überprüfung des Urteils auch im eigenen Interesse zu erreichen. Denn für die Anschlußberufung gilt weder die Berufungssumme von 1500 DM noch die Berufungsfrist. Sogar wenn der Berufungsbeklagte vorher auf die Berufung verzichtet hat, kann er sich noch der Berufung des Berufungsklägers anschließen (§ 521 Abs. 1 ZPO). Wird allerdings die Hauptberufung zurückgenommen oder als unzulässig verworfen, dann wird die Anschlußberufung wirkungslos; dies gilt nur dann nicht, wenn die Anschlußberufung den Anforderungen einer selbständigen Berufung entspricht, also innerhalb der Berufungsfrist eingelegt wurde und die Berufungssumme erreicht (§ 522 ZPO).

Das Berufungsverfahren stellt eine Fortsetzung des Verfahrens der ersten Instanz dar. Dies bedeutet, daß die Ergebnisse der Beweisaufnahme in der ersten Instanz beachtlich sind, sofern nicht das Berufungsgericht nach eigenem Ermessen die Beweisaufnahme oder Teile davon wiederholt, und daß die Parteien den Streitstoff der ersten Instanz, sofern er für die Berufung Bedeutung hat, in der mündlichen Verhandlung vorzutragen haben. Das Verfahren in der Berufungsinstanz entspricht im wesentlichen dem bereits dargestellten erstinstanzlichen Verfahren, so daß darauf Bezug genommen werden kann. Ist die Berufung zulässig, und stellt das Berufungsgericht fest, daß das angefochtene Urteil richtig ist, dann wird die Berufung als unbegründet zurückgewiesen. Dies gilt auch dann, wenn zwar die im erstinstanzlichen Urteil enthaltene Begründung Fehler aufweist, die Entscheidung aber im Ergebnis richtig ausgefallen ist. Ergibt dagegen die Prüfung des angefochtenen Urteils, daß es ganz oder teilweise keinen Bestand haben kann, dann muß dieses Urteil in dem zu beanstandenden Umfang aufgehoben werden. Das Berufungsgericht kann entweder in der Sache selbst entscheiden oder die Sache zur Entscheidung an das erstinstanzliche Gericht zurückverweisen (§§ 538 - 540 ZPO). Bei einer Zurückverweisung und erneuten Entscheidung des erstinstanzlichen Gerichts, kann gegen dessen Urteil erneut Berufung eingelegt werden.

Revision

Auch Berufungsurteile können mit einem Rechtsmittel, nämlich mit der Revision, angefochten werden. Allerdings gilt dies nur für Berufungsurteile von Oberlandesgerichten (§ 545 ZPO). Ist ein Rechtsstreit vor dem Amtsgericht begonnen und das amtsgerichtliche Urteil mit der Berufung angefochten worden, dann entscheidet das Landgericht als Berufungsinstanz den Rechtsstreit endgültig. Gegen sein Urteil ist ein Rechtsmittel nicht mehr statthaft. Im Gegensatz zum Berufungsverfahren wird in der Revisionsinstanz das angefochtene Urteil nur daraufhin überprüft, ob das Berufungsgericht Fehler bei der Rechtsanwendung begangen hat. Die tatsächlichen Feststellungen, auf denen das Berufungsurteil beruht, werden vom Revisionsgericht (Bundesgerichtshof) seiner Entscheidung zugrunde gelegt. Dies bedeutet insbesondere, daß eine erneute Beweisaufnahme und eine Bewertung von Beweisen in der Revisionsinstanz nicht stattfindet.

Die Einlegung einer Revision gegen ein oberlandesgerichtliches Berufungsurteil ist nur innerhalb bestimmter Grenzen zulässig. In Rechtsstreitigkeiten über vermögensrechtliche Ansprüche findet eine Revision nur statt, wenn der Wert des Beschwerdegegenstandes 60 000 DM übersteigt oder wenn die Revision vom Oberlandesgericht zugelassen wird. In nicht vermögensrechtlichen Streitigkeiten ist stets die Revision von einer Zulassung des Oberlandesgerichts, dessen Urteil mit der Revision angefochten werden soll, abhängig. Das Oberlandesgericht läßt die Revision zu, wenn die Rechtssache grundsätzliche Bedeutung hat oder wenn von einem Urteil des Bundesgerichtshofs abgewichen worden ist (§ 546 ZPO). Verweigert das Berufungsgericht die Zulassung der Revision, dann kann diese Entscheidung nicht mit einem Rechtsmittel angefochten werden. In Fällen, in denen die Revision nicht von einer Zulassung abhängig ist, also in vermögensrechtlichen Streitigkeiten, bei denen der Beschwerdegegenstand die Summe von 60 000 DM übersteigt, kann das Revisionsgericht die Annahme der Revision ablehnen, wenn die Rechtssache keine grundsätzliche Bedeutung hat und auch keine Aussicht auf Erfolg besteht (§ 554b ZPO).

Ist die Revision begründet, dann ist das angefochtene Urteil aufzuheben. Das Revisionsgericht kann dann entweder die Sache zur anderweitigen Verhandlung und Entscheidung an das Berufungsgericht zurückverweisen oder in der Sache selbst entscheiden (§ 565 ZPO). Eine eigene Entscheidung des Revisionsgerichts in der Sache setzt stets voraus, daß alle entscheidungserheblichen Tatsachen geklärt sind, also keine neuen Tatsachen festgestellt werden müssen. Wird dies notwendig, dann muß die Sache an das Berufungsgericht zurückverwiesen werden. Im Falle der Zurückverweisung ist das Berufungsgericht an die rechtliche Beurteilung gebunden, die der Aufhebung des Berufungsurteils zugrunde liegt.

Soll ich ein Rechtsmittel einlegen?

Kann eine Partei nach den dargestellten Regelungen ein Rechtsmittel einlegen, dann sollte sie sorgfältig überlegen, ob die Fortsetzung des Rechtsstreits gerechtfertigt erscheint, insbesondere ob das Risiko, den Rechtsstreit auch in der nächsten Instanz zu verlieren und dadurch weitere finanzielle Einbußen wegen der dann anfallenden Prozeßkosten zu erleiden, eingegangen werden soll. Es gelten hier ähnliche Erwägungen, wie sie vor Beginn eines Rechtsstreits vom Kläger anzustellen sind.[4]

---

[4] Einiges dazu im Abschnitt »Soll ich klagen?«

Es eilt: Arrest und einstweilige Verfügung

Einstweiliger Rechtsschutz

Wer die Erfüllung eines Anspruchs gegen einen anderen im Wege der Zwangsvollstreckung erreichen will, benötigt dafür einen sog. Vollstreckungstitel. Einen solchen Vollstreckungstitel stellt insbesondere das Urteil dar, das bei einem vollstreckungsfähigen Inhalt zwangsweise gegen die unterlegene Partei durchgesetzt werden kann.[1] Bevor jedoch ein solches Urteil ergeht, muß zunächst ein Rechtsstreit geführt werden, der einige Zeit in Anspruch nimmt – in ungünstigen Fällen mehrere Jahre –, wenn er mehrere Instanzen durchläuft. In der Zwischenzeit kann der Anspruch des Gläubigers gegen seinen Schuldner aufgrund der eingetretenen Veränderungen beeinträchtigt oder sogar vereitelt werden. Ein Schuldner kann Vermögenswerte beiseite schaffen, so daß der Kläger trotz eines zu seinen Gunsten ergangenen Urteils letztlich leer ausgeht. Durch das Verhalten eines anderen können irreparable Schäden eintreten, wenn ihm nicht dieses Verhalten verboten wird. Um die Rechtsverwirklichung zu sichern und solchen Nachteilen vorzubeugen, stellt das Gesetz mit dem Arrest und der einstweiligen Verfügung zwei Mittel bereit, durch die ein einstweiliger Rechtsschutz gewährt wird. Der Arrest dient dazu, Geldforderungen oder Forderungen, die in eine Geldforderung übergehen können, zu sichern (§ 916 ZPO). Die einstweilige Verfügung soll die Verwirklichung anderer Ansprüche schützen.

---

[1] Einzelheiten dazu im Abschnitt »Ich habe den Prozeß gewonnen, was jetzt?«

Arrest

Zur Erwirkung eines Arrestes ist ein Verfahren durchzuführen, der sog. Arrestprozeß, in dem im Interesse der Schnelligkeit die Anforderung an den Beweis der Tatsachen, die der gerichtlichen Entscheidung zugrunde liegen, gesenkt werden und es genügt, daß diese Tatsachen nur hinreichend wahrscheinlich sind (§ 920 Abs. 2 ZPO). Eine solche Absenkung der Anforderungen an die Feststellung der Tatsachen im Vergleich zum Regelverfahren läßt sich dadurch rechtfertigen, daß durch die Vollziehung eines Arrestes nicht die Befriedigung des geltend gemachten Anspruchs, sondern nur seine Sicherung erreicht werden kann.

Der Arrestprozeß beginnt mit dem Antrag auf Erlaß des Arrestes, Arrestgesuch genannt (§ 920 Abs. 1 ZPO). Der Antrag ist entweder an das »Gericht der Hauptsache« oder an das Amtsgericht zu richten, in dessen Bezirk der mit Arrest zu belegende Gegenstand oder die in ihrer persönlichen Freiheit zu beschränkende Person sich befindet (§ 919 ZPO). Das »Gericht der Hauptsache« ist das Gericht, bei dem das Verfahren über den durch den Arrest zu sichernden Anspruch anhängig ist oder anhängig zu machen wäre, also das für eine Klage zuständige Gericht.[2] Das Arrestgesuch kann schriftlich oder zu Protokoll der Geschäftsstelle gestellt werden. Eine Antragstellung zu Protokoll der Geschäftsstelle ist auch dann zulässig, wenn der Antrag beim Gericht der Hauptsache eingereicht wird und dieses ein höheres Gericht als das Amtsgericht ist (§ 920 Abs. 3 ZPO). Bei einer Antragstellung zu Protokoll der Geschäftsstelle besteht kein Anwaltszwang (§ 78 Abs. 3 ZPO), so daß die Partei dann den Antrag stets selbst stellen kann. Das Arrestgesuch muß die Bezeichnung des Anspruchs unter Angabe des Geldbetrages oder des Geldwertes nennen, der durch den Arrest gesichert werden soll, ferner den sog. Arrestgrund. Bei dem Arrestgrund ist zwischen dem dinglichen und dem persönlichen Arrest zu unterscheiden. Bei dem dinglichen Arrest geht es um die Beschlagnahme von Vermögenswerten des Schuldners. Ein Arrestgrund für einen solchen Arrest besteht, wenn zu besorgen ist, daß ohne dessen Verhängung die Vollstreckung des Urteils vereitelt oder wesentlich erschwert werden würde (§ 917 Abs. 1 ZPO). Eine solche Besorgnis kann insbesondere durch ein unlauteres Verhalten des Schuldners, beispielsweise durch Beiseiteschaffen von Vermö-

---

[2] Einzelheiten zur Zuständigkeit finden sich im Abschnitt »Welches Gericht ist zuständig?«

genswerten oder den Abschluß von Scheingeschäften oder durch seine verschwenderische Lebensführung begründet sein. Eine schlechte Vermögenslage des Schuldners oder ein möglicher Zusammenbruch seines Unternehmens reichen allerdings dafür noch nicht aus. Denn der Arrest soll nicht etwa die Lage des einzelnen Gläubigers verbessern, sondern lediglich einer Verschlechterung vorbeugen. Deshalb genügt auch nicht, daß andere Gläubiger mit Vollstreckungsmaßnahmen auf das Vermögen des Schuldners zugreifen und deshalb die Realisierung des dem Arrestkläger zustehenden Anspruchs gefährdet wird. Schließlich besteht keine Notwendigkeit für einen Arrest, wenn der Arrestkläger hinsichtlich seines Anspruchs durch Pfandrechte, Grundpfandrechte, Eigentumsvorbehalte, Sicherungsübereignungen oder andere Sicherungsmittel hinreichend geschützt ist.

Der persönliche Sicherheitsarrest bezweckt, den Schuldner daran zu hindern, Vermögensgegenstände beiseite zu schaffen, in die der Arrestkläger vollstrecken könnte. Um diesen Zweck zu erreichen, kann der Schuldner verhaftet werden, sofern nicht die persönliche Freiheit weniger beschränkende Maßnahmen ausreichen, wie die Beschlagnahme von Ausweispapieren, um eine Flucht ins Ausland zu verhindern. Auch zur Offenbarung von vorhandenen Vermögenswerten kann der persönliche Sicherheitsarrest angeordnet werden, wenn der Schuldner zur Abgabe einer entsprechenden eidesstattlichen Versicherung verpflichtet ist.[3] Wegen der den Schuldner besonders hart treffenden Maßnahmen bei Vollziehung des persönlichen Arrestes ist dieser nur zulässig, wenn ein dinglicher Arrest nicht ausreicht. Er ist also gegenüber dem dinglichen Arrest nachrangig. Ausdrücklich wird im Gesetz angeordnet, daß der persönliche Sicherheitsarrest nur stattfindet, wenn er erforderlich ist, um die gefährdete Zwangsvollstreckung in das Vermögen des Schuldners zu sichern (§ 918 ZPO).

Die Angaben über den Anspruch und den Arrestgrund sind glaubhaft zu machen (§ 920 Abs. 2 ZPO); dies bedeutet, daß – wie bereits ausgeführt – eine hinreichende Wahrscheinlichkeit für die Richtigkeit der genannten Tatsachen sprechen muß. Gelingt dem Antragsteller die Glaubhaftmachung nicht, dann kann das Gericht trotzdem den Arrest anordnen, wenn der Antragsteller wegen der durch den Arrest drohenden Nachteile Sicherheit leistet. Eine solche Sicherheitsleistung kann auch dann angeord-

---

[3] Einzelheiten dazu im Abschnitt »Das Verfahren zur Abgabe einer Offenbarungsversicherung«.

net werden, wenn der Anspruch und der Arrestgrund glaubhaft gemacht worden sind (§ 921 Abs. 2 ZPO). Ein Grund dafür, daß das Gericht zunächst eine Sicherheitsleistung fordert, obwohl Arrestanspruch und Arrestgrund mit hinreichender Wahrscheinlichkeit dargetan worden sind, kann sich aus der Befürchtung ergeben, daß bereits durch die Arrestanordnung ein Schaden für den Betroffenen zu erwarten ist, der besonders hoch ausfällt, oder daß die Vermögensverhältnisse des Antragstellers es bezweifeln lassen, ob er in der Lage ist, einen etwaigen Schaden des Gegners zu ersetzen. Das Gericht kann auch den Arrest anordnen, aber seine Vollziehung von einer Sicherheitsleistung abhängig machen. Ob eine Sicherheit angeordnet wird, steht im Ermessen des Gerichts.

Die Entscheidung des Gerichts über das Arrestgesuch einschließlich über die Frage einer Sicherheitsleistung durch den Antragsteller kann ohne mündliche Verhandlung ergehen. In diesem Fall wird durch Beschluß entschieden. Das Gericht kann jedoch auch nach mündlicher Verhandlung über das Arrestgesuch befinden und hat dann seine Entscheidung durch Urteil zu treffen. Die Entscheidung, die dem Arrestgesuch stattgibt, wird unabhängig davon, ob sie durch Beschluß oder Urteil ergeht, Arrestbefehl genannt. In dem Arrestbefehl ist stets eine sog. Lösungssumme zu nennen, d. h. ein Geldbetrag, durch dessen Hinterlegung die Vollziehung des Arrestes gehemmt und der Gegner zu dem Antrag auf Aufhebung eines bereits vollzogenen Arrestes berechtigt wird (§ 923 ZPO). Die Höhe der Lösungssumme richtet sich nach dem Betrag der durch den Arrest zu sichernden Forderung einschließlich von Zinsen und Kosten. Die Lösungssumme ist bei der Hinterlegungskasse zu hinterlegen; Einzelheiten des Verfahrens ergeben sich aus der Hinterlegungsordnung. Das Gericht kann auch eine andere Art der Sicherheitsleistung festlegen und etwa gestatten, daß der Schuldner die Sicherheit durch selbstschuldnerische Bürgschaft einer Großbank oder eines öffentlichen Kreditinstitutes erbringt.

Gegen den Arrestbefehl kann der Schuldner Berufung einlegen, wenn das Amtsgericht oder das Landgericht in erster Instanz als Gericht der Hauptsache durch Urteil entschieden hat. Dagegen ist ein Rechtsmittel gegen das Urteil eines Landgerichts als Berufungsgericht oder eines Oberlandesgerichts (wenn diese Gerichte den Arrestbefehl als Gericht der Hauptsache erlassen) nicht statthaft. Ist dagegen der Arrestbefehl durch Beschluß erlassen worden, dann kann sowohl in erster als auch in zweiter Instanz vom Schuldner Widerspruch eingelegt werden (§ 924 Abs. 1 ZPO). Der Widerspruch ist bei dem Gericht zu erheben, das den Arrestbefehl erlassen hat. Ist dies das Beschwerdegericht, dann ist allerdings der Widerspruch an das Gericht erster Instanz zu richten. Ist danach ein Amtsgericht zuständig, dann kann der Widerspruch auch zu Protokoll der Geschäftsstelle eingelegt werden. Beim Landgericht muß der Widerspruch durch den Schriftsatz eines Rechtsanwalts erhoben werden. Der Widerspruch führt dazu, daß über die Rechtmäßigkeit des Arrestes durch Urteil zu entscheiden ist. Das Gericht kann dann entweder den Arrest ganz oder teilweise bestätigen, abändern oder aufheben oder auch die Bestätigung, Abänderung oder Aufhebung von einer Sicherheitsleistung abhängig machen (§ 925 ZPO).

Wird das Arrestgesuch ohne mündliche Verhandlung durch das Amtsgericht oder das Landgericht in erster Instanz durch Beschluß zurückgewiesen, dann steht dem Antragsteller dagegen das Rechtsmittel der einfachen Beschwerde zu (§ 567 Abs. 1 ZPO). Ist dagegen in der Berufungsinstanz durch Beschluß das Arrestgesuch zurückgewiesen worden, dann ist dagegen kein Rechtsmittel statthaft (§ 567 Abs. 3, 4 ZPO). Hat eine mündliche Verhandlung stattgefunden und ist das Arrestgesuch durch Urteil abgelehnt worden, dann ist dagegen Berufung statthaft, wenn es sich um ein Urteil des Amtsgerichts oder des Landgerichts in erster Instanz handelt. Gegen das Urteil eines Berufungsgerichts ist dagegen ein Rechtsmittel nicht gegeben (§ 545 Abs. 2 ZPO). Unter den gleichen Voraussetzungen und mit den gleichen Mitteln wie gegen die Ablehnung des Arrestgesuchs der Antragsteller ein Rechtsmittel einlegen kann, kann er dies auch gegen die Anordnung einer Sicherheitsleistung tun. Gegen die Höhe der Lösungssumme kann sowohl der Antragsteller als auch der Schuldner ein Rechtsmittel einlegen; insoweit gelten die gleichen Regeln wie für die Anfechtung des Arrestbefehls oder seiner Ablehnung.

Das Arrestverfahren soll das Hauptverfahren, also den Prozeß, der zur Durchsetzung des durch den Arrest gesicherten Anspruchs zu führen ist, nicht überflüssig machen. Denn die Vollziehung der Arrestmaßnahme ist ausschließlich darauf gerichtet, den Antragsteller hinsichtlich seines Anspruchs zu sichern, nicht etwa ihn deshalb auch zu befriedigen. Der Sicherung durch den Arrest muß also die Durchsetzung des Anpruchs im Wege der Klage folgen. Ist eine solche Klage noch nicht erhoben worden, so hat das Arrestgericht auf Antrag des Schuldners anzuordnen, daß die Partei, die den Arrestbefehl erwirkt hat, binnen einer zu bestimmenden Frist Klage zu erheben hat (§ 926 Abs. 1 ZPO). Arrestgericht ist das Gericht, das den Arrest angeordnet hat. Wird der Anordnung des Arrestgerichts, Klage zu erheben, nicht Folge geleistet, so ist auf Antrag des Schuldners die Aufhebung des Arrestes durch Urteil auszusprechen (§ 926 Abs. 2 ZPO). Dieser Entscheidung hat eine mündliche Verhandlung vorauszugehen.

Der Schuldner kann auch die Aufhebung des Arrestes wegen veränderter Umstände, insbesondere wegen Erledigung des Arrestgrundes oder aufgrund des Angebotes, Sicherheit zu leisten, beantragen (§ 927 Abs. 1 ZPO). Die veränderten Umstände, die vom Schuldner geltend gemacht werden, können auch den Anspruch betreffen, der durch den Arrest gesichert wird. Beispiele sind das Erlöschen der gesicherten Forderung oder die rechtskräftige Abweisung der Klage in der Hauptsache. Auch in diesem Fall geschieht die Aufhebung des Arrestes durch ein Urteil aufgrund einer mündlichen Verhandlung. Ist die Hauptsache anhängig, ist das Gericht ausschließlich zuständig, das zur Zeit der Antragstellung mit der Sache befaßt ist; sonst entscheidet das Gericht, das den Arrest angeordnet hat.

Der Arrestbefehl stellt einen Vollstreckungstitel dar. Aus ihm wird im wesentlichen nach den gleichen Regeln vollstreckt, wie sie für die Vollstreckung von Urteilen gelten.[4] Es gelten aber einige Besonderheiten: Arrestbefehle bedürfen der Vollstreckungsklausel nur dann, wenn die Vollziehung für einen anderen als den in dem Befehl bezeichneten Gläubiger oder gegen einen anderen als den in dem Befehl bezeichneten Schuldner erfolgen soll (§ 929 Abs. 1 ZPO). Die Vollziehung des Arrestbefehls ist unstatthaft, wenn seit dem Tag, an dem der Befehl verkündet oder der Partei, auf deren Gesuch er erging, zugestellt ist, ein Monat verstrichen ist (§ 929 Abs. 2 ZPO). Der Arrestbefehl kann bereits vor seiner Zustellung an den Schuldner vollzogen werden. Jedoch muß die Zustellung innerhalb einer Frist von einer Woche nach Vollziehung nachgeholt werden. Die Vollziehung geschieht aufgrund eines formlosen Gesuchs des Gläubigers; Anwaltszwang besteht nicht. Die Vollziehung des dinglichen Arrestes in das bewegliche Vermögen wird durch Pfändung bewirkt (§ 930 ZPO). In Grundstücke wird der Arrest durch Eintragung einer Sicherungshypothek (sog. Arresthypothek) vollzogen (§ 932 ZPO). Die Vollziehung des persönlichen Arrestes richtet sich danach, ob Haft oder sonstige Beschränkungen der persönlichen Freiheit des Schuldners angeordnet worden sind. Die Haftdauer darf sechs Monate nicht überschreiten (§ 933 iVm § 913 ZPO).

---

[4] Angaben über die Durchführung der Zwangsvollstreckung finden Sie im Abschnitt »Ich habe den Prozeß gewonnen, was jetzt?«

Erweist sich die Anordnung eines Arrestes als von Anfang an ungerechtfertigt, weil seine Voraussetzungen, zu sichernder Anspruch oder Arrestgrund, nicht erfüllt waren, oder wird der Arrestbefehl deshalb aufgehoben, weil nicht rechtzeitig trotz Anordnung Klage in der Hauptsache erhoben wurde, dann ist die Partei, die den Arrestbefehl erwirkt hat, verpflichtet, dem Schuldner den Schaden zu ersetzen, der ihm aus der Vollziehung des Arrestbefehls oder dadurch entsteht, daß er Sicherheit geleistet hat, um die Vollziehung abzuwenden oder die Aufhebung des Arrestes zu erwirken (§ 945 ZPO). Dieser Schadensersatzanspruch kann entweder durch Aufrechnung oder Widerklage im Verfahren der Hauptsache geltend gemacht oder durch eine eigenständige Klage verfolgt werden.

Einstweilige Verfügung

Einstweilige Verfügungen dienen – wie bereits bemerkt – zur Sicherung von solchen Ansprüchen, die nicht auf Zahlung einer Summe Geldes gerichtet sind oder die nicht in eine Geldforderung übergehen können. Dabei ist zwischen verschiedenen Arten von einstweiligen Verfügungen zu unterscheiden:

Soll durch die einstweilige Verfügung ein nicht auf Geld gerichteter Anspruch, beispielsweise ein Anspruch auf Herausgabe oder Leistung einer Sache gesichert werden, dann spricht man von einer Sicherungsverfügung. Eine solche Verfügung ist zulässig, wenn zu besorgen ist, daß durch eine Veränderung des bestehenden Zustandes die Verwirklichung des Rechtes einer Partei vereitelt oder wesentlich erschwert werden könnte (§ 935 ZPO). Es ist also zunächst ein Recht des Gläubigers erforderlich, das es zu sichern gilt. Die Besorgnis der Vereitelung des Rechts oder der Erschwerung der Durchsetzung bildet den Verfügungsgrund.

Dient die einstweilige Verfügung zur einstweiligen Regelung eines streitigen Rechtsverhältnisses, dann handelt es sich um eine sog. Regelungsverfügung. Sie ist zulässig, wenn eine Regelung zur Abwendung wesentlicher Nachteile oder zur Verhinderung drohender Gewalt oder aus anderen Gründen nötig erscheint. Das Gesetz verweist selbst »auf dauernde Rechtsverhältnisse«, also auf Arbeits-, Gesellschafts- und Mietverhältnisse, die geregelt werden sollen. Die durch die einstweilige Verfügung zu regelnden Rechtsverhältnisse können sich aber auch aus dem Eigentum, dem Persönlichkeitsrecht oder dem Urheber- und Patentrecht ergeben. Als möglicher Inhalt einer Regelungsverfügung kommen beispielsweise in Betracht:

> zum Schutz des Persönlichkeitsrechts bestimmte Behauptungen zu unterlassen, bis darüber in einem Prozeß über die Hauptsache rechtskräftig entschieden worden ist;
> die (einstweilige) Entziehung der Geschäftsführungs- oder der Vertretungsbefugnis eines Gesellschafters;
> das Gebot, bestimmte wettbewerbswidrige Handlungen einstweilig zu unterlassen.

Die Abgrenzung zwischen einer Sicherungsverfügung und einer Regelungsverfügung, für die das Gesetz in § 940 ZPO eine eigene Vorschrift enthält, ist häufig nicht einfach. Die Abgrenzung ist aber nicht von großer praktischer Bedeutung, weil die Gerichte dieser im Gesetz angelegten Unterscheidung zwischen beiden Verfügungsarten wenig Beachtung schenken.

Durch die einstweilige Verfügung soll in gleicher Weise wie durch den Arrest lediglich die Sicherstellung des Gläubigers und nicht seine Befriedigung erreicht werden. Es gibt aber Fälle, in denen der Gläubiger zur Abwendung dringender Gefahren und erheblicher Nachteile sofort die Leistung des Schuldners benötigt. Man denke etwa an Abschlagszahlungen auf laufende Unterhalts- und Lohnansprüche, damit der Gläubiger für sich und seine Familie den Lebensunterhalt bestreiten kann oder an Vorschüsse auf Heilungs- und Kurkosten zur Abwendung ernster Dauerschäden. In solchen Fällen kann der Gläubiger nicht auf eine Klage wegen seines Anspruchs gegen den Schuldner verwiesen werden, weil die dafür erforderliche Zeit nicht zur Verfügung steht. Deshalb ist von der Rechtsprechung eine weitere Art einer einstweiligen Verfügung geschaffen worden, die dazu führt, den Gläubiger hinsichtlich seines Anspruchs zu befriedigen, also bereits endgültige Verhältnisse herzustellen, weil dies zwingend geboten ist. Diese sog. Leistungsverfügung (auch Befriedigungsverfügung genannt) ist selbstverständlich für den Schuldner besonders gefährlich, weil nicht feststeht, ob er das an den Antragsteller Geleistete zurückerhält, wenn sich später herausstellt, daß dieser keinen Anspruch gegen ihn hat. Deshalb sind bei Prüfung der Voraussetzungen für den Erlaß einer solchen Leistungsverfügung insbesondere der Notwendigkeit des Erlasses zur Abwendung wesentlicher Nachteile strenge Anforderungen zu stellen.

Das Verfahren zum Erlaß einer einstweiligen Verfügung entspricht weitgehend den Regelungen des Arrestprozesses (§ 936 ZPO). Abweichend ist jedoch die gerichtliche Zuständigkeit geregelt. Regelmäßig ist für die Anordnung der einstweiligen Verfügung das Gericht der Hauptsache zuständig (§ 937 Abs. 1 ZPO), also das Gericht, bei dem die Klage wegen des zu sichernden Anspruches anhängig ist oder anhängig gemacht werden muß. Nur in dringenden Fällen kann das Amtsgericht, in dessen Bezirk sich der Streitgegenstand befindet, eine einstweilige Verfügung erlassen (§ 942 Abs. 1 ZPO). Diese Dringlichkeit ist zu bejahen, wenn eine Entscheidung durch das Gericht der Hauptsache eine für den Antragsteller nachteilige Verzögerung bewirken würde. Auf eine Dringlichkeit kommt es nur dann nicht an, wenn die einstweilige Verfügung auf die Eintragung einer Vormerkung oder eines Widerspruchs im Grundbuch gerichtet ist (§ 942 Abs. 2 S. 1 ZPO). Eine Besonderheit gilt auch für die Notwendigkeit der Durchführung einer mündlichen Verhandlung vor Erlaß der einstweiligen Verfügung. Regelmäßig muß eine solche mündliche Verhandlung stattfinden. Sie ist nur dann entbehrlich, wenn der Antrag auf Erlaß einer einstweiligen Verfügung zurückgewiesen wird oder wenn eine besondere Dringlichkeit für den Erlaß der einstweiligen Verfügung besteht (§ 937 Abs. 2 ZPO). Der Antragsteller muß die besondere Dringlichkeit begründen und glaubhaft machen, d. h. mit ausreichender Wahrscheinlichkeit darstellen. Wie bei einem Arrest ergeht die Entscheidung nach mündlicher Verhandlung durch Urteil, sonst durch Beschluß.

Die Vollziehung einer Sicherungs- und Regelungsverfügung richtet sich nach denselben Grundsätzen wie der Vollzug eines Arrestes. Für die Vollziehung einer Leistungsverfügung sind dagegen die allgemeinen Vorschriften über die Zwangsvollstreckung anwendbar, also insbesondere über die Vollstreckung wegen Geldforderungen. Demzufolge werden Forderungen durch das zuständige Vollstreckungsgericht gepfändet und zur Einziehung überwiesen.[5]

Im Unterschied zum Arrestverfahren, das die Aufhebung der Arrestvollziehung bei Hinterlegung eines bestimmten Geldbetrages vorsieht, muß das Verfahren der einstweiligen Verfügung in der Regel auf eine Sicherheitsleistung in Geld verzichten, weil dadurch keine angemessene Sicherung der Rechtsverwirklichung durch den Prozeß gewährleistet werden kann. Denn bei der einstweiligen Verfügung geht es nicht um eine

---

[5] Einzelheiten dazu im Abschnitt »Ich habe den Prozeß gewonnen, was jetzt?«

Geldforderung, sondern um die Sicherung eines Individualanspruchs. Dennoch muß unter besonderen Umständen die Aufhebung einer einstweiligen Verfügung gegen Sicherheitsleistung gestattet werden (§ 939 ZPO), wenn die anzuordnende Sicherheitsleistung voll gewährleistet, daß der Zweck der einstweiligen Verfügung erreicht werden kann. Ob solche »besonderen Umstände« zu bejahen sind, muß der Richter nach seinem Ermessen entscheiden. Diese Entscheidung kann mit der Entscheidung über die einstweilige Verfügung verbunden werden. Ergeht sie davon getrennt, dann muß vorher eine mündliche Verhandlung stattfinden.

Das Mahnverfahren, eine Alternative zur Zahlungsklage

In welchen Fällen kann ein Mahnverfahren durchgeführt werden?

Ein Gläubiger, der unstreitig einen Geldbetrag zu beanspruchen hat, benötigt für die zwangsweise Durchsetzung seiner Forderung einen sog. Vollstreckungstitel.[1] Einen solchen Titel erhält man durch das Urteil. Deshalb wird der Gläubiger eine Klage auf Zahlung des geschuldeten Betrages in Betracht ziehen. Wenn aber der Schuldner die Rechtmäßigkeit der Forderung nicht bestreitet, erscheint der Aufwand eines Zivilprozesses nur mit dem Ziel, einen Vollstreckungstitel zu erlangen und dadurch die Voraussetzungen für die zwangsweise Durchsetzung der Forderung zu schaffen, nicht angemessen. Deshalb hat der Gesetzgeber mit dem sog. Mahnverfahren dem Gläubiger die Möglichkeit eingeräumt, ohne Klageerhebung und somit auch ohne Urteil einen Vollstreckungstitel zu erhalten. Außerdem kann durch das Mahnverfahren erreicht werden, daß die Verjährung eines Anspruchs unterbrochen wird. Da die Kosten eines Mahnverfahrens geringer ausfallen als bei einem Zivilprozeß und es wesentlich schneller abzuwickeln ist als dieser, stellt es eine beachtenswerte Alternative zur Zahlungsklage dar. Allerdings ist zu berücksichtigen, daß das Mahnverfahren nur wegen eines Anspruches zulässig ist, der die Zahlung einer bestimmten Geldsumme zum Gegenstand hat, und daß dieser Anspruch nicht von einer noch nicht erbrachten Gegenleistung abhängig sein darf (§ 688 ZPO). Eine weitere Einschränkung ergibt sich dadurch, daß solche Ansprüche vom Mahnverfahren ausgeschlossen werden, für die das Verbraucherkreditge-

---

[1] Dazu finden sich Einzelheiten im Abschnitt »Ich habe den Prozeß gewonnen, was jetzt?«

setz gilt, sofern für sie der effektive Jahreszins den zur Zeit des Vertragsschlusses geltenden Diskontsatz der Bundesbank um 12 Prozent übersteigt; das Verbraucherkreditgesetz gilt insbesondere für Verträge, durch die ein Kreditgeber (dies ist eine Person, die in Ausübung ihrer gewerblichen oder beruflichen Tätigkeit einen Kredit gewährt) einem Verbraucher einen entgeltlichen Kredit in Form eines Darlehens, eines Zahlungsaufschubs oder einer sonstigen Finanzierungshilfe einräumt.

Der Antrag

Das Mahnverfahren beginnt mit dem Antrag an das Amtsgericht, bei dem der Antragsteller seinen allgemeinen Gerichtsstand hat (§ 689 ZPO), also bei dem Amtsgericht, das für den Wohnsitz oder die gewerbliche Niederlassung des Antragstellers zuständig ist.[2] Für den Antrag muß der Antragsteller sich eines Vordrucks bedienen, den man im Bürobedarfs- und Schreibwarenhandel erhält. Dieser Vordruck muß sorgfältig ausgefüllt und unterschrieben werden. Es ist darauf zu achten, daß bei den Vordrucken danach unterschieden wird, ob das Gericht das Mahnverfahren maschinell bearbeitet (ggf. durch Rückfrage bei Gericht klären). Der vorgeschriebene Inhalt des Antrags ergibt sich aus dem Vordruck. Der Antrag ist auf Erlaß eines Mahnbescheides gerichtet. Der Rechtspfleger prüft von Amts wegen, ob der Antragsteller parteifähig (rechtsfähig) und prozeßfähig (geschäftsfähig) ist, ob die Zuständigkeit des Gerichts gegeben ist und ob der Antrag der gesetzlichen Anforderung entspricht, d. h. das Antragsformular ordnungsgemäß ausgefüllt wurde. Außerdem muß die Gerichtsgebühr bezahlt sein; sie beträgt die Hälfte eines Gebührensatzes.[3]

Ob der geltend gemachte Anspruch zu Recht besteht, wird nicht geprüft, vielmehr wird lediglich festgestellt, ob der bezeichnete Anspruch die Zahlung eines Geldbetrages rechtfertigt. Wird der Antrag auf Erlaß eines Mahnbescheides zurückgewiesen, dann ist diese Entscheidung grundsätzlich nicht anfechtbar; eine Ausnahme gilt nur dann, wenn der Antrag in einer nur maschinell lesbaren Form übermittelt und mit der Begründung zurückgewiesen worden ist, daß diese Form dem Gericht nicht

---

[2] Einzelheiten zur örtlichen Zuständigkeit finden sich im Abschnitt »Welches Gericht ist zuständig?«
[3] Einzelheiten dazu »Was kostet mich der Prozeß?« und im Anhang 3 und 4.

geeignet erscheine (§ 691 Abs. 3 ZPO). Die in diesem Fall einzulegende Beschwerde hat jedoch keine große praktische Bedeutung, da die Antragsteller regelmäßig vorher die Eignung der gewählten Form zu klären pflegen.

Mahnbescheid

Sind die genannten Voraussetzungen erfüllt, dann wird der Mahnbescheid erlassen. Dieser enthält die Aufforderung an den Antragsgegner, innerhalb von zwei Wochen zu zahlen oder Widerspruch einzulegen (§ 692 ZPO). Legt der Antragsgegner keinen Widerspruch ein, dann hat der Antragsteller einen Vollstreckungsbescheid zu beantragen. Wird dieser Antrag nicht innerhalb von sechs Monaten seit Zustellung des Mahnbescheides gestellt, dann wird der Mahnbescheid wirkungslos (§ 701 ZPO). Das gleiche gilt, wenn der Antrag auf Erlaß eines Vollstreckungsbescheides zurückgewiesen wird.

Erhebt der Antragsgegner gegen den Mahnbescheid Widerspruch, dann endet damit das Mahnverfahren, und es muß auf Antrag einer Partei, auch der, die den Widerspruch eingelegt hat, der normale Zivilprozeß durchgeführt werden (§ 696 Abs. 1 ZPO). Dieser Antrag kann bereits im Antrag auf Erlaß eines Mahnbescheides gestellt werden. Hat der den Mahnbescheid beantragende Gläubiger die Durchführung des normalen Zivilprozesses beantragt (wie dies dem Regelfall entspricht), dann hat er die Prozeßkosten (abzüglich der bereits für das Mahnverfahren entrichteten) einzuzahlen, wenn ihm nicht Prozeßkostenhilfe bewilligt worden ist.[4] Das Gericht, das den Mahnbescheid erlassen hat und bei dem auch Widerspruch eingelegt werden muß, gibt daraufhin die Akten an das Gericht ab, das in dem Mahnbescheid als das für die Durchführung des Prozesses zuständige Gericht bezeichnet worden ist. Allerdings können die Parteien übereinstimmend die Abgabe an ein anderes Gericht verlangen. Das Gericht, an das der Rechtsstreit abgegeben wurde, ist durch diese Abgabe nicht gebunden. Es prüft deshalb zunächst seine eigene örtliche und sachliche Zuständigkeit. Bejaht das Gericht seine Zuständigkeit, dann gibt sie dem Antragsteller unverzüglich auf, seinen Anspruch innerhalb von zwei Wochen (beim Landgericht durch einen dort zugelassenen Rechtsanwalt) in einer der Klageschrift entsprechenden Form zu be-

---

[4] Dazu Einzelheiten im Abschnitt »Was kostet mich der Prozeß?«

gründen.⁵ Nach rechtzeitigem Eingang der Anspruchsbegründung ist in gleicher Weise zu verfahren, als sei eine Klage erhoben worden (§ 697 ZPO).⁶ Der Antrag auf Durchführung des normalen Zivilprozesses kann bis zum Beginn der mündlichen Verhandlung – und in ihr noch bis der Beklagte zur Hauptsache verhandelt – zurückgenommen werden. Die Zurücknahme kann entweder schriftlich an das Gericht adressiert werden, bei dem die Sache anhängig ist; sie kann aber auch zu Protokoll der Geschäftsstelle dieses Gerichtes oder zur Geschäftsstelle eines jeden Amtsgerichts erklärt werden. Durch die Zurücknahme des Antrages wird die Sache in dieselbe Lage zurückversetzt, wie sie sich nach Widerspruch aber ohne Antrag auf Durchführung des Zivilprozesses befindet (§ 696 Abs. 4 ZPO). In einem solchen Fall, wenn also keine Partei die Durchführung des normalen Zivilprozesses beantragt, kommt das Verfahren zum Stillstand und kann auf Antrag einer Partei wieder in das normale Streitverfahren übergeleitet werden.

Vollstreckungsbescheid

Hat nach Erlaß des Mahnbescheides der Gegner keinen Widerspruch eingelegt, dann kann der Antragsteller den Erlaß eines Vollstreckungsbescheides beantragen. Dieser Antrag kann erst nach Ablauf der zweiwöchigen Widerspruchsfrist und muß vor Ablauf von sechs Monaten gestellt werden; beide Fristen beginnen mit Zustellung des Mahnbescheides an den Gegner. Deren Zeitpunkt wird dem Antragsteller durch die Geschäftsstelle des Gerichts mitgeteilt. Da der Vollstreckungsbescheid »auf der Grundlage des Mahnbescheides« (§ 699 Abs. 1 ZPO) vom Gericht zu erlassen ist, muß der Antrag auf Erlaß eines Vollstreckungsbescheides hinsichtlich des geltend gemachten Anspruchs mit dem Mahnbescheid übereinstimmen; es kann also kein höherer Betrag, als im Mahnbescheid bezeichnet, geltend gemacht werden, wenn man einmal von den Verfahrenskosten absieht. Für den Antrag auf Erlaß des Vollstreckungsbescheides hat der Antragsteller bei nicht maschineller Bearbeitung des Mahnverfahrens den hellgelben Vordruck auf Blatt drei des Vordrucksatzes für den Mahn- und Vollstreckungsbescheid zu benutzen; dieser Vordruck wird dem Antrag-

---

⁵ Einzelheiten dazu im Abschnitt »Wie erhebe ich Klage?«
⁶ Einzelheiten dazu finden sich im Abschnitt »Wie läuft ein Zivilprozeß ab?«

steller von der Geschäftsstelle des Gerichts mit der Mitteilung über die Zustellung des Mahnbescheides übersandt. Der Vordruck enthält auf der Rückseite Hinweise für die Ausfüllung. Die Ausfüllung kann handschriftlich vorgenommen werden. Der Vordruck muß unterzeichnet werden. Bei maschineller Bearbeitung muß für den Antrag auf Erlaß des Vollstreckungsbescheides der dafür bestimmte Vordruck benutzt werden, der dem Antragsteller ebenfalls mit der Nachricht über die Zustellung des Mahnbescheides übersandt wird. Dieser Vordruck enthält bereits die Parteibezeichnung, die Geschäftsnummer und die Rücksendeanschrift des Amtsgerichts. Der Antrag auf Vollstreckungsbescheid unterliegt nicht dem Anwaltszwang.

Bei nicht maschineller Bearbeitung des Mahnverfahrens hat der Antragsteller die bisher ihm durch das Mahnverfahren entstandenen Kosten in den Vollstreckungsbescheid aufzunehmen. Der Antragsteller braucht die Kosten nur zu berechnen, wenn das Mahnverfahren nicht maschinell bearbeitet wird (§ 699 Abs. 3 ZPO). Bei einer maschinellen Bearbeitung wird dem Antragsteller die Kostenberechnung durch die Datenverarbeitung abgenommen. Bei der Antragstellung hat der Antragsteller anzugeben, ob er eine Zustellung des Vollstreckungsbescheides von Amts wegen wünscht. In diesem Fall hat er die Auslagen für die Zustellung vorauszuzahlen. Bei einer nicht maschinellen Bearbeitung des Mahnverfahrens kann er den Auslagenbetrag auf der Rückseite des Antrages in Kostenmarken aufkleben oder durch einen Gerichtskostenstempler aufbringen lassen. Er kann jedoch auch den Betrag in anderer Weise entrichten und dem Gericht die Zahlung nachweisen. Im Antrag selbst hat er durch Ankreuzen des dafür vorgesehenen Feldes zu erklären, daß er die Auslagen für die Zustellung von Amts wegen voraus entrichtet hat. Bei maschineller Bearbeitung hat der Antragsteller, soweit nicht eine Abbuchungsermächtigung erteilt wird, mit der Nachricht über die Zustellung des Mahnbescheides einen Vordruck erhalten, in dem der Betrag aufgeführt wird, der für die Zustellung zu zahlen ist. In diesem Fall dürfen Gerichtskostenmarken und Gerichtskostenstempler nicht verwendet werden. Im Antrag selbst hat der Antragsteller durch Ausfüllung des dafür vorgesehenen Feldes zu erklären, daß er die Zahlung veranlaßt hat.

Ist ein ordnungsgemäßer Antrag auf Erlaß eines Vollstreckungsbescheides gestellt worden und wurde auch vom Antragsgegner ein zulässiger Widerspruch gegen den Mahnbescheid nicht erhoben, so wird ein Vollstreckungsbescheid erlassen und von Amts wegen zugestellt, es sei denn, daß der Antragsteller die Übergabe an sich zur Zustellung im Parteibetrieb beantragt hat (§ 699 Abs. 4 ZPO). Das gleiche gilt, wenn der Antragsteller die Auslagen für die Zustellung von Amts wegen nicht gezahlt hat. In diesen Fällen wird der Vollstreckungsbescheid dem Antragsteller zur Zustellung übergeben. Dieser hat dann den Gerichtsvollzieher mit der Zustellung zu beauftragen. Mit der (durch das Gericht oder dem Gerichtsvollzieher bewirkten) Zustellung wird eine Einspruchsfrist von zwei Wochen in Gang gesetzt. Legt der Antragsgegner innerhalb dieser Frist Einspruch ein, dann endet das Mahnverfahren in gleicher Weise wie bei Einlegung eines Widerspruchs. Anders als beim Widerspruch ist jedoch der Übergang zum normalen Zivilprozeß nicht von einem Antrag einer Partei abhängig. Vielmehr gibt das Gericht, das den Vollstreckungsbescheid erlassen hat, den Rechtsstreit dann von Amts wegen an das Gericht ab, das in dem Mahnbescheid als zuständig für die Entscheidung des Rechtsstreits im normalen Verfahren bezeichnet worden ist, es sei denn, daß die Parteien übereinstimmend die Abgabe an ein anderes Gericht verlangen (§ 700 Abs. 3 ZPO). Hinzuweisen ist noch darauf, daß ein verspäteter Widerspruch, der also erst nach Ablauf der Widerspruchsfrist eingelegt wird, als Einspruch behandelt wird. Dies ist dem Antragsgegner, der den Widerspruch erhoben hat, mitzuteilen (§ 694 Abs. 2 ZPO).

Nach Eingang der Akten des Mahnverfahrens hat das Gericht, an das der Rechtsstreit abgegeben worden ist, zunächst den Antragsteller (Kläger) von Amts wegen die Einspruchsschrift zuzustellen. Das Gericht prüft, ob der Einspruch zulässig ist. Bejaht es diese Frage, ist in gleicher Weise wie bei Erhebung einer Klage zu verfahren. Inbesondere ist der Kläger zur Begründung seines Anspruchs aufzufordern. Diese Aufforderung kann auch zugleich mit der Zustellung der Einspruchsschrift vorgenommen werden. Ist für das streitige Verfahren das Landgericht zuständig, müssen sich beide Parteien nunmehr durch Rechtsanwälte vertreten lassen, die bei diesem Gericht zugelassen sind.

Wird gegen den Vollstreckungsbescheid kein Einspruch eingelegt, dann wird der Vollstreckungsbescheid rechtskräftig und hat die Wirkung eines Urteils; er kann deshalb auch wie ein Urteil vollstreckt werden.[7]

---

[7] Zur Vollstreckung Einzelheiten im Abschnitt »Ich habe den Prozeß gewonnen, was jetzt?«

Kann ich mich gegen eine Zwangsvollstreckung wehren?

Die zu erfüllenden Voraussetzungen der Zwangsvollstreckung

Die zwangsweise Durchsetzung eines Rechts im Wege der Zwangsvollstreckung ist von der Erfüllung bestimmter Voraussetzungen abhängig. Eine dieser Voraussetzungen besteht in dem Erfordernis eines Vollstreckungstitels.[1] Als wichtigste Vollstreckungstitel sind zu nennen:

- das Urteil,
- der Vollstreckungsbescheid,
- der Kostenfestsetzungsbeschluß,
- der Prozeßvergleich und
- notarielle Urkunden, aus denen sich die Verpflichtung zur Zahlung einer bestimmten Geldsumme ergibt und in denen sich der Schuldner der sofortigen Zwangsvollstreckung unterworfen hat.

Verfügt der Gläubiger über einen solchen Titel, dann kann er den sich daraus ergebenden Anspruch mit Hilfe der Vollstreckungsorgane zwangsweise durchsetzen. Regelmäßig muß jedoch vorher noch eine Vollstreckungsklausel erteilt und der Titel dem Schuldner förmlich zugestellt werden.[1] Ist dies alles geschehen, dann muß der Schuldner, wenn er nicht freiwillig den Anspruch des Gläubigers erfüllt, die Zwangsvollstreckung über sich ergehen lassen.

---

[1] Einzelheiten zu den Voraussetzungen der Zwangsvollstreckung finden sich im Abschnitt »Ich habe den Prozeß gewonnen, was jetzt?«

Vollstreckungserinnerung

Sollten aber im Einzelfall die Vollstreckungsvoraussetzungen (Vollstreckungstitel, Vollstreckungsklausel, Zustellung des Vollstreckungstitels) nicht erfüllt werden, und dennoch die Zwangsvollstreckung durchgeführt werden, dann kann sich der Schuldner dagegen wehren. Allerdings richtet sich die Art des Rechtsbehelfs danach, welches Vollstreckungsorgan tätig wird. Ist dies der Gerichtsvollzieher, dann ist die sog. Vollstreckungserinnerung zu erheben (§ 766 ZPO). Das gleiche gilt, wenn das Vollstreckungsgericht einen Pfändungs- und Überweisungsbeschluß erläßt, wie dies beispielsweise bei der Pfändung und Überweisung von Geldforderungen der Fall ist. Mit der Vollstreckungserinnerung können auch noch andere Verfahrensmängel geltend gemacht werden. Als solche Verfahrensmängel kommen in Betracht: Es wird dem Gebot zuwidergehandelt, die Pfändung nicht weiter auszudehnen, als es zur Befriedigung des Gläubigers und zur Deckung der Kosten der Zwangsvollstreckung erforderlich ist (§ 803 Abs. 1 S. 2 ZPO). Es wird gegen das Verbot verstoßen, die Pfändung zu unterlassen, wenn sich von der Verwertung der zu pfändenden Gegenstände ein Überschuß über die Kosten der Zwangsvollstreckung nicht erwarten läßt (§ 803 Abs. 2 ZPO). Die Schuldnerschutzvorschriften werden mißachtet.

Schuldnerschutzvorschriften verbieten die Pfändung bestimmter beweglicher Sachen und Forderungen, um unzumutbare Härten für den Schuldner durch die Zwangsvollstreckung zu vermeiden. Vor allem aus sozialen Erwägungen und im Interesse der Erhaltung der wirtschaftlichen Existenzgrundlage für den Schuldner werden beispielsweise Gegenstände, die zur Fortsetzung einer Erwerbstätigkeit von Personen benötigt werden, die aus ihrer körperlichen oder geistigen Arbeit oder sonstigen persönlichen Leistung ihren Erwerb ziehen, von der Pfändung ausgenommen (§ 811 Nr. 5 ZPO). Auf gleichen Erwägungen beruht das Verbot der Pfändung der zum Betrieb einer Apotheke unentbehrlichen Geräte, Gefäße und Waren (§ 811 Nr. 9 ZPO) und der in Gebrauch genommenen Haushalts- und Geschäftsbücher (§ 811 Nr. 11 ZPO). Aus sozialen Erwägungen hat der Gesetzgeber auch die dem persönlichen Gebrauch oder dem Haushalt dienenden Sachen insbesondere Kleidungsstücke, Wäsche, Betten, Haus- und Küchengeräte von einer Pfändung ausgenommen, soweit der Schuldner ihrer zu einer seiner Berufstätigkeit und seiner Verschuldung angemessenen, bescheidenen Lebens- und Haushaltsführung bedarf. Unpfändbar sind auch Gartenhäuser, Wohnlauben und ähnlichen Wohnzwecken dienende Einrichtungen, die der Schuldner oder seine Familie zur ständigen Unterkunft benötigt (§ 811 Nr. 1 ZPO). Löhne und Gehälter sind nur in einem Umfang pfändbar, daß dem Vollstreckungsschuldner und seiner Familie das zum Leben Notwendige bleibt und er nicht eine Unterstützung durch die Sozialhilfe in Anspruch nehmen muß (§ 850 ZPO). Die Höhe der pfändungsfreien Beträge richtet sich nach dem Nettolohn und der Zahl der vom Vollstreckungsschuldner zu unterhaltenden Personen. Der ZPO ist als Anlage eine Tabelle beigefügt, aus der sich der Pfändungsfreibetrag entnehmen läßt.

Verfahrensverstöße, die mit der Vollstreckungserinnerung zu rügen sind, können sich auch dadurch ergeben, daß der Gerichtsvollzieher die von ihm zu beachtenden Vorschriften bei der Durchführung der Zwangsvollstreckung nicht beachtet. Der Gerichtsvollzieher darf im Grundsatz überall vollstrecken, wo er den Schuldner antrifft oder Sachen in dessen Besitz vorfindet. Allerdings muß für eine Wohnungsdurchsuchung durch den Gerichtsvollzieher eine Schranke beachtet werden, die sich aus dem Grundgesetz ergibt. Für Wohnungsdurchsuchungen, die der Vollstreckungsschuldner nicht gestattet, benötigt der Gerichtsvollzieher im Regelfall eine richterliche Anordnung, falls nicht Gefahr im Verzuge ist. Eine solche Gefahr ist zu bejahen, wenn die Verzögerungen, die mit der vorherigen Einholung einer richterlichen Anordnung verbunden ist, den Erfolg der Durchsuchung gefährden würde. Der Begriff der Wohnung ist weit auszulegen und umfaßt auch Arbeits-, Betriebs-, Büro- und sonstige Geschäftsräume. Einer richterlichen Erlaubnis bedarf auch die Vollstreckung zur Nachtzeit sowie an Sonntagen und allgemeinen Feiertagen (§ 761 Abs. 1 ZPO). Die Nachtzeit umfaßt in dem Zeitraum vom 1. April bis 30. September die Stunden von 9 Uhr abends bis 4 Uhr morgens und im Zeitraum vom 1. Oktober bis 31 März die Stunden von 9 Uhr abends bis 6 Uhr morgens (§ 188 Abs. 1 S. 2 ZPO). Die richterliche Erlaubnis ist bei der Zwangsvollstreckung zur Nachtzeit und an Sonn- und Feiertagen dem Vollstreckungsschuldner vorzuzeigen.

Die Vollstreckungserinnerung ist beim Vollstreckungsgericht, dem Amtsgericht, in dessen Bezirk die Vollstreckung stattfindet, schriftlich oder zu Protokoll der Geschäftsstelle einzulegen. Dies kann auch ohne Mithilfe eines Rechtsanwalts geschehen. Die beanstandete Maßnahme muß so genau beschrieben werden, daß das Vollstreckungsgericht zu erkennen vermag, welche Fehler gerügt werden. Wird die Vollstreckungserinnerung zurückgewiesen, dann kann der Vollstreckungsschuldner dagegen sofortige Beschwerde einlegen. Auch der vollstreckende Gläubiger kann sich gegen die Entscheidung über die Vollstreckungserinnerung mit der sofortigen Beschwerde wehren, wenn er dadurch in seinen Rechten betroffen wird. Die sofortige Beschwerde muß innerhalb von zwei Wochen ab Zustellung der Entscheidung bei dem Gericht, das über die Vollstreckungserinnerung entschieden hat, oder beim nächsthöheren Gericht – dann allerdings durch einen Rechtsanwalt – erhoben werden.

Vollstreckungsgegenklage

Will sich der Schuldner gegen den Anspruch wenden, der den Inhalt des Vollstreckungstitels bildet, dann muß er dies im Wege der Klage tun, und zwar mit der sog. Vollstreckungsgegenklage, auch Vollstreckungsabwehrklage genannt (§ 767 ZPO). Hierbei muß allerdings berücksichtigt werden, daß im Vollstreckungsverfahren nicht die durch das Urteil getroffene Entscheidung des Gerichts über diesen Anspruch überprüft und korrigiert werden kann. Alle die Gründe, die gegenüber dem Prozeßgericht hätten vorgebracht werden können und dann von diesem bei der Urteilsfindung berücksichtigt worden wären, sind im Vollstreckungsverfahren unbeachtlich. Dementsprechend läßt das Gesetz es nur zu, daß durch die Vollstreckungsgegenklage solche Gründe geltend gemacht werden, die erst nach dem Schluß der mündlichen Verhandlung entstanden sind und deshalb nicht mehr vorher vorgetragen werden konnten.

> Hat beispielsweise der Kläger mit dem Beklagten eine Stundung seiner eingeklagten Forderung vereinbart, dann kann auf eine solche Vereinbarung die Vollstreckungsgegenklage nur dann mit Erfolg gestützt werden, wenn die Stundungsabrede nach Schluß der letzten mündlichen Verhandlung getroffen wurde; wurde sie vor diesem Zeitpunkt vereinbart, dann hätte sie der Beklagte in der mündlichen Verhandlung vortragen müssen, damit sie bei der Urteilsfällung hätte beachtet werden können.

Die Vollstreckungsgegenklage dient also dazu, daß der Vollstreckungsschuldner ein erst nach Schluß der mündlichen Verhandlung erworbenes Gegenrecht dem Anspruch entgegensetzen kann, der im Wege der Zwangsvollstreckung gegen ihn durchgesetzt werden soll. Hat beispielsweise der Beklagte nach seiner Verurteilung die im Urteil genannte Leistung erbracht und vollstreckt dennoch der Gläubiger aus dem Urteil gegen ihn, dann kann er sich mit der Vollstreckungsgegenklage auf die Erfüllung seiner Schuld berufen. Ebenso kann er mit dieser Klage geltend machen, daß ihm der Gläubiger die im Urteil genannte Verpflichtung nachträglich erlassen hat oder daß ihm die Leistung, zu der er verurteilt worden ist, unmöglich wurde, ohne daß er die Unmöglichkeit verschuldet hat. Das gleiche gilt, wenn die Parteien nach Schluß der mündlichen Verhandlung einen Vergleich geschlossen haben, der die im Urteil genannte Verpflichtung des Schuldners verändert.

Für die Erhebung und Durchführung der Vollstreckungsgegenklage gelten die allgemeinen Regeln, so daß insoweit auf die vorstehenden Ausführungen über Klagen und das dadurch ausgelöste Verfahren verwiesen werden kann.

Drittwiderspruchsklage

Für die Pfändung beweglicher Sachen durch den Gerichtsvollzieher kommt es allein darauf an, daß sich diese Sachen im Gewahrsam des Schuldners, also in seinem Besitz, befinden. Der Gerichtsvollzieher ist nicht in der Lage, Eigentumsverhältnisse zu überprüfen. Deshalb kann es durchaus geschehen, daß beim Vollstreckungsschuldner Sachen gepfändet werden, die nicht ihm, sondern einem Dritten gehören. Hat beispielsweise der Vollstreckungsschuldner einen PC gemietet oder geliehen oder Gebrauchsgegenstände auf Abzahlung erworben und sich der Verkäufer das Eigentum vorbehalten, dann kann sich der Gerichtsvollzieher um solche Rechte Dritter nicht kümmern, auch wenn ihm vom Vollstreckungsschuldner durch Unterlagen ein entsprechender Nachweis erbracht werden könnte. Vielmehr muß in solchen Fällen der Dritte sein Recht an dem Gegenstand, der durch Pfändung betroffen ist, durch eine besondere Klage, die sog. Drittwiderspruchsklage (§ 771 ZPO), verfolgen. Ausschließlich örtlich zuständig für diese Klage ist das Gericht, in dessen Bezirk die Zwangsvollstreckung vorgenommen wird. Die sachliche Zuständigkeit richtet sich nach dem Streitwert.[2] Die Drittwiderspruchsklage ist darauf gerichtet, daß die Zwangsvollstreckung in einen bestimmten Gegenstand für unzulässig

---

[2] Einzelheiten dazu finden sich im Abschnitt »Welches Gericht ist zuständig?«

erklärt wird. Mit der Drittwiderspruchsklage kann sich ein Dritter gegen jede Art der Zwangsvollstreckung wenden, gleichgültig ob eine bewegliche oder unbewegliche Sache, eine Forderung oder ein sonstiges Recht davon betroffen ist. Die Drittwiderspruchsklage ist begründet, wenn dem Kläger an dem Gegenstand der Zwangsvollstreckung ein Recht zusteht, das der Zwangsvollstreckung entgegensteht. Diese Wirkung kommt insbesondere dem Eigentum zu, aber auch Herausgabeansprüche wie die von Vermietern und Verleihern lassen eine Drittwiderspruchsklage begründet sein. Deshalb kann sich mit dieser Klage auch der Vermieter einer Sache wehren, der nicht ihr Eigentümer ist.

Von der Drittwiderspruchsklage werden auch solche Pfandrechte erfaßt, die mit Besitz verbunden sind. Wird beispielsweise zur Sicherung einer Forderung eine Sache verpfändet und wird diese Sache zur Reparatur einem Dritten gegeben und dort im Auftrag eines seiner Gläubiger gepfändet, dann kann der Pfandgläubiger sich mit der Drittwiderspruchsklage zur Wehr setzen. Handelt es sich dagegen um ein besitzloses Pfandrecht (Beispiel: Pfandrecht des Vermieters, Verpächters oder Gastwirts an den Sachen des Mieters, Pächters oder des Gastes), dann steht im Falle der Pfändung dem Pfandgläubiger nur das Recht auf eine »vorzugsweise Befriedigung« zu. Dies bedeutet, daß er der Pfändung und Verwertung der Sache nicht widersprechen kann und darauf beschränkt ist, daß ihm vom Erlös der Sache zunächst dasjenige gegeben wird, das zur Abdeckung seiner Forderung erforderlich ist. Dieses Recht auf »vorzugsweise Befriedigung« muß mit einer eigenen Klage geltend gemacht werden (§ 805 ZPO).

Besondere Härten für den Schuldner

Bedeutet eine Maßnahme der Zwangsvollstreckung unter voller Würdigung des Schutzbedürfnisses des Gläubigers wegen ganz besonderer Umstände eine Härte für den Vollstreckungsschuldner, die mit den guten Sitten nicht vereinbar ist, dann kann dieser einen Antrag an das Vollstreckungsgericht, also dem Amtsgericht, in dem die Vollstreckung durchgeführt wird, richten, um die Maßnahme ganz oder teilweise aufheben, untersagen oder einstweilen einstellen zu lassen. Dieser besondere Antrag auf Vollstreckungsschutz nach § 765a ZPO kann bei jeder Art der Zwangsvollstreckung gestellt werden und ist begründet, wenn die Vollstreckungsmaßnahme eine sittenwidrige Härte für den Schuldner bedeuten würde.

Die Härte muß also »sittenwidrig« sein; Härten, die fast jede Zwangsvollstreckung mit sich bringt, müssen dagegen hingenommen werden und können nicht Schuldnerschutzmaßnahmen nach § 765a ZPO rechtfertigen. Zu berücksichtigen ist dabei insbesondere auch das Interesse des Gläubigers, wegen seines Anspruchs befriedigt zu werden. Nur bei einem krassen Mißverhältnis der für und gegen die Vollstreckung sprechenden Interessen kann eine sittenwidrige Härte bejaht werden. Als Beispiele sei eine Zwangsräumung genannt, bei deren Durchführung mit schweren psychischen Reaktionen des stark selbstmordgefährdeten Mieters gerechnet werden muß, oder Pfändung eines Geldbetrages, den der Vollstreckungsschuldner dringend für Medikamente bei einer lebensbedrohenden Erkrankung benötigt.

Der Antrag kann schriftlich oder zu Protokoll der Geschäftsstelle beim Vollstreckungsgericht gestellt werden. Es gelten für das Verfahren die gleichen Regeln wie bei Einlegung einer Vollstreckungserinnerung.

Einstweilige Anordnungen

Die Einlegung der genannten Rechtsbehelfe im Zwangsvollstreckungsverfahren hat keine aufschiebende Wirkung, d. h. die Zwangsvollstreckung wird unabhängig davon fortgesetzt. Deshalb kann eine nicht mehr korrigierbare Situation zum Nachteil des Betroffenen eingetreten sein, bevor über den Rechtsbehelf entschieden worden ist. Deshalb sieht das Gesetz vor, daß einstweilige Anordnungen beantragt werden können (§§ 769, 770, 771 Abs. 3, 805 Abs. 4 ZPO). Der Vollstreckungsschuldner hat einen entsprechenden Antrag bei dem Gericht zu stellen, das über den Rechtsbehelf zu entscheiden hat. Wird dem Antrag entsprochen, dann muß die Entscheidung dem Vollstreckungsorgan vorgelegt werden, das die Zwangsvollstreckung durchführt (§ 775 Nr. 2 ZPO). Eine solche Vorlage ist nur dann überflüssig, wenn das Vollstreckungsorgan selbst die Entscheidung über die einstweilige Anordnung trifft, wie dies im Rahmen einer Vollstreckungserinnerung gegen eine Forderungspfändung der Fall ist.

Da bereits aus einem nicht rechtskräftigen Urteil die Zwangsvollstreckung durchgeführt werden kann[3] und die Einlegung eines Rechtsmit-

---

[3] Einzelheiten dazu finden sich im Abschnitt »Ich habe den Prozeß gewonnen, was jetzt?«

tels keinen Einfluß auf die Zwangsvollstreckung hat, muß die Partei, die das Rechtsmittel einlegt, dafür sorgen, daß nicht weiter aus dem vorläufig vollstreckbaren Urteil die Zwangsvollstreckung durchgeführt wird. Sie kann deshalb die einstweilige Einstellung der Zwangsvollstreckung bei dem Gericht beantragen, das über das Rechtsmittel zu befinden hat (§ 719 iVm. § 707 ZPO). Eine Anfechtung des Beschlusses, durch den über einen Antrag auf einstweilige Anordnung entschieden wird, ist grundsätzlich ausgeschlossen.

Kann ich mich gegen ein rechtskräftiges Urteil wehren?

Die Rechtskraft

Ein Urteil wird rechtskräftig, wenn es nicht mehr durch ein Rechtsmittel angefochten werden kann.[1] Diese – sog. formelle – Rechtskraft bewirkt also, daß jeder Rechtsstreit einmal sein Ende findet. Dadurch kann jedoch nicht verhindert werden, daß die unterlegene Partei das für sie nachteilige Ergebnis durch einen neuen Rechtsstreit und durch eine neue gerichtliche Entscheidung in derselben Sache zu korrigieren versucht. Dies muß aber ausgeschlossen werden, weil sonst niemals ein Rechtsfrieden eintreten kann. Deshalb bewirkt das rechtskräftige Urteil zugleich auch, daß ein anderes Gericht von der Entscheidung nicht abweichen darf. Diese Wirkung des Urteils, die als materielle Rechtskraft bezeichnet wird, schließt aus, daß eine neue Verhandlung und Entscheidung über die rechtskräftig abgeschlossene Sache stattfinden.

Die materielle Rechtskraft erfaßt indes nur den durch die Klage geltend gemachten Anspruch, nicht jedoch auch die Gründe des Urteils, die den Spruch des Gerichts tragen. Ein Beispiel soll dies erläutern:

> Der Kläger klagt gegen den Beklagten auf Herausgabe eines wertvollen Ölgemäldes und beruft sich zur Begründung seines Herausgabeanspruchs darauf, daß er Eigentümer des Bildes sei und der Beklagte zum Besitz des Bildes nicht berechtigt wäre. Das Gericht verurteilt den Beklagten zur Herausgabe. In einem zweiten Prozeß verlangt der Kläger vom Beklagten Schadensersatz wegen Beschädigung des Bil-

---

[1] Einzelheiten zur Möglichkeit der Anfechtung von Urteilen finden sich im Abschnitt »Ich habe den Prozeß verloren, was jetzt?«

des. In diesem Prozeß bestreitet der Beklagte das Eigentum des Klägers.

Ist dies möglich, obwohl doch im ersten Prozeß der Herausgabeanspruch auf das Eigentum des Klägers gestützt worden ist? Die Antwort lautet: Ja. Rechtskräftig entschieden ist nur, daß der Kläger einen Herausgabeanspruch gegen den Beklagten hat. Die Voraussetzungen dieses Anspruches, insbesondere das Eigentum des Klägers, werden dagegen von der Rechtskraft der Entscheidung nicht erfaßt. Der Richter des zweiten Prozesses kann also die Eigentumsfrage abweichend vom ersten Urteil entscheiden. Diese engen Grenzen der materiellen Rechtskraft beruhen auf einer eindeutigen Entscheidung des Gesetzgebers, die beachtet werden muß. Das Gesetz hat deshalb die Möglichkeit geschaffen, durch eine sog. Zwischenfeststellungsklage auch Rechtsverhältnisse rechtskräftig feststellen zu lassen, die sonst nicht an der Rechtskraft des Urteils teilnehmen würden. Wünscht der Kläger im ersten Prozeß eine rechtskräftige Entscheidung über sein Eigentum am Gemälde, dann muß er eine entsprechende Zwischenfeststellungsklage erheben und beantragen, daß das Gericht zusätzlich zu seinem Herausgabeanspruch auch sein Eigentum feststellt (§ 256 Abs. 2 ZPO). Stellt er diesen Antrag und entscheidet das Gericht antragsgemäß, dann ist es ausgeschlossen, daß in einem zweiten Prozeß das Eigentum des Klägers an dem Gemälde verneint wird, weil dann die rechtskräftige Entscheidung den Richter des zweiten Prozesses bindet. Für die materielle Rechtskraft bestehen nicht nur die beschriebenen gegenständlichen Grenzen, sondern auch subjektive. Im Grundsatz wirkt die Rechtskraft nur zwischen den Parteien des Prozesses, in dem die Entscheidung ergangen ist (§ 325 Abs. 1 ZPO). Das Gesetz macht jedoch zahlreiche Ausnahmen von diesem Grundsatz. So wird beispielsweise die Rechtskraft eines Urteils auch auf Rechtsnachfolger der Parteien erstreckt, wenn die Rechtsnachfolge erst nach Beginn des Prozesses vollzogen worden ist. Veräußert während des Prozesses eine der Parteien den Gegenstand, über den sie streiten, dann bindet das rechtskräftige Urteil auch den Erwerber als Rechtsnachfolger. Bestimmte Urteile, die eine gestaltende Wirkung haben, wie beispielsweise das Ehescheidungsurteil oder das Urteil, durch das eine Handelsgesellschaft aufgelöst wird, müssen Wirkungen gegenüber jedem haben.

Auch die zeitlichen Grenzen der materiellen Rechtskraft müssen genau feststehen, weil davon abhängt, welche Tatsachen gegenüber einer rechtskräftigen Entscheidung vorgebracht und vom Gericht berücksichtigt werden dürfen. Als maßgeblicher Zeitpunkt ist der Schluß der letzten mündlichen Verhandlung anzusehen, in dem neue Tatsachen vorgebracht werden können. Denn bis dahin sind die Parteien grundsätzlich in der Lage, alle die Tatsachen vorzutragen, denen für die zu fällende Entscheidung Bedeutung zukommt. Dieser Zeitpunkt ist insbesondere auch maßgebend für die Frage, welche Tatsachen gegenüber einem durch Urteil festgestellten Anspruch im Wege der Vollstreckungsgegenklage geltend gemacht werden können.[2]

Aus der bisherigen Darstellung ergibt sich also, daß die Parteien eines Rechtsstreits die gerichtliche Entscheidung in den beschriebenen Grenzen ihrer Rechtskraft akzeptieren müssen und keine rechtliche Möglichkeit haben, sich dagegen zu wehren. Dies ist der Preis, den man für das hohe Rechtsgut des Rechtsfriedens zahlen muß, der durch die Rechtskraft gesichert wird. Es wäre unerträglich, wenn immer wieder derselbe Streit vor Gericht erneuert werden könnte. Allerdings kann dieser Grundsatz wie jedes Prinzip nicht rücksichtslos durchgesetzt werden. Es gibt Fälle, in denen Ausnahmen zugelassen werden müssen, weil dies durch ein ebenso wichtiges und hohes Rechtsgut, nämlich die Gerechtigkeit, zwingend geboten ist. In diesen Ausnahmefällen wird also die materielle Rechtskraft durchbrochen.

Die Abänderungsklage

Als erster Ausnahmefall sei der Anwendungsbereich der sog. Abänderungsklage genannt (§ 323 ZPO). Die Abänderungsklage bezieht sich auf Urteile, durch die der Beklagte zu wiederkehrenden Leistungen verurteilt worden ist, die erst künftig fällig werden. Als Beispiel sei die Verurteilung des Beklagten zur Entrichtung einer Rente oder einer Unterhaltsleistung genannt; die einzelne Renten- oder Unterhaltszahlung wird erst nach der Verurteilung fortlaufend etwa jeden Monat oder alle Vierteljahre fällig und ist dann zu zahlen. Hat beispielsweise der Beklagte den Kläger bei einem Verkehrsunfall so erheblich verletzt, daß dessen Erwerbsfähigkeit in einem bestimmten Umfang eingeschränkt worden ist, dann kann das Gericht den

---

[2] Einzelheiten dazu im Abschnitt »Kann ich mich gegen eine Zwangsvollstreckung wehren?«

Beklagten zu einer Geldrente verurteilen. Bei Festlegung der Höhe wird das Gericht davon ausgehen, wie sich der gesundheitliche Zustand des Klägers darstellt und welche Prognose man hinsichtlich seiner Erwerbsfähigkeit in Zukunft zu stellen vermag. Wenn sich nun nach Rechtskraft dieses Urteils die Erwerbsfähigkeit des Klägers anders entwickelt, als dies vom Richter vorausgesehen wurde, der Kläger entweder wieder volle Erwerbsfähigkeit erlangt oder völlig erwerbsunfähig wird, dann kann nicht an dem ergangenen Urteil festgehalten werden. Deshalb hat es der Gesetzgeber zugelassen, daß bei einer wesentlichen Änderung derjenigen Verhältnisse, die für die Verurteilung zur Entrichtung der Rente, für ihre Höhe und Dauer, maßgebend waren, im Wege der Abänderungsklage eine entsprechende Korrektur des Urteils verlangt werden kann. Mit dieser Klage dürfen jedoch nur Gründe geltend gemacht werden, die erst nach Schluß der mündlichen Verhandlung eingetreten sind, in der diese Tatsachen hätten vorgetragen werden können. Auch die Abänderung des Urteils darf nur für die Zeit nach Erhebung der Abänderungsklage vorgenommen werden.

Diese Klage hat selbstverständlich auch erhebliche Bedeutung für Urteile, durch die Unterhaltszahlungen festgelegt werden. Aufgrund eines steigenden Bedarfs des Unterhaltsberechtigten oder aufgrund einer wesentlichen Verschlechterung der finanziellen Lage des Unterhaltsverpflichteten kann ein Abänderungsbegehren begründet sein. Eine Besonderheit gilt für Urteile, in denen die Höhe der als Unterhalt zu entrichtenden Geldrente für einen Minderjährigen festgelegt worden ist. Ist infolge erheblicher Änderungen der allgemeinen wirtschaftlichen Verhältnisse eine Anpassung solcher Unterhaltsrenten erforderlich, so bestimmt die Bundesregierung durch Rechtsverordnung einen Prozentsatz, um den Unterhaltsrenten zu erhöhen oder auch herabzusetzen sind. Um eine entsprechende Anpassung zu erreichen, können solche Urteile in einem »Vereinfachten Verfahren« abgeändert werden. Die entsprechende Regelung findet sich in den §§ 641l bis 641t ZPO.

Die Nichtigkeits- und Restitutionsklage

Auch wenn beim Zustandekommen eines Urteils erhebliche Verfahrensmängel begangen wurden oder wenn es schwere inhaltliche Mängel aufweist, muß es regelmäßig als wirksam behandelt werden. Der Gesetzgeber hat jedoch in engen Grenzen eine Wiederaufnahme des Verfahrens und damit eine Durchbrechung der Rechtskraft in Fällen zugelassen, in denen er ein Festhalten an dem Urteil nicht für akzeptabel ansah. Hierfür sind zwei Klagen zur Verfügung gestellt worden:

- Die Nichtigkeitsklage, mit der besonders gravierende Verfahrensmängel geltend zu machen sind, und
- die Restitutionsklage, die vor allem bei einer Verfälschung des Urteils und seiner Grundlagen durch eine strafbare Handlung eine Korrektur herbeiführen soll.

Die Nichtigkeitsklage (§ 579 ZPO) findet u. a. statt, wenn ein Richter bei der Entscheidung mitgewirkt hat, der von der Ausübung des Richteramts kraft Gesetzes ausgeschlossen war oder der wegen Besorgnis der Befangenheit abgelehnt wurde, und das Ablehnungsgesuch für begründet erklärt worden war[3] oder wenn eine Partei im Verfahren nicht ordnungsgemäß vertreten gewesen ist. Allerdings ist die Nichtigkeitsklage ausgeschlossen, wenn die betroffene Partei durch ein Rechtsmittel hätte geltend machen können, daß ein wegen Besorgnis der Befangenheit zu Recht abgelehnter Richter an der Entscheidung mitgewirkt hat.

Die Restitutionsklage (§ 580 ZPO) kommt in Betracht, wenn
1. der Gegner durch Beeidung einer Aussage, auf die das Urteil gegründet ist, sich einer vorsätzlichen oder fahrlässigen Verletzung der Eidespflicht schuldig gemacht hat;
2. eine Urkunde, auf die das Urteil gegründet ist, fälschlich angefertigt oder verfälscht war;
3. bei einem Zeugnis oder Gutachten, auf welches das Urteil gegründet ist, der Zeuge oder Sachverständige sich einer strafbaren Verletzung der Wahrheitspflicht schuldig gemacht hat;
4. das Urteil von dem Vertreter der Partei oder von dem Gegner oder dessen Vertreter durch eine in Beziehung auf den Rechtsstreit verübte Straftat erwirkt ist;
5. ein Richter bei dem Urteil mitgewirkt hat, der sich in Beziehung auf den Rechtsstreit einer strafbaren Verletzung seiner Amtspflichten gegen die Partei schuldig gemacht hat;

---

[3] Einzelheiten dazu im Abschnitt »Kann ich einen Richter ablehnen?«

6. das Urteil eines ordentlichen Gerichts, eines früheren Sondergerichts oder eines Verwaltungsgerichts, auf welches das Urteil gegründet ist, durch ein anderes rechtskräftiges Urteil aufgehoben ist;
7. die Partei
   a) ein in derselben Sache erlassenes, früher rechtskräftig gewordenes Urteil oder
   b) eine andere Urkunde auffindet oder zu benutzen instand gesetzt wird, die eine ihr günstigere Entscheidung herbeigeführt haben würde.

In den Fällen der oben genannten Nummern 1 bis 5 findet die Restitutionsklage nur statt, wenn wegen der Straftat eine rechtskräftige Verurteilung ergangen ist oder wenn die Einleitung oder Durchführung eines Strafverfahrens aus anderen Gründen als wegen Mangels an Beweisen nicht erfolgen kann (§ 581 Abs. 1 ZPO). Dies ist beispielsweise der Fall, wenn der Täter gestorben ist, oder eine Verfolgung der Straftat wegen Amnestie oder Flucht des Täters nicht möglich ist.

Die Wiederaufnahmeklagen (Nichtigkeitsklage, Restitutionsklage) sind grundsätzlich bei dem Gericht zu erheben, das das aufzuhebende Urteil erlassen hat (§ 584 ZPO). Für die Klagen gelten bestimmte Fristen, und zwar sind sie vor Ablauf eines Monats zu erheben, gerechnet von dem Tag, an dem die Partei von dem Anfechtungsgrund Kenntnis erlangt hat. Nach Ablauf von fünf Jahren, von dem Tage der Rechtskraft des Urteils an gerechnet, sind die Klagen unstatthaft. Dies gilt nur nicht für die Nichtigkeitsklage wegen mangelnder Vertretung; die Frist für die Erhebung dieser Klage läuft von dem Tag an, an dem der Partei und bei mangelnder Prozeßfähigkeit ihrem gesetzlichen Vertreter das Urteil zugestellt ist (§ 586 ZPO). Die Fünfjahresfrist, innerhalb derer eine Wiederaufnahmeklage erhoben werden muß, kann durchaus eine erhebliche Härte für eine Partei bedeuten. Man denke nur an den Fall, daß ein Strafverfahren gegen einen falsch aussagenden Zeugen erst nach mehreren Jahren begonnen werden kann, weil vorher die erforderlichen Beweise nicht zur Verfügung standen und daß dann dieses Strafverfahren sich über die Fünfjahresfrist hinwegzieht. In diesem Fall kann dann der durch die Falschaussage Benachteiligte nicht mehr die vorher statthafte Restitutionsklage erheben. Um solchen Unzuträglichkeiten zu begegnen, hat die Rechtsprechung noch ein weiteres Rechtsinstitut für die Durchbrechung der Rechtskraft entwickelt, auf das im folgenden noch eingegangen wird.

In der Klageschrift ist die Bezeichnung des Urteils, gegen das die Nichtigkeits- oder Restitutionsklage gerichtet wird, und die Erklärung, welche dieser Klagen erhoben wird, aufzunehmen. Ferner ist der Anfechtungsgrund, also die Tatsachen, auf die die Anfechtung gestützt wird, zu nennen; die Beweismittel für den Anfechtungsgrund und für die Tatsache sind anzugeben, daß die Fristen für die Klage eingehalten worden sind. Schließlich muß die Erklärung aufgenommen werden, inwieweit die Beseitigung des angefochtenen Urteils und welche andere Entscheidung in der Hauptsache beantragt wird (§§ 587, 588 ZPO). Das angerufene Gericht prüft zunächst, ob die genannten Voraussetzungen für die Zulässigkeit der Wiederaufnahmeklage erfüllt werden. Wird dies bejaht, dann kommt es darauf an, ob die Wiederaufnahmeklage begründet ist, also ob der behauptete Wiederaufnahmegrund vom Gericht festgestellt werden kann. Kommt das Gericht zu dem Ergebnis, daß kein Nichtigkeitsgrund oder kein Restitutionsgrund besteht, auf den das angefochtene Urteil gestützt worden ist, dann weist es die Wiederaufnahmeklage als unbegründet ab. Andernfalls muß das angefochtene Urteil aufgehoben und über den Rechtsstreit neu entschieden werden. Über die Zulässigkeit und Begründetheit der Wiederaufnahmeklage sowie über den Rechtsstreit, der durch das aufgehobene Urteil entschieden werden sollte und über den jetzt neu befunden werden muß, kann in einem Termin mündlich verhandelt werden.

Die Klage wegen sittenwidriger Schädigung

Die Darstellung des Wiederaufnahmerechts zeigt, welche engen Grenzen hierfür gelten. Insbesondere die Fünfjahresfrist für die Wiederaufnahmeklage, aber auch die Notwendigkeit eines Strafurteils für die meisten Fälle einer Restitutionsklage schaffen erhebliche Hindernisse, die einer Wiederaufnahme auch in Fällen entgegenstehen, in denen die Ausnutzung der durch das Urteil erlangten Rechtsposition nicht hingenommen werden kann. Die Rechtsprechung hat deshalb zur Vermeidung solcher als grob unbillig empfundenen Ergebnisse noch ein weiteres Mittel der Rechtskraftdurchbrechung geschaffen, das heute gewohnheitsrechtlich verfestigt ist. In Fällen einer sog. Urteilserschleichung oder einer sittenwidrigen Urteilsausnutzung wird eine Klage zugelassen, die sich auf eine Vorschrift des BGB stützt, nach der derjenige zum Ersatz des Schadens verpflichtet ist, der einen anderen vorsätzlich in einer gegen die guten Sitten verstoßenden Weise einen Schaden zufügt (§ 826 BGB). Als Urteilserschleichung werden solche Sachverhalte angesehen, in denen eine Partei durch unlautere Mittel ein Urteil erlangt, das der wirklichen Rechtslage widerspricht. Hierzu zählen Fälle, in denen der Kläger Zeugen besticht, damit sie die Unwahrheit sagen, oder Urkunden verfälscht. Es kommt also darauf an, daß ein unlauteres, gegen die guten Sitten verstoßendes Verhalten einer Partei im Zivilprozeß zu einem falschen Urteil führt. Steht die Verwirklichung dieses Tatbestandes fest, dann kann die betroffene Partei im Wege einer Schadensersatzklage fordern, daß das erschlichene Urteil nicht im Wege der Zwangsvollstreckung durchgesetzt werden darf und daß ein Schaden, der durch dieses Urteil bereits verursacht wurde, ersetzt werden muß.

Unter einer sittenwidrigen Urteilsausnutzung sind die Fälle zu verstehen, bei denen die falsche Entscheidung nicht durch unlautere Mittel herbeigeführt wurde, jedoch die Ausnutzung des unrichtigen Urteils aufgrund besonderer Umstände als sittenwidrig erscheint. Das Urteil muß also im Ergebnis sachlich unrichtig sein, und derjenige, der sich auf die Rechtskraft eines solchen Urteils beruft und von ihm Gebrauch macht, muß die Unrichtigkeit kennen. Hinzukommen müssen aber dann noch besondere Umstände, die eine Ausnutzung des unrichtigen oder als unrichtig erkannten Urteils als sittenwidrig erscheinen lassen. Wie diese »besonderen Umstände« im Einzelfall beschaffen sein müssen, läßt sich nicht mit einer allgemein verbindlichen Beschreibung angeben. Vielmehr kommt es auf eine wertende Beurteilung des Einzelfalls an, aus der sich ergeben muß, daß die Ausnutzung des Urteils eine besondere, nicht zu tragende Härte für den Betroffenen bedeutet.

Besondere Verfahren

Aus unterschiedlichen Erwägungen hat der Gesetzgeber für bestimmte Verfahren Sonderregelungen aufgestellt, die sie zu einer besonderen Prozeßart werden lassen. Hierzu zählt das bereits dargestellte Wiederaufnahmeverfahren.[1] Auch das Verfahren in Familiensachen gehört dazu; auf dieses Verfahren wird noch gesondert eingegangen werden.[2] Die Besonderheiten, die sich im selbständigen Beweisverfahren und im Verfahren auf Abgabe einer eidesstattlichen Versicherung ergeben, werden ebenfalls Gegenstand kurzer Abhandlungen sein. Dies gilt auch für den Arbeitsgerichtsprozeß, für den die Vorschriften der Zivilprozeßordnung nur ergänzend gelten und der eine eigene gesetzliche Regelung im Arbeitsgerichtsgesetz gefunden hat. Im folgenden sollen nur kurz als besondere Prozeßarten der Urkunden-, Wechsel- und Scheckprozeß, das Verfahren in Kindschafts- und Unterhaltssachen sowie das schiedsgerichtliche Verfahren beschrieben werden.

Der Urkunden-, Wechsel- und Scheckprozeß

Der Urkundenprozeß und seine besonderen Ausgestaltungen, der Wechselprozeß und der Scheckprozeß, stellen Verfahrensarten dar, die dem Ziel dienen, dem Kläger schnell zu einem Urteil zu verhelfen, aus dem er vollstrecken kann. In diesem Verfahren können Ansprüche geltend gemacht werden, die auf die Zahlung einer bestimmten Geldsumme oder die Leistung bestimmter vertretbarer Sachen (d. h. bewegliche Sachen, die

---

[1] Dazu Einzelheiten im Abschnitt »Kann ich mich gegen ein rechtskräftiges Urteil wehren?«.
[2] Vgl. die Ausführungen im Abschnitt »Der Scheidungsprozeß«.

im Verkehr nach Zahl, Maß oder Gewicht bestimmt werden) oder auf Wertpapiere gerichtet sind. Die Beschleunigung des Prozesses wird durch Begrenzung der zulässigen Beweismittel erreicht. Sämtliche Tatsachen, die zur Begründung des vom Kläger mit seiner Klage geltend gemachten Anspruchs vorgetragen werden, können nur durch Urkunden bewiesen werden (§ 592 ZPO). Bestreitet der Beklagte die Echtheit der Urkunde oder andere vom Kläger vorgetragene Tatsachen, dann kann insoweit auch nur Beweis durch Urkunden und durch eine auf Antrag durchgeführte Parteivernehmung erbracht werden (§ 595 Abs. 2 ZPO).[3] Da weder der Zeugenbeweis noch der im Regelfall recht zeitraubende Sachverständigenbeweis zugelassen ist, kann die Beweisaufnahme sehr rasch durchgeführt und eine Entscheidung vom Gericht ebenfalls zügig getroffen werden. Selbstverständlich kann ein Urteil, das aufgrund einer solchen eingeschränkten Beweisaufnahme ergeht, nicht in gleicher Weise Bestand haben wie andere Urteile. Hat der Beklagte dem gegen ihn geltend gemachten Anspruch widersprochen und wird aufgrund der vom Kläger vorgelegten Beweismittel der Beklagte verurteilt, dann ergeht das Urteil mit der Einschränkung, daß dem Beklagten »die Ausführung seiner Rechte« vorbehalten wird (§ 599 Abs. 1 ZPO). In diesem Fall bleibt der Rechtsstreit »im ordentlichen Verfahren anhängig« (§ 600 ZPO). Dies bedeutet, daß über den Bestand des Vorbehaltsurteils weiter verhandelt wird, und zwar nach den Regeln des normalen Zivilprozesses ohne jede Beschränkung von Beweismitteln. Wird in diesem Nachverfahren aufgrund der dann zugelassenen weiteren Beweise festgestellt, daß der Anspruch des Klägers nicht besteht, dann wird das Vorbehaltsurteil aufgehoben und der Anspruch des Klägers abgewiesen. Der Kläger ist dann zum Ersatz des Schadens verpflichtet, der dem Beklagten durch die Vollstreckung des Vorbehaltsurteils entstanden ist (§ 600 Abs. 2 iVm. § 302 Abs. 4 ZPO). Diesen Schadensersatzanspruch kann der Beklagte im anhängigen Rechtsstreit geltend machen. Die vom Kläger im Urkunden-, Wechsel- und Scheckprozeß erreichte Beschleunigung muß also mit dem Risiko eines Schadensersatzanspruchs erkauft werden.

Das Verfahren beginnt wie sonst auch durch Erhebung der Klage. Aus der Klageschrift muß sich ergeben, daß im Urkunden-, Wechsel- oder Scheckprozeß geklagt werden soll (§ 593 Abs. 1 ZPO). Die Urkunden müssen in Urschrift oder Abschrift der Klage oder einem die mündliche Verhandlung vorbereitenden Schriftsatz beigefügt werden (§ 593 Abs. 2 ZPO).

---

[3] Einzelheiten zu den Beweismitteln im Abschnitt »Haben Sie Beweise?«

Muß die Klage als im Urkundenprozeß unstatthaft abgewiesen werden, weil insbesondere ein dem Kläger obliegender Beweis nicht mit den im Urkundenprozeß zulässigen Beweismitteln angetreten oder mit solchen Beweismitteln vollständig geführt werden kann, dann wird die Klage nur als in der gewählten Prozeßart, also im Urkundenprozeß, als unstatthaft abgewiesen (§ 597 Abs. 2 ZPO). Der Kläger kann dann seine Klage im normalen Verfahren wiederholen. Ist die Klage im Urkundenprozeß statthaft, dann kann sie wie jede andere Klage auch entweder als unbegründet abgewiesen oder als begründet zugesprochen werden. Im zweiten Fall wird der Beklagte – wie ausgeführt – nur unter Vorbehalt verurteilt, wenn er dem Anspruch des Klägers widersprochen hat.

Im übrigen gelten für den Urkunden-, Wechsel- und Scheckprozeß die allgemeinen Regeln.

Verfahren in Kindschaftssachen

Verfahren in Kindschaftssachen betreffen Rechtsstreitigkeiten, bei denen es um die Abstammung eines Kindes geht. Hierzu gehören u. a.

- die Feststellung des Bestehens oder Nichtbestehens eines Eltern-Kind-Verhältnisses zwischen den Parteien,
- die Anfechtung der Ehelichkeit eines Kindes und
- die Anfechtung der Anerkennung der Vaterschaft (§ 640 Abs. 2 ZPO).

Für Kindschaftssachen sind die Amtsgerichte zuständig. Das hat zur Folge, daß die Parteien nicht durch einen Anwalt vertreten sein müssen. Für die örtliche Zuständigkeit gelten die allgemeinen Vorschriften.[4] Eine Besonderheit dieses Verfahrens besteht darin, daß gegen Urteile des Amtsgerichts die Berufung an das Oberlandesgericht und nicht wie sonst an das Landgericht gegeben ist. Auf diese Weise wird erreicht, daß der Instanzenzug nicht beim Landgericht endet, sondern bis zum Bundesgerichtshof führt. Da an der richtigen Feststellung der Abstammung eines Kindes ein öffentliches Interesse besteht, wird es nicht allein den Parteien überlassen, die zur Klärung dieser Frage erforderlichen Tatsachen beizubringen, sondern dem Gericht aufgegeben, von Amts wegen den Sachverhalt zu ermit-

---

[4] Einzelheiten dazu finden sich im Abschnitt »Welches Gericht ist zuständig?«

teln und dabei alle sachdienlichen Erkenntnisquellen zu benutzen. Dieser Grundsatz wird nur insoweit eingeschränkt, als in Rechtsstreitigkeiten, in denen die Ehelichkeit eines Kindes oder die Anerkennung der Vaterschaft angefochten ist, das Gericht gegen den Widerspruch des Anfechtenden Tatsachen, die von den Parteien nicht vorgebracht worden sind, nur insoweit berücksichtigen darf, als sie geeignet sind, der Anfechtung entgegengesetzt zu werden (§ 640d ZPO). Ein Versäumnisurteil gegen den Beklagten ist unzulässig (§ 612 Abs. 4 iVm. § 640 Abs. 1 ZPO).[5] Ist der Kläger im Termin zur mündlichen Verhandlung nicht erschienen und auch nicht ordnungsgemäß vertreten, dann ergeht ein Versäumnisurteil gegen ihn, in dem festgestellt wird, daß die Klage als zurückgenommen gilt (§ 635 ZPO iVm. § 640 Abs. 2). Das persönliche Erscheinen der Parteien soll vom Gericht angeordnet werden (§ 613 iVm. § 640 Abs. 2 ZPO).[6]

Kann ein Gutachten, das über die Abstammung des Kindes Aufschluß geben soll, wegen dessen Alter noch nicht erstellt werden, so hat das Gericht, wenn die Beweisaufnahme im übrigen abgeschlossen ist, das Verfahren von Amts wegen auszusetzen. Die Aufnahme des ausgesetzten Verfahrens findet statt, sobald das Gutachten erstattet werden kann (§ 640f ZPO). Das wird bei einem erbbiologischen Gutachten regelmäßig nach Vollendung des dritten Lebensjahres der Fall sein.

Das Urteil in Kindschaftssachen wirkt anders als im Regelfall nicht nur zwischen den Parteien, sondern für und gegen alle. Allerdings gibt es Ausnahmen: Wird auf Ehelichkeitsanfechtungsklage entschieden, daß das Kind nicht vom Ehemann der Mutter abstammt, so ist nur diese negative Entscheidung bindend. Ein auf Feststellung der nichtehelichen Vaterschaft Beklagter kann daher durchaus zu seiner Verteidigung vorbringen, das Kind stamme doch vom Ehemann der Mutter ab. Ein Urteil, welches das Bestehen des Eltern-Kind-Verhältnisses feststellt, wirkt gegenüber einem Dritten, der das elterliche Verhältnis für sich in Anspruch nimmt, nur dann, wenn er an dem Rechtsstreit teilgenommen hat (§ 640h ZPO).

Für das Verfahren zur Feststellung der nichtehelichen Vaterschaft gelten Sondervorschriften. Für diese Klage ist ausschließlich das Amtsgericht zuständig, bei dem die Vormundschaft oder die Pflegschaft für das Kind anhängig ist. Ist eine Vormundschaft oder Pflegschaft im Inland nicht

---

[5] Einzelheiten zum Versäumnisurteil finden sich im Abschnitt »Ich habe einen Termin zur mündlichen Verhandlung versäumt. Was nun?«
[6] Einzelheiten zur Teilnahme der Parteien an der mündlichen Verhandlung finden sich im Abschnitt »Was erwartet mich in der mündlichen Verhandlung?«

anhängig, so ist das Amtsgericht ausschließlich zuständig, in dessen Bezirk das Kind seinen Wohnsitz oder bei Fehlen eines inländischen Wohnsitzes seinen gewöhnlichen Aufenthalt hat (§ 641a ZPO). Das Kind, das auf Feststellung der Vaterschaft gegen den Beklagten klagt, kann einem Dritten den Streit verkünden, von dem es glaubt, daß es für den Fall des Unterliegens ihn als Vater in Anspruch nehmen kann (§ 641b ZPO).[7] Der Dritte kann dem Kind dann als Streithelfer beitreten. Die Wirkung der Streitverkündung besteht vor allem darin, daß der Streitverkündungsempfänger später nicht die Unrichtigkeit des Urteils im ersten Prozeß behaupten kann, wenn er selbst in Anspruch genommen wird. Die Anerkennung der Vaterschaft durch den Beklagten kann auch in der mündlichen Verhandlung zur Niederschrift des Gerichts erklärt werden (§ 641c ZPO). Das Urteil, das das Bestehen der Vaterschaft oder die Wirksamkeit einer Anerkennung feststellt, wirkt anders als sonstige Urteile in Kindschaftssachen gegenüber einem Dritten, der die nichteheliche Vaterschaft für sich in Anspruch nimmt, selbst dann, wenn er an dem Rechtsstreit nicht teilgenommen hat (§ 641k ZPO). Die Restitutionsklage gegen ein rechtskräftiges Urteil findet zusätzlich auch dann statt, wenn die Partei ein neues Gutachten über die Vaterschaft vorlegt, das allein oder in Verbindung mit den in dem früheren Verfahren erhobenen Beweisen eine andere Entscheidung herbeigeführt haben würde (§ 641i ZPO).[8]

In einem Rechtsstreit auf Feststellung des Bestehens der Vaterschaft kann das Gericht auf Antrag durch einstweilige Anordnung bestimmen, daß der Mann dem Kinde Unterhalt zu zahlen hat, und die Höhe des Unterhalts regeln (§ 641d ZPO). Der Antrag ist zulässig, sobald die Klage eingereicht ist. Der Antrag kann auch vor der Geschäftsstelle jedes Amtsgerichts zu Protokoll erklärt werden. Der Anspruch auf Unterhalt und die Notwendigkeit einer einstweiligen Anordnung sind glaubhaft zu machen, d. h. es sind Tatsachen vorzutragen, die eine ausreichende Wahrscheinlichkeit für die Richtigkeit der Angaben erbringen. Die Entscheidung ergeht aufgrund mündlicher Verhandlung durch Beschluß. Zuständig ist das Gericht erster Instanz, also das Gericht, bei dem Klage erhoben werden kann; wenn der Rechtsstreit bereits in der Berufungsinstanz schwebt, ist das Berufungsgericht zuständig. Hat das erstinstanzliche Gericht den Beschluß erlassen,

---

[7] Einzelheiten dazu im Abschnitt »Streitverkündung« was ist das?«
[8] Einzelheiten zur Restitutionsklage finden sich im Abschnitt »Kann ich mich gegen ein rechtskräftiges Urteil wehren?«

dann ist dagegen Beschwerde statthaft; ein Beschluß des Berufungsgerichts ist nicht anfechtbar. Die einstweilige Anordnung tritt außer Kraft, wenn rechtskräftig durch Urteil oder durch einen anderen Titel eine Unterhaltszahlung angeordnet worden ist und deshalb das Kind die vorläufige Entscheidung nicht mehr benötigt (§ 641e ZPO); ferner verliert die einstweilige Anordnung ihre Wirkung, wenn die Klage auf Feststellung der nichtehelichen Vaterschaft zurückgenommen oder abgewiesen wird (§ 641f ZPO).

Schiedsgerichtliche Verfahren

Schiedsgerichte entscheiden bürgerliche Rechtsstreitigkeiten anstelle staatlicher Gerichte, wenn die Parteien dies durch einen sog. Schiedsvertrag vereinbaren (§ 1025 ZPO). Eine solche vertragliche Vereinbarung setzt voraus, daß die Parteien berechtigt sind, über den Gegenstand des Streites einen Vergleich zu schließen, daß sie also darüber disponieren können. Dementsprechend kann eine Ehesache nicht zum Gegenstand eines Schiedsgerichtsverfahrens gemacht werden; das gleiche gilt aufgrund einer ausdrücklichen Regelung im Gesetz im Regelfall für Mietverhältnisse über Wohnraum (§ 1025a ZPO). Der Schiedsvertrag muß ausdrücklich geschlossen werden und bedarf der Schriftform. Andere Vereinbarungen als solche, die sich auf das schiedsgerichtliche Verfahren beziehen, darf die Urkunde nicht enthalten. Der Mangel der Form wird allerdings dadurch geheilt, daß das schiedsgerichtliche Verfahren durchgeführt und die Parteien zur Hauptsache verhandeln. Für Vollkaufleute gelten Ausnahmen (§ 1027 Abs. 2 ZPO). Der Schiedsvertrag ist unwirksam, wenn eine Partei ihre wirtschaftliche oder soziale Überlegenheit dazu ausgenutzt hat, den anderen Teil zu seinem Abschluß zu nötigen (§ 1025 Abs. 2 ZPO).

Ein Schiedsvertrag bewirkt, daß auf entsprechende Einrede einer Partei das staatliche Gericht eine auf den Gegenstand des Schiedsvertrages gerichtete Klage als unzulässig abzuweisen hat (§ 1027a ZPO). Ist im Schiedsvertrag eine Bestimmung über die Ernennung des Schiedsrichters nicht enthalten, so wird von jeder Partei ein Schiedsrichter ernannt. Soweit die Parteien das Verfahren nicht einvernehmlich geregelt haben, wird es durch die Schiedsrichter nach freiem Ermessen bestimmt (§ 1034 Abs. 2 ZPO), wobei jedoch bestimmte in der ZPO genannte Mindestanforderungen beachtet werden müssen. Der Schiedsspruch hat unter den Parteien die

Wirkung eines rechtskräftigen gerichtlichen Urteils. Eine Zwangsvollstreckung findet aus dem Schiedsspruch erst statt, wenn er durch ein staatliches Gericht für vollstreckbar erklärt worden ist (§§ 1042 ff. ZPO).

Der Scheidungsprozeß

Der Scheidungsantrag

Eine Ehe kann nur durch ein gerichtliches Urteil geschieden werden, das auf Antrag eines oder beider Ehegatten ergeht. Das Scheidungsverfahren ist ein Zivilprozeß, allerdings stehen sich bei ihm die Parteien nicht in gleichem Verhältnis gegenüber wie sonst Kläger und Beklagter. Daraus hat das Gesetz auch formale Konsequenzen gezogen, indem es nicht mehr vom Kläger und Beklagten, sondern vom Antragsteller und Antragsgegner spricht und den Begriff »Klage« durch die Bezeichnung »Antrag« ersetzt. Dementsprechend ist auch nicht von der »Klageschrift«, sondern von der »Antragsschrift« die Rede, durch die das Verfahren auf Scheidung anhängig wird (§ 622 ZPO). Der notwendige Inhalt des Scheidungsantrages richtet sich danach, ob es sich um eine streitige Scheidung handelt, bei der ein Ehegatte dem Scheidungsbegehren des anderen widerspricht, oder ob es um eine einverständliche Scheidung geht, bei der beide Ehegatten die Scheidung beantragen oder der Antragsgegner der Scheidung zustimmt. Bei der streitigen Scheidung muß die Antragsschrift Angaben darüber enthalten, ob gemeinschaftliche minderjährige Kinder vorhanden sind, ob ein Vorschlag zur Regelung der elterlichen Sorge unterbreitet wird und ob eine Familiensache anderweitig anhängig ist, beispielsweise ein Rechtsstreit über die Regelung der elterlichen Sorge, über die gesetzliche Unterhaltspflicht, über den Versorgungsausgleich oder über die Regelung der Rechtsverhältnisse an der Ehewohnung und am Hausrat. Bei einer einverständlichen Scheidung muß die Antragsschrift die Mitteilung enthalten, daß der andere Ehegatte der Scheidung zustimmt oder in gleicher Weise die Scheidung beantragen wird, den übereinstimmenden Vorschlag der Ehegatten zur Regelung der elterlichen Sorge für ein gemeinschaftliches Kind und über die Regelung des Umgangs des nicht sorgeberechtigten Elternteils mit dem Kinde sowie die Einigung der Ehegatten über die Regelung der Unterhaltspflicht gegenüber einem Kinde, über die durch die Ehe begründete gesetzliche Unterhaltspflicht sowie über die Rechtsverhältnisse an der Ehewohnung und am Hausrat (§§ 622, 630 ZPO). Im übrigen gelten die Vorschriften über die Klageschrift entsprechend.[1]

Vertretung durch Anwälte

Zuständig für den Scheidungsprozeß ist das Amtsgericht, und zwar eine bei ihm gebildete besondere Abteilung für Familiensachen, Familiengericht genannt. Bei den Familiengerichten besteht Anwaltszwang. Dies bedeutet, daß die Parteien nicht selbst – wie sonst bei Amtsgerichten – den Prozeß führen können, sondern dies Rechtsanwälten übertragen müssen, die bei dem Gericht zugelassen sind. Allerdings muß sich der Antragsgegner, wenn er nicht selbst einen Antrag auf Scheidung stellt, nicht vertreten lassen. Denn ein die Scheidung aussprechendes Versäumnisurteil darf gegen ihn nicht ergehen (§ 612 Abs. 4 ZPO). Dennoch ist zu empfehlen, daß sich jede Partei durch einen Rechtsanwalt vertreten läßt, weil mit einem Ehescheidungsprozeß Folgesachen verbunden sind, die erhebliche Bedeutung und Wirkungen für jede Partei haben (dazu sogleich). Kommt der Familienrichter zu dem Ergebnis, daß zum Schutz des Antragsgegners notwendigerweise ein Rechtsanwalt tätig werden muß und daß sich die betroffene Partei dieser Einsicht nur aus mangelnder Erfahrung oder Beeinflussung durch den anderen Ehegatten verschließt, dann kann er von Amts wegen die Beiordnung eines Rechtsanwalts anordnen (§ 625 ZPO).

Das zuständige Gericht

Regelmäßig ist das Amtsgericht örtlich zuständig, in dessen Bezirk die Ehegatten bei Einleitung des Verfahrens ihren gemeinsamen gewöhnlichen Aufenthalt haben (§ 606 Abs. 1 S. 1 ZPO). Fehlt ein solcher gewöhnlicher Aufenthalt im Inland, dann ist das Amtsgericht zuständig, in dessen Bezirk der Ehegatte mit den gemeinsamen minderjährigen Kindern seinen gewöhnlichen Aufenthalt hat (§ 606 Abs. 1 S. 2 ZPO). Andernfalls ist das

---

[1] Einzelheiten dazu finden sich im Abschnitt »Wie erhebe ich Klage?«

Familiengericht ausschließlich zuständig, in dessen Bezirk die Ehegatten ihren gemeinsamen gewöhnlichen Aufenthalt zuletzt gehabt haben, wenn einer der Ehegatten bei Eintritt der Rechtshängigkeit, d. h. bei Zustellung der Antragsschrift an den Antragsgegner, im Bezirk dieses Gerichts seinen gewöhnlichen Aufenthalt hat (§ 606 Abs. 2 S. 1 ZPO). Fehlt ein solcher Gerichtsstand, so ist das Familiengericht ausschließlich zuständig, in dessen Bezirk der gewöhnliche Aufenthaltsort des Antragsgegners oder, falls ein solcher im Inland fehlt, der gewöhnliche Aufenthaltsort des Antragstellers gelegen ist (§ 606 Abs. 2 S. 2 ZPO). Haben beide Ehegatten das Verfahren beantragt, so ist von den vorbezeichneten Gerichten das Gericht ausschließlich zuständig, bei dem das Verfahren zuerst rechtshängig geworden ist. Ist die Zuständigkeit eines Gerichts nach diesen Vorschriften nicht begründet, so ist das Familiengericht beim Amtsgericht Schöneberg in Berlin ausschließlich zuständig (§ 606 Abs. 3 ZPO).

Folgesachen

Bei einer Ehescheidung geht es im Regelfall nicht allein um die Auflösung der Ehe, sondern es müssen eine ganze Reihe zusätzlicher Fragen mit entschieden werden. So bedarf die Frage, wie die elterliche Sorge für eheliche Kinder und der Umgang mit ihnen zu regeln ist, ebenso der Entscheidung wie über die Unterhaltspflicht gegenüber den Kindern und gegebenenfalls gegenüber den Ehegatten befunden werden muß. Klärungsbedürftig wird regelmäßig auch der Versorgungsausgleich zwischen den Ehegatten sein, also wie Anwartschaften auf Alters- und Invaliditätsversorgung, die während der Ehe von einem oder beiden Ehegatten erworben wurden, zwischen ihnen zu verteilen sind. Diese und noch andere Fragen wie beispielsweise die Regelung der Rechtsverhältnisse an der Ehewohnung und am Hausrat soll nicht isoliert voneinander entschieden, sondern in einem Verfahren zusammengefaßt werden. Der Gesetzgeber hat deshalb einen sog. »Verfahrens- und Entscheidungsverbund« angeordnet (§ 623 ZPO). Bei der einverständlichen Scheidung wird diesem Anliegen dadurch Rechnung getragen, daß bereits in der Antragsschrift - wie ausgeführt - zu diesen sog. Folgesachen die Vorstellungen der Parteien aufgenommen werden müssen. Vom Einigungszwang ist nur der Versorgungsausgleich ausgenommen und die güterrechtliche oder allgemein vermögensrechtliche Auseinandersetzung; diese Fragen können die Parteien einem späteren Verfahren überlassen. Bei einer streitigen Scheidung hängt dagegen der Verfahrens- und Entscheidungsverbund davon ab, daß eine der Parteien die Entscheidung über eine Folgesache beantragt. Zwar hat das Gericht die Parteien insbesondere den anwaltlich nicht vertretenen Antragsgegner darüber aufzuklären, daß sie die Möglichkeit haben, die Scheidungsfolgen im Zusammenhang mit der Scheidung regeln zu lassen, ob jedoch hiervon Gebrauch gemacht wird, steht dann im Belieben eines jeden Ehegatten. Nur für die Regelung der elterlichen Sorge für ein gemeinschaftliches Kind und für die Durchführung des Versorgungsausgleichs hinsichtlich der Rentenanwartschaften in einer gesetzlichen Rentenversicherung bedarf es keines Antrages einer Partei, sondern das Familiengericht hat das Verfahren von Amts wegen einzuleiten (§ 623 Abs. 3 ZPO).

Regelmäßig ist also über den Antrag auf Ehescheidung und über die anhängigen Folgesachen gemeinsam durch ein einheitliches Urteil zu entscheiden (§ 629 ZPO). Nur wenn das Gericht beabsichtigt, von einem bestimmten Vorschlag der Ehegatten zur Regelung der elterlichen Sorge für ein gemeinschaftliches Kind abzuweichen, ist die Entscheidung darüber vorweg zu treffen (§ 627 Abs. 1 ZPO), weil diese Entscheidung meist Konsequenzen für andere Scheidungsfolgen hat, insbesondere für den Kindes- und Ehegattenunterhalt sowie die Zuteilung der Ehewohnung. Diese Vorwegentscheidung ergeht durch Beschluß, der mit einer befristeten Beschwerde angefochten werden kann (§ 621e ZPO). Die Vorwegentscheidung wird jedoch erst mit Rechtskraft der Scheidung wirksam (§ 629d ZPO) und bei Rücknahme des Scheidungsantrages gegenstandslos (§ 626 Abs. 1 S. 1 ZPO). Das Gericht kann aber auch dem Scheidungsantrag vor Entscheidung über Folgesachen stattgeben, wenn aus tatsächlichen oder rechtlichen Gründen eine einheitliche Entscheidung nicht möglich ist oder wenn dadurch eine unzumutbare Verzögerung für einen oder beide Ehegatten eintreten würde (§ 628 ZPO).

Das Verfahren

Grundsätzlich gelten für den Scheidungsprozeß die gleichen Regeln wie für andere Rechtsstreite auch (§ 608 ZPO), so daß auf die Darstellung verwiesen werden kann, die zu den einzelnen Fragen des Zivilprozesses gegeben wurde. Allerdings sind für den Scheidungsprozeß einige Besonderheiten zu beachten. So soll das Gericht das persönliche Erscheinen der

Ehegatten anordnen und sie anhören. Ist ein Ehegatte am Erscheinen vor dem Prozeßgericht verhindert oder hält er sich in so großer Entfernung von dessen Sitz auf, daß ihm das Erscheinen nicht zugemutet werden kann, so kann er durch einen Richter des Amtsgerichtes, das für seinen Wohn- oder Aufenthaltsort zuständig ist, vernommen werden (§ 613 Abs. 1 ZPO). Erscheint ein Ehegatte trotz Anordnung des persönlichen Erscheinens nicht, dann kann gegen ihn ein Ordnungsgeld festgesetzt werden und er zudem zu den Kosten verurteilt werden, die sein Ausbleiben verursacht haben (§ 613 Abs. 2 iVm. § 380 ZPO). Die Festsetzung eines Ordnungsmittels und die Auferlegung der Kosten unterbleiben, wenn glaubhaft gemacht wird, daß die Ladung nicht rechtzeitig zugegangen ist oder wenn die Partei ihr Ausbleiben genügend entschuldigen kann. Das persönliche Erscheinen der Ehegatten muß nicht nur dem Zweck dienen, Unklarheiten und streitige Fragen zu klären, sondern kann auch dazu benutzt werden, um eine Versöhnung und Rücknahme des Scheidungsantrages zu erreichen. Das Gericht hat in jeder Lage des Verfahrens auf eine gütliche Beilegung des Rechtsstreits bedacht zu sein (§ 279 Abs. 1 ZPO). Das Gericht soll von Amts wegen das Verfahren auf Scheidung aussetzen, wenn nach seiner freien Überzeugung Aussicht auf Fortsetzung der Ehe besteht. Jedoch darf diese Aussetzung nicht gegen den Widerspruch beider Ehegatten geschehen, wenn sie länger als ein Jahr getrennt leben (§ 614 Abs. 2 ZPO).

Anders als im normalen Zivilprozeß kann das Gericht von Amts wegen die Aufnahme von Beweisen anordnen und nach Anhörung der Ehegatten auch solche Tatsachen berücksichtigen, die nicht von ihnen vorgebracht sind. In Verfahren auf Scheidung dürfen jedoch Tatsachen, die nicht vorgebracht worden sind, vom Gericht gegen den Widerspruch des die Auflösung der Ehe begehrenden Ehegatten nur insoweit berücksichtigt werden, als sie geeignet sind, der Aufrechterhaltung der Ehe zu dienen (§ 616 ZPO). Ein Versäumnisurteil gegen den Antragsgegner darf – wie ausgeführt – nicht ergehen; bei Säumnis des Antragstellers bleibt es dagegen bei der auch sonst geltenden Regelung, nach der auf Antrag des erschienenen Prozeßgegners ein Versäumnisurteil gegen ihn zu erlassen ist.[2] Da jedoch zumindest der Antragsteller im Scheidungsprozeß durch einen Rechtsanwalt vertreten werden muß, wird der Fall einer Säumnis und eines Versäumnisurteils gegen ihn in der Praxis nur recht selten vorkommen. In der

---

[2] Zur Säumnis und ihren Folgen finden sich Einzelheiten im Abschnitt »Ich habe einen Termin zur mündlichen Verhandlung versäumt. Was nun?«

abweichenden Regelung der Säumnis einer Partei im Scheidungsprozeß kommt die Tendenz zum Ausdruck, den Bestand der Ehe zu schützen. Dem gleichen Anliegen dienen auch die Regelungen, die es ausschließen, daß die Parteien über den Gegenstand des Streits disponieren, wie dies in anderen Rechtsstreitigkeiten möglich ist, in denen beispielsweise durch Anerkenntnis des Beklagten ohne weiteres ein dem Anerkenntnis entsprechendes Urteil herbeigeführt werden kann.[3] Im Ehescheidungsprozeß ist es der beklagten Partei dagegen nicht möglich, sich dem Begehren der die Scheidung beantragenden Partei zu unterwerfen, ohne daß dem Gericht die Möglichkeit zur Nachprüfung bleibt. Auch durch ein Geständnis, das sonst dazu führt, daß die zugestandenen Tatsachen vom Gericht als feststehend dem Urteil zugrunde zu legen sind, kann im Ehescheidungsprozeß eine Bindung des Gerichts nicht herbeigeführt werden. Die Parteien können sich auch nicht dahingehend vergleichen, daß die Ehe aufgelöst sein soll, weil ihnen insoweit die Dispositionsbefugnis, die ein Vergleich voraussetzt, fehlt. Dagegen können die Parteien durch Vergleich den Prozeß beenden, indem sie eine Klagerücknahme oder einen Verzicht des Antragstellers auf sein Scheidungsbegehren vereinbaren. Auch in Folgesachen können die Parteien sich vergleichen und eine einverständliche Regelung bezüglich der gemeinschaftlichen Kinder und über vermögensrechtliche Ansprüche verabreden.[4] Hinzuweisen ist noch darauf, daß das Verfahren in Ehesachen nicht öffentlich ist.

Einstweilige Anordnungen

Im Scheidungsprozeß haben die Ehegatten die Möglichkeit, in einem vereinfachten Verfahren mit geringeren Beweisanforderungen und Einschränkungen der Rechtsmittel eine einstweilige Regelung ihrer Rechtsbeziehungen zueinander und zu den gemeinsamen Kindern zu erreichen. Dies geschieht durch einstweilige Anordnungen, in denen die elterliche Sorge für ein gemeinschaftliches Kind, der Umgang eines Elternteils mit dem Kinde, die Herausgabe des Kindes an einen anderen Elternteil, die Unterhaltspflicht gegenüber einem minderjährigen Kind oder dem Ehe-

---
[3] Zum Anerkenntnis des Beklagten und den sich daraus ergebenden Rechtsfolgen finden sich Einzelheiten im Abschnitt »Wie verhalte ich mich am besten gegenüber einer Klage?«
[4] Einzelheiten zum Vergleich im Abschnitt »Soll ich mich vergleichen?«

gatten des getrennt lebenden Ehegatten, die Benutzung der Ehewohnung und des Hausrats, die Herausgabe oder die Benutzung der zum persönlichen Gebrauch eines Ehegatten oder eines Kindes bestimmten Sachen sowie die Verpflichtung zur Leistung eines Kostenvorschusses für den Scheidungsprozeß und Folgesachen geregelt werden können (§ 620 ZPO). Die einstweilige Anordnung trägt der Eilbedürftigkeit solcher Regelungen Rechnung. Der Antrag auf Erlaß einer einstweiligen Anordnung ist zulässig, sobald die Ehesache anhängig oder ein Gesuch um Bewilligung der Prozeßkostenhilfe eingereicht ist (§ 620a Abs. 2 ZPO).[5] Der Antrag kann zu Protokoll der Geschäftsstelle erklärt werden und unterliegt dann nicht dem Anwaltszwang, wohl aber das weitere Verfahren. Wird mündlich verhandelt, was nicht erforderlich, wohl aber zulässig ist, dann müssen die Parteien durch Anwälte vertreten werden. Zuständig ist das Gericht, bei dem der Scheidungsantrag zu stellen ist; ist der Scheidungsprozeß bereits in der Berufungsinstanz anhängig, dann begründet dies die Zuständigkeit des Berufungsgerichts auch für die einstweilige Anordnung (§ 620a Abs. 4 ZPO). Das Gericht kann auf Antrag den Beschluß über die einstweilige Anordnung aufheben und ändern. Die einstweilige Anordnung tritt beim Wirksamwerden einer anderweitigen Regelung oder der Zurücknahme des Scheidungsantrages außer Kraft; das gleiche gilt, wenn der Scheidungsantrag rechtskräftig abgewiesen ist.

---

[5] Einzelheiten zur Prozeßkostenhilfe finden sich im Abschnitt »Was kostet mich der Prozeß?«

Das selbständige Beweisverfahren

Zweck

Im Regelfall wird eine Beweisaufnahme in der mündlichen Verhandlung vor dem Gericht vollzogen, das den Rechtsstreit zu entscheiden hat. Das selbständige Beweisverfahren wird dagegen aus dem streitigen Verfahren herausgenommen und – worauf bereits die Bezeichnung hindeutet – verselbständigt. Es kann auch bereits vor Klageerhebung durchgeführt werden. Der Zweck des selbständigen Beweisverfahrens besteht einmal darin, Beweise zu sichern, die verlorenzugehen drohen. Zeugen können sterben, insbesondere wenn sie krank oder älter sind, sie können auch ins Ausland verziehen und deshalb für das Gericht nicht oder nur schwer erreichbar sein. Sachen, auf deren Zustand es für die Entscheidung eines Rechtsstreits ankommt, können verändert werden und deshalb bei einer Inaugenscheinnahme durch das Gericht nicht mehr verwertbar sein. Man denke nur an Baumängel, die durch die notwendige Fortsetzung der Arbeiten am Bau nicht mehr erkennbar sind. Das selbständige Beweisverfahren kann aber auch helfen, einen Rechtsstreit zu vermeiden. Kommt es für die Entscheidung des Streits der Parteien auf den Zustand einer Person oder Sache oder ihrem Wert an, auf Ausmaß von Schäden, auf das Vorhandensein eines Sachmangels oder auf den Aufwand für die Beseitigung solcher Schäden, dann kann bereits die Beweisaufnahme, also die für einen Prozeß verbindliche Feststellung der maßgebenden Tatsachen zu einer Beilegung des Streits führen. Dies gilt insbesondere in Fällen, in denen durch ein Sachverständigengutachten entsprechende Klärungen vorzunehmen sind.

Voraussetzungen

Diese Ziele des selbständigen Beweisverfahrens bestimmen auch die Voraussetzungen seiner Zulässigkeit. Es kann auf Antrag einer Partei durchgeführt werden, wenn der Gegner zustimmt, also auch er ein Interesse an der Feststellung von Tatsachen hat, oder wenn zu besorgen ist, daß ein Beweismittel verlorengeht, oder seine Benutzung erschwert wird, wobei die Beweisaufnahme auf die Einnahme des Augenscheins, die Vernehmung von Zeugen oder die Begutachtung durch einen Sachverständigen beschränkt ist (§ 485 Abs. 1 ZPO). Insbesondere zur Vermeidung von Prozessen dient die Regelung, nach der eine Partei die schriftliche Begutachtung durch einen Sachverständigen bereits vor Klageerhebung beantragen kann, wenn sie ein rechtliches Interesse daran hat, daß der Zustand einer Person oder der Zustand oder Wert einer Sache, die Ursache eines Personenschadens, Sachschadens oder Sachmangels oder der Aufwand für die Beseitigung eines Personenschadens, Sachschadens oder Sachmangels festgestellt wird. Ein rechtliches Interesse an dieser Feststellung ist anzunehmen, wenn dies zur Vermeidung eines Rechtsstreits dienen kann (§ 485 Abs. 2 ZPO).

Antrag

Zuständig für das selbständige Beweisverfahren ist das Gericht, das den Rechtsstreit zu entscheiden hat, wenn bereits Klage erhoben worden ist (§ 486 Abs. 1 ZPO). Ist noch keine Klage erhoben worden, so ist der Antrag bei dem Gericht zu stellen, das nach dem Vortrag des Antragstellers zur Entscheidung über den Prozeß berufen wäre (§ 486 Abs. 2 ZPO). In Fällen dringender Gefahr kann der Antrag auch bei dem Amtsgericht gestellt werden, in dessen Bezirk die zu vernehmende oder zu begutachtende Person sich aufhält oder die in Augenschein zu nehmende oder zu begutachtende Sache sich befindet (§ 486 Abs. 3 ZPO). Der Antrag muß die Bezeichnung des Gegners, der Tatsachen, über die Beweis erhoben werden soll, die Benennung der Beweismittel (Zeuge, Sachverständiger, Inaugenscheinnahme) sowie die Glaubhaftmachung der Tatsachen enthalten, die die Zulässigkeit des selbständigen Beweisverfahrens und die Zuständigkeit des Gerichts begründen sollen (§ 487 ZPO). Glaubhaftmachung bedeutet, daß die Tatsachen so dargestellt werden müssen, daß für ihre Richtigkeit eine hinreichende Wahrscheinlichkeit spricht. Die Parteien müssen durch Anwälte vertreten werden, wenn die Verhandlung vor einem Landgericht oder einem höheren Gericht stattfindet.[1] Dies gilt auch für den Antrag, wenn er schriftlich bei einem solchen Gericht gestellt wird. Allerdings kann der Antrag auch stets zu Protokoll der Geschäftsstelle erklärt werden (§ 486 Abs. 4 ZPO) und unterliegt dann nicht dem Anwaltszwang (§ 78 Abs. 3 ZPO). Wird für den Antrag der Weg der Protokollerklärung gewählt, dann muß er nicht notwendigerweise von der Geschäftsstelle des zuständigen Gerichts, sondern kann von der Geschäftsstelle eines jeden Amtsgerichts aufgenommen werden (§ 129a ZPO). Die Entscheidung über den Antrag ergeht durch Beschluß. Ob das Gericht eine mündliche Verhandlung anberaumt, ist ihm freigestellt (§ 490 ZPO). Wird dem Antrag stattgegeben, dann sind in dem Beschluß die Tatsachen zu bezeichnen, über die der Beweis zu erheben ist und die Beweismittel anzugeben. Wichtig ist, daß durch den Beschluß die Verjährung von Gewährleistungsansprüchen beim Kauf (§ 477 Abs. 2 BGB) und beim Werkvertrag (§ 639 Abs. 1 BGB) unterbrochen wird. Wird der Antrag abgelehnt, dann kann gegen den Beschluß Beschwerde eingelegt werden.

Durchführung der Beweisaufnahme und weiteres Verfahren

Hat das Gericht das selbständige Beweisverfahren angeordnet, dann wird die Beweisaufnahme nach allgemeinen Regeln durchgeführt.[2] Der Gegner ist, sofern es nach den Umständen des Falles geschehen kann (beispielsweise nicht, wenn lediglich ein schriftliches Sachverständigengutachten zu erstatten ist), unter Zustellung des Beschlusses und einer Abschrift des Antrages zu dem für die Beweisaufnahme bestimmten Termin so zeitig zu laden, daß er in diesem Termin seine Rechte wahrzunehmen vermag (§ 491 Abs. 1 ZPO). Das Gericht kann die Partei zur mündlichen Erörterung laden, wenn eine Einigung zu erwarten ist. Die Parteien können einen Prozeßvergleich schließen; dies kann insbesondere dann in Betracht kommen, wenn die Beweisaufnahme bestimmte vorher streitige

---

[1] Einzelheiten zur Vertretung der Parteien durch Rechtsanwälte finden sich im Abschnitt »Brauche ich einen Rechtsanwalt?«
[2] Die Darstellung dieser Regeln finden sich im Abschnitt »Haben Sie Beweise?« und »Was erwartet mich in der mündlichen Verhandlung?«

Punkte geklärt hat.[3] Die selbständige Beweiserhebung steht einer Beweisaufnahme vor dem Prozeßgericht gleich (§ 493 Abs. 1). Dies bedeutet, daß die im selbständigen Beweisverfahren gewonnenen Beweise in einem Rechtsstreit ebenso verwertet werden können, als seien sie im Prozeß selbst erhoben worden. Dies gilt nur dann nicht, wenn der Gegner zur Beweisaufnahme nicht rechtzeitig geladen worden war, es sei denn, daß der Gegner dem Antragsteller unbekannt gewesen ist. Der Antragsteller muß dann glaubhaft machen, daß er ohne sein Verschulden außerstande ist, den Gegner zu bezeichnen (§ 493 Abs. 2, § 494 ZPO). Ist Klage noch nicht erhoben worden, dann ist auf Antrag der Gegenpartei dem Antragsteller aufzugeben, innerhalb einer vom Gericht zu bestimmenden Frist Klage zu erheben. Kommt der Antragsteller dieser Anordnung nicht nach, hat das Gericht auf Antrag durch Beschluß auszusprechen, daß er die dem Gegner entstandenen Kosten zu tragen hat. Diese Entscheidung kann ohne mündliche Verhandlung ergehen und unterliegt der sofortigen Beschwerde (§ 494a ZPO). Die sofortige Beschwerde muß innerhalb einer Frist von zwei Wochen eingelegt werden, die mit Zustellung des Beschlusses beginnt. Der Beschluß, durch den dem Antragsteller die Kosten des Gegners auferlegt werden, stellt einen Vollstreckungstitel dar, kann also zur zwangsweisen Durchsetzung benutzt werden.[4]

---

[3] Zum Prozeßvergleich finden sich Einzelheiten im Abschnitt »Soll ich mich vergleichen?«
[4] Einzelheiten zum Zwangsvollstreckungsverfahren finden sich im Abschnitt »Ich habe den Prozeß gewonnen, was jetzt?«

Das Verfahren zur Abgabe einer Offenbarungsversicherung

Wann muß eine Offenbarungsversicherung abgegeben werden?

Eine eidesstattliche Versicherung zur Bekräftigung einer prozessualen Offenbarungspflicht (Offenbarungsversicherung) muß in zwei Fällen abgegeben werden:

- Die Zwangsvollstreckung wegen einer Geldforderung in das bewegliche Vermögen des Schuldners hat zu keiner vollständigen Befriedigung des Gläubigers geführt, oder der Gläubiger macht glaubhaft, trägt also Tatsachen vor, für deren Richtigkeit eine hinreichende Wahrscheinlichkeit spricht, daß eine solche Vollstreckung von vornherein erfolglos erscheint (§ 807 ZPO).
- Eine vom Schuldner herauszugebende bewegliche Sache wird bei der Zwangsvollstreckung vom Gerichtsvollzieher nicht vorgefunden (§ 883 Abs. 2 ZPO).

Bei einer ergebnislos verlaufenden Zwangsvollstreckung wegen einer Geldforderung ist der Gläubiger daran interessiert, Kenntnis über den Vermögensstand des Schuldners zu erlangen und insbesondere zu wissen, ob und wo noch Vermögenswerte vorhanden sind, in die vollstreckt werden kann. Deshalb kann er einen Antrag stellen, daß der Schuldner ein Verzeichnis seines Vermögens vorlegt, dessen Richtigkeit er an Eides Statt zu versichern hat. Wird eine herauszugebende Sache vom Gerichtsvollzieher beim Schuldner nicht vorgefunden, dann will der Gläubiger von dem Schuldner wissen, ob er die Sache im Besitz hat oder ob er etwas über den Verbleib der Sache weiß. Zu diesem Zweck kann ebenfalls beantragt werden, daß der Schuldner eine entsprechende Versicherung an Eides Statt abgibt.

Einleitung des Verfahrens

Das Verfahren auf Abgabe einer eidesstattlichen Versicherung beginnt mit dem Antrag des Gläubigers auf Bestimmung eines Termins. Dem Antrag sind der Vollstreckungstitel und sonstige Urkunden beizufügen, aus denen sich die Verpflichtung des Schuldners zur Abgabe der eidesstattlichen Versicherung ergibt (§ 900 Abs. 1 ZPO).[1] Zu diesen »sonstigen Urkunden« zählt im Falle der Geldvollstreckung der Nachweis durch eine entsprechende Bescheinigung des Gerichtsvollziehers (Fruchtlosigkeitsbescheinigung), daß die Zwangsvollstreckung keinen Erfolg hatte; bei der Herausgabevollstreckung ist ebenfalls durch eine entsprechende Bescheinigung des Gerichtsvollziehers der Nachweis zu führen, daß die Sache nicht vorgefunden wurde. Das Gericht prüft dann, ob die Voraussetzungen der Zwangsvollstreckung[2] und des Offenbarungsverfahrens erfüllt sind. Im Falle der Geldvollstreckung prüft das Gericht weiter, ob in dem bei ihm geführten Schuldnerverzeichnis eine Eintragung darüber besteht, daß der Schuldner innerhalb der letzten drei Jahre eines eidesstattliche Versicherung abgegeben hat oder daß gegen ihn die Haft zur Erzwingung der Abgabe der eidesstattlichen Versicherung angeordnet ist. Wird dies festgestellt, so ist der Gläubiger zu benachrichtigen und das Verfahren nur auf Antrag fortzusetzen (§ 900 Abs. 2 ZPO). Der Sinn dieser Regelung besteht darin, daß ein Schuldner nach Abgabe einer eidesstattlichen Versicherung innerhalb der nächsten drei Jahre zur erneuten Abgabe nur verpflichtet ist, wenn glaubhaft gemacht wird, daß der Schuldner später Vermögen erworben hat oder daß ein bisher bestehendes Arbeitsverhältnis mit dem Schuldner aufgelöst ist (§ 903 ZPO). Daß auch bei Auflösung eines Arbeitsverhältnisses erneut eine eidesstattliche Versicherung abgegeben werden soll, erklärt sich dadurch, daß nach allgemeiner Lebenserfahrung davon auszugehen ist, daß ein Schuldner dann ein

---

[1] Zum Vollstreckungstitel als Voraussetzung der Zwangsvollstreckung finden sich Einzelheiten im Abschnitt »Ich habe den Prozeß gewonnen, was jetzt?«
[2] Dazu finden sich Einzelheiten im Abschnitt »Ich habe den Prozeß gewonnen, was jetzt?«

neues Arbeitsverhältnis eingegangen und pfändbares Einkommen erworben hat.

Stellt das Gericht fest, daß die Voraussetzungen für die Abgabe einer eidesstattlichen Versicherung nicht erfüllt sind, dann hat es dem Gläubiger Gelegenheit zu geben, einen behebbaren Mangel auszuräumen. Geschieht dies nicht oder ist dies nicht möglich, dann wird der Antrag des Gläubigers durch Beschluß zurückgewiesen, der dem Gläubiger zugestellt wird. Der Gläubiger kann gegen diesen Beschluß innerhalb einer Frist von zwei Wochen, die mit der Zustellung beginnt, eine befristete Erinnerung einlegen. Gelangt dagegen das Gericht zu dem Ergebnis, daß der Antrag begründet ist, dann beraumt es einen Termin zur Abgabe der eidesstattlichen Versicherung an.

Durchführung des Verfahrens

Der Termin zur Abgabe der eidesstattlichen Versicherung, der nicht öffentlich ist, kann sich verschieden gestalten, je nachdem wie sich der Schuldner verhält. Folgende Möglichkeiten kommen in Betracht:

Der Schuldner erscheint und gibt die von ihm verlangte Offenbarungsversicherung ab. Handelt es sich um eine Offenbarungsversicherung aufgrund einer Vollstreckung wegen einer Geldforderung, dann ist der Schuldner in das vom Vollstreckungsgericht zu führende Verzeichnis (Schuldnerverzeichnis) einzutragen. Personenbezogene Informationen aus diesem Schuldnerverzeichnis, auch »schwarze Liste« genannt, dürfen nur unter eingeschränkten, im Gesetz genannten Voraussetzungen erteilt werden (§ 915 Abs. 2 ZPO).

Möglich ist auch, daß der Schuldner erscheint und Widerspruch gegen seine Verpflichtung zur Abgabe der Offenbarungsversicherung erhebt. Dann ist vom Gericht über den Widerspruch durch Beschluß zu entscheiden (§ 900 Abs. 5 ZPO). Schließlich kann der Schuldner im Termin erscheinen, aber grundlos oder nach rechtskräftiger Verwerfung seines Widerspruchs die Abgabe der Offenbarungsversicherung verweigern. Dann wird auf Antrag des Gläubigers Haft angeordnet (§ 901 ZPO). Zusammen mit dem Beschluß der Haftanordnung ist ein Haftbefehl zu erlassen (§ 908 ZPO). Die Verhaftung wird vom Gerichtsvollzieher durchgeführt (§ 909 ZPO). Die Haft beträgt im Höchstfall sechs Monate (§ 913 ZPO). Gefährdet die Haftung die Gesundheit des Schuldners erheblich, dann darf sie nicht vollstreckt werden (§ 906 ZPO). Gegen die Anordnung der Haft steht dem Schuldner die sofortige Beschwerde zu, die innerhalb einer Frist von zwei Wochen bei dem Gericht, das den Beschluß erlassen hat oder bei dem nächsthöheren Gericht, das über die Beschwerde zu befinden hat, einzulegen ist. Der Schuldner kann jederzeit durch Abgabe der eidesstattlichen Versicherung das Ende der Haft herbeiführen. Auf seinen Antrag hat das Amtsgericht des Haftortes unverzüglich Termin zur Abgabe der eidesstattlichen Versicherung anzusetzen (§ 902 Abs. 1 ZPO). Nach Abgabe der Versicherung wird der Schuldner aus der Haft entlassen und der Gläubiger hiervon in Kenntnis gesetzt (§ 902 Abs. 2 ZPO).

In das Schuldnerverzeichnis werden auch die Personen aufgenommen, gegen die Haft angeordnet worden ist. Die Eintragung in dem Schuldnerverzeichnis, gleichgültig, ob Grund der Eintragung die Abgabe der eidesstattlichen Versicherung oder die Anordnung der Haft gewesen ist, muß nach drei Jahren seit Schluß des Jahres gelöscht werden, in dem die eidesstattliche Versicherung abgegeben, die Haft angeordnet oder die sechsmonatige Haftvollstreckung beendet worden ist (§ 915a Abs. 1). Ebenfalls ist eine Löschung vorzunehmen, wenn die Befriedigung des Gläubigers, der gegen den Schuldner das Verfahren zur Abnahme der eidesstattlichen Versicherung betrieben hat, nachgewiesen wird oder wenn der Wegfall des Eintragungsgrunds dem Vollstreckungsgericht bekannt geworden ist (§ 915a Abs. 2 ZPO).

Der Arbeitsgerichtsprozeß

Der Arbeitsgerichtsprozeß ist ein Zivilprozeß, genauso wie das Arbeitsrecht als Teil des Zivilrechts anzusehen ist. Dennoch haben sich das Arbeitsrecht und ebenso der Arbeitsgerichtsprozeß zu einer Spezialmaterie entwickelt, für die viele Sonderregeln gelten. Dies rechtfertigt das Arbeitsrecht und den Arbeitsgerichtsprozeß als einen eigenständigen Rechtsbereich aufzufassen und zwischen dem allgemeinen Zivilrecht und dem Arbeitsrecht zu unterscheiden. Dem entspricht es, daß eine ganze Reihe von Schriften verfaßt worden ist, die sich ausschließlich dem Arbeitsgerichtsverfahren widmen. Wenn im folgenden der Arbeitsgerichtsprozeß behandelt wird, dann geschieht dies nicht mit dem Ziel, eine umfassende und abgeschlossene Darstellung dieser Rechtsmaterie zu geben, sondern nur, um einen Überblick über die Besonderheiten zu vermitteln, die den Arbeitsgerichtsprozeß im Gegensatz zu den bisher dargestellten Verfahren vor den Zivilgerichten auszeichnen.

Gerichte

Für den Arbeitsgerichtsprozeß gilt eine eigene gesetzliche Regelung, das Arbeitsgerichtsgesetz (ArbGG). In diesem Gesetz wird allerdings wegen vieler Einzelfragen auf die Regeln verwiesen, die in sonstigen Zivilprozessen anzuwenden sind. So werden die Vorschriften über das Verfahren vor den Amtsgerichten für den Arbeitsgerichtsprozeß vor den Arbeitsgerichten für entsprechend anwendbar erklärt, soweit nicht das Arbeitsgerichtsgesetz abweichende Vorschriften enthält (§ 46 Abs. 2 ArbGG). An die Stelle der Gerichte des allgemeinen Zivilrechtsverfahrens treten die Gerichte für Arbeitssachen, und zwar die Arbeitsgerichte in erster Instanz, die Landesarbeitsgerichte in zweiter Instanz und das

Bundesarbeitsgericht in dritter Instanz. Die Zusammensetzung der Arbeitsgerichte unterscheidet sich von der anderer Zivilgerichte. Bei den Arbeitsgerichten bestehen Kammern, die mit drei Richtern besetzt sind, und zwar mit einem Vorsitzenden und zwei ehrenamtlichen Richtern. Der Vorsitzende ist stets ein Berufsrichter, während von den ehrenamtlichen Richtern einer aus dem Kreis der Arbeitnehmer und einer aus dem Kreis der Arbeitgeber kommt. In gleicher Weise sind die bei den Landesarbeitsgerichten gebildeten Kammern zusammengesetzt. Die Rechtsprechung des Bundesarbeitsgerichts wird durch Senate vorgenommen, die mit einem Vorsitzenden und zwei berufsrichterlichen Beisitzern und je einem ehrenamtlichen Richter aus dem Kreis der Arbeitnehmer und der Arbeitgeber tätig werden. In Arbeitsgerichtsprozessen wird zwischen dem Urteilsverfahren und dem Beschlußverfahren unterschieden. Welche Gegenstände diesen beiden Verfahrensarten zugewiesen werden, wird im einzelnen in § 2 und in § 2a ArbGG bestimmt. Der umfangreiche Katalog dieser Regelungen kann hier nicht im einzelnen wiedergegeben werden. Vergröbert läßt sich sagen, daß im Urteilsverfahren alle Streitigkeiten zwischen Arbeitgebern und Arbeitnehmern aus ihren Arbeitsverhältnissen entschieden werden. Nur soweit es sich um Angelegenheiten aus dem Betriebsverfassungsgesetz, aus dem Sprecherausschußgesetz, aus dem Mitbestimmungsgesetz oder um Entscheidungen über die Tariffähigkeit oder die Tarifzuständigkeit einer Vereinigung handelt, ist die Zuständigkeit des Beschlußverfahrens gegeben. Die genannten Regelungen betreffen in erster Linie die Bildung von Betriebsräten, so daß ein Beschlußverfahren insbesondere dann durchzuführen ist, wenn es in einem Betrieb darum geht, einen Betriebsrat zu wählen oder wenn die Rechte eines bestehenden Betriebsrats streitig sind.

Verfahren

Das Urteilsverfahren beginnt wie auch sonst mit Erhebung einer Klage.[1] Hinsichtlich der Anforderungen, die an eine Klageschrift zu stellen sind, kann auf die Ausführungen zur Klage in sonstigen Zivilverfahren verwiesen werden.[2] Unterschiede gibt es allerdings im Ablauf des einzelnen

---

[1] Einzelheiten finden sich im Abschnitt »Wie läuft ein Zivilprozeß ab?«
[2] Einzelheiten finden sich im Abschnitt »Wie erhebe ich Klage?«

Prozesses. Die mündliche Verhandlung vor dem Arbeitsgericht beginnt stets mit einem Güteverfahren, in dem der Vorsitzende in Abwesenheit der ehrenamtlichen Beisitzer den Versuch einer gütlichen Einigung unternimmt. Der Vorsitzende hat zu diesem Zweck das gesamte Streitverhältnis mit den Parteien unter freier Würdigung aller Umstände zu erörtern (§ 54 Abs. 1 ArbGG). Die Frage, ob der Rechtsstreit durch einen Vergleich der Parteien erledigt werden kann, sollte von den Parteien im Rahmen dieses Verfahrensabschnitts sorgfältig erwogen werden.[3] Allerdings ist die gütliche Erledigung des Rechtsstreits während des ganzen Verfahrens vom Gericht anzustreben (§ 57 Abs. 2 ArbGG). Die Verhandlung ist möglichst in einem Termin zu Ende zu führen. Ist dies nicht durchführbar, so ist der Termin zur weiteren Verhandlung, die sich alsbald anschließen soll, sofort zu verkünden (§ 57 Abs. 1 ArbGG). Der Arbeitsgerichtsprozeß ist noch stärker als sonstige Zivilverfahren vom Grundsatz der Beschleunigung geprägt. Dies kommt insbesondere dadurch zum Ausdruck, daß viele Fristen kürzer als im normalen Zivilprozeß bemessen sind. Eine besondere Prozeßförderung ist in Rechtsstreitigkeiten über das Bestehen, das Nichtbestehen oder die Kündigung eines Arbeitsverhältnisses vorgeschrieben. In solchen Verfahren soll die Güteverhandlung innerhalb von zwei Wochen nach Klageerhebung stattfinden. Ist die Güteverhandlung erfolglos oder wird das Verfahren nicht in einer sich unmittelbar anschließenden weiteren Verhandlung abgeschlossen, dann fordert der Vorsitzende den Beklagten auf, binnen einer angemessenen Frist, die mindestens zwei Wochen betragen muß, im einzelnen unter Beweisantritt schriftlich auf die Klage zu erwidern, wenn dies noch nicht geschehen ist. Dem Kläger kann dann ebenfalls eine mindestens zwei Wochen betragende Frist zur Stellungnahme auf die Klageerwiderung gesetzt werden. Angriffs- und Verteidigungsmittel, die erst nach Ablauf dieser Fristen vorgebracht werden, sind nur zuzulassen, wenn nach der freien Überzeugung des Gerichts ihre Zulassung die Erledigung des Rechtsstreits nicht verzögert oder wenn die Parteien die Verspätung genügend entschuldigen (§ 61a ArbGG).

Wie in Verfahren vor den Amtsgerichten können die Parteien den Prozeß vor dem Arbeitsgericht selbst führen[4]. Sie können sich jedoch auch durch Vertreter von Gewerkschaften oder Vereinigungen von Arbeitgebern oder von Zusammenschlüssen solcher Verbände vertreten lassen, wenn sie

---

[3] Auf die Ausführungen im Abschnitt »Soll ich mich vergleichen?« wird verwiesen.
[4] Dazu Einzelheiten im Abschnitt »Brauche ich einen Rechtsanwalt?«

deren Mitglied sind (§ 11 Abs. 1 ArbGG). Läßt sich eine Partei durch einen Rechtsanwalt vertreten, dann muß sie in Urteilsverfahren der ersten Instanz die dadurch entstehenden Kosten – anders als in sonstigen Zivilverfahren – auch dann selbst tragen, wenn sie den Prozeß gewinnt (§ 12a Abs. 1 ArbGG). Dies gilt allerdings dann nicht, wenn der Partei Prozeßkostenhilfe bewilligt worden ist.[5] In gleicher Weise wie in anderen Zivilprozessen muß eine Partei persönlich in der mündlichen Verhandlung nur dann erscheinen, wenn dies vom Gericht angeordnet wird.

Eine Besonderheit gilt für Streitigkeiten zwischen Ausbildenden und Auszubildenden aus einem bestehenden Berufsbildungsverhältnis. Im Bereich des Handwerks können die Handwerksinnungen Ausschüsse bilden, vor denen zunächst vor Erhebung einer Klage mit dem Ziel, den Streit gütlich beizulegen, verhandelt werden muß. Geschieht dies, dann findet ein Güteverfahren vor dem Arbeitsgericht nicht mehr statt, wenn es zum Prozeß kommt (§ 111 Abs. 2 ArbGG).

Zwangsvollstreckung

Ein noch nicht rechtskräftiges Urteil ist vorläufig vollstreckbar, ohne daß dies ausdrücklich vom Gericht angeordnet werden muß. Eine vorläufige Vollstreckbarkeit gegen Sicherheitsleistung, wie dies bei anderen Zivilurteilen vorgesehen ist,[6] gibt es im Arbeitsgerichtsprozeß nicht. Macht der Beklagte glaubhaft, daß die Vollstreckung ihm einen nicht zu ersetzenden Nachteil bringen würde, so hat das Arbeitsgericht auf seinen Antrag die vorläufige Vollstreckbarkeit im Urteil auszuschließen (§ 62 Abs. 1 S. 2 ArbGG). Im übrigen finden auf die Zwangsvollstreckung eines Urteils der Arbeitsgerichte die Vorschriften der Zivilprozeßordnung Anwendung (§ 62 Abs. 2 ArbGG).

Rechtsmittel

Alle mit einem befristeten Rechtsmittel anfechtbaren Entscheidungen der Arbeitsgerichte haben eine Belehrung über das Rechtsmittel zu

---

[5] Dazu Einzelheiten im Abschnitt »Was kostet mich der Prozeß?«
[6] Einzelheiten dazu im Abschnitt »Ich habe den Prozeß gewonnen, was jetzt?«

enthalten. Die Frist für ein Rechtsmittel beginnt nur, wenn die Partei über das Rechtsmittel und das Gericht, bei dem das Rechtsmittel einzulegen ist, über die Anschrift des Gerichts und die einzuhaltende Frist und Form schriftlich belehrt worden ist. Ist die Belehrung unterblieben oder unrichtig erteilt worden, dann kann das Rechtsmittel innerhalb eines Jahres seit Zustellung der Entscheidung eingelegt werden (§ 9 Abs. 5 ArbGG).

Bei der Berufung gegen das Urteil eines Arbeitsgerichts sind bestimmte Besonderheiten zu beachten. In vermögensrechtlichen Streitigkeiten, also Streitigkeiten, bei denen es um Ansprüche geht, die auf Geld oder Geldwert gerichtet sind, kann Berufung bereits dann eingelegt werden, wenn der Wert des Beschwerdegegenstandes, also die Belastung der Partei durch das Urteil, die Berufung einlegt, 800 DM übersteigt (§ 64 Abs. 2 ArbGG). Bleibt der Wert unter diesem Betrag, dann kann das Arbeitsgericht die Berufung zulassen. Dies hat u. a. zu geschehen, wenn die Rechtssache grundsätzliche Bedeutung aufweist oder wenn das Arbeitsgericht von einem Urteil des ihm im Rechtszug übergeordneten Landesarbeitsgerichts abweicht und die Entscheidung auf dieser Abweichung beruht (§ 64 Abs. 3 ArbGG). Die Berufung muß innerhalb einer Frist von einem Monat nach Zustellung des Urteils eingelegt werden (§ 66 Abs. 1 ArbGG). Mit der Einlegung der Berufung und der Vertretung im Berufungsverfahren muß die Partei einen Rechtsanwalt beauftragen. Zur Vertretung ist jeder Rechtsanwalt berechtigt, der bei einem deutschen Gericht zugelassen ist. Anstelle eines Rechtsanwalts kann auch ein Vertreter einer Gewerkschaft oder einer Vereinigung von Arbeitgebern oder von Zusammenschlüssen solcher Verbände tätig werden, bei der die Partei Mitglied ist (§ 11 Abs. 2 ArbGG). Für das Berufungsverfahren gelten im wesentlichen die gleichen Regeln wie für die Berufung für Urteile anderer Zivilgerichte.[7]

Revision kann gegen das Urteil eines Landesarbeitsgerichtes nur dann eingelegt werden, wenn die Revision im Urteil des Landesarbeitsgerichts zugelassen worden ist. Die Revision muß u. a. zugelassen werden, wenn die Rechtssache grundsätzliche Bedeutung hat (§ 72 ArbGG). Hat das Landesarbeitsgericht die Zulassung der Revision ausgeschlossen, dann kann diese Entscheidung unter bestimmten Voraussetzungen mit der Beschwerde angefochten werden. Das Bundesarbeitsgericht entscheidet über diese Beschwerde durch Beschluß ohne mündliche Verhandlung (§ 72a ArbGG).

---

[7] Einzelheiten dazu im Abschnitt »Ich habe den Prozeß verloren, was jetzt?«

Mahnverfahren

Auch in Arbeitsgerichtssachen kann ein Mahnverfahren durchgeführt werden, für das weitgehend die Regeln der Zivilprozeßordnung über das Mahnverfahren entsprechend anzuwenden sind (§ 46a ArbGG).[8] Zuständig für die Durchführung des Mahnverfahrens ist das Arbeitsgericht, das für die im Urteilsverfahren erhobene Klage zuständig sein würde (§ 46a Abs. 2 ArbGG). Die Frist, innerhalb derer Widerspruch gegen den Mahnbescheid einzulegen ist, beträgt in Mahnverfahren vor den Arbeitsgerichten nur eine Woche (§ 46a Abs. 3 ArbGG). Wird rechtzeitig Widerspruch erhoben und beantragt eine Partei die Durchführung der mündlichen Verhandlung, so hat die Geschäftsstelle dem Antragsteller unverzüglich aufzugeben, seinen Anspruch innerhalb einer Frist von zwei Wochen schriftlich zu begründen. Bei Eingang der Anspruchsbegründung bestimmt der Vorsitzende der zuständigen Kammer den Termin zur mündlichen Verhandlung. Geht die Anspruchsbegründung nicht rechtzeitig ein, so wird bis zu ihrem Eingang der Termin nur auf Antrag des Antragsgegners bestimmt (§ 46a Abs. 4 ArbGG).

Kündigungsschutzprozeß

Abschließend sei noch darauf hingewiesen, daß ein Arbeitnehmer, der geltend machen will, daß eine Kündigung sozial ungerechtfertigt sei, dies innerhalb von drei Wochen nach Zugang der Kündigung durch Klage beim Arbeitsgericht vornehmen muß. Die Klage ist darauf zu richten, daß das Arbeitsverhältnis durch die Kündigung nicht aufgelöst sei, weil sie nicht durch Gründe gerechtfertigt werde, die in der Person oder im Verhalten des Arbeitnehmers liegen oder durch dringende betriebliche Erfordernisse bedingt sind, die einer Weiterbeschäftigung des Arbeitnehmers im Betrieb entgegenstehen (§ 4 iVm. § 1 Kündigungsschutzgesetz). Auf weitere Einzelheiten zur Kündigungsschutzklage kann hier nicht eingegangen werden.

---

[8] Einzelheiten dazu im Abschnitt »Das Mahnverfahren, eine Alternative zur Zahlungsklage«.

Ich bin Zeuge

Pflicht zum Erscheinen und Aussagen und die insoweit bestehenden Ausnahmen

Wer als Zeuge in einem zivilgerichtlichen Verfahren geladen wird, muß dieser Ladung grundsätzlich Folge leisten. Eine Pflicht zum Erscheinen trifft nur denjenigen nicht, der das Recht zur Verweigerung des Zeugnisses hat und seine Weigerung schriftlich oder zu Protokoll der Geschäftsstelle erklärt (§ 386 Abs. 3 ZPO). Zur Verweigerung des Zeugnisses sind nach § 383 ZPO berechtigt:

- Der Verlobte und der Ehegatte einer Partei, auch wenn die Ehe nicht mehr besteht,
- ferner Personen, die mit der Partei in gerader Linie verwandt oder verschwägert oder in der Seitenlinie bis zum dritten Grad verwandt oder bis zum zweiten Grad verschwägert sind.

In gerader Linie verwandt sind Eltern, Großeltern, Urgroßeltern, Kinder, Enkelkinder, Urenkel (auch nichteheliche Kinder). In gerader Linie verschwägert sind Schwiegereltern, Schwiegersohn, Schwiegertochter, Schwiegergroßeltern, der Ehemann mit dem nichtehelichen Kind seiner Ehefrau und die Ehefrau mit dem nichtehelichen Kind des Ehemannes. In der Seitenlinie bis zum dritten Grad verwandt sind Bruder, Schwester, Tante, Onkel, Nichte und Neffe. In der Seitenlinie bis zum zweiten Grad verschwägert sind Geschwister des Ehegatten und Ehegatten der Geschwister. Für das Zeugnisverweigerungsrecht reicht es aus, daß die Ehe oder die Schwägerschaft irgendwann bestanden hat.

- Ferner haben das Recht zur Zeugnisverweigerung Geistliche hinsichtlich desjenigen, was ihnen bei Ausübung der Seelsorge anvertraut ist, und
- Mitarbeiter von Presse, Rundfunk und Fernsehen hinsichtlich von Informationen über die Person des Verfassers, Einsenders oder Gewährsmannes von Beiträgen und Unterlagen sowie über die ihnen im Hinblick auf ihre Tätigkeit gemachten Mitteilungen, soweit es sich um Beiträge, Unterlagen und Mitteilungen für den redaktionellen Teil handelt.
- Schließlich können das Zeugnis auch Personen verweigern, denen kraft ihres Amtes, Standes oder Gewerbes Tatsachen anvertraut sind, deren Geheimhaltung durch ihre Natur oder durch gesetzliche Vorschriften geboten ist; dieses Zeugnisverweigerungsrecht bezieht sich auf Tatsachen hinsichtlich derer die Schweigepflicht besteht. Zu diesen Personen gehören u. a. Ärzte, Apotheker, Berufspsychologen, Rechtsanwälte, Notare, Wirtschaftsprüfer, Steuerberater, Eheberater und staatlich anerkannte Sozialarbeiter.

Um zu vermeiden, daß ein Zeuge durch seine Aussage sich selbst oder seinen nächsten Angehörigen Schaden zufügt oder sich selbst oder seine Angehörigen der Gefahr der Verfolgung wegen einer Straftat oder einer Ordnungswidrigkeit aussetzt, ist in bestimmten Fällen ein Zeugnisverweigerungsrecht auch aus sachlichen Gründen anerkannt. Dies gilt auch, wenn der Zeuge an ihn gestellte Fragen nicht beantworten kann, ohne ein Kunst- oder Gewerbegeheimnis zu offenbaren (§ 384 ZPO).

Der Zeuge, der zur Zeugnisverweigerung berechtigt ist, hat dies vor dem zu seiner Vernehmung bestimmten Termin schriftlich oder zu Protokoll der Geschäftsstelle oder im Termin selbst dem Gericht mitzuteilen und dabei die Tatsachen anzugeben, auf die er die Weigerung stützt; diese Tatsachen sind glaubhaft zu machen, d. h. so zu begründen, daß eine hinreichende Wahrscheinlichkeit für die Richtigkeit der Angaben spricht. Über die Rechtmäßigkeit der Zeugnisverweigerung wird von den Gerichten nach Anhörung der Parteien entschieden. Dies geschieht durch ein sog. Zwischenurteil. Wird die Zeugnisverweigerung für unberechtigt erklärt, dann kann der Zeuge gegen das Zwischenurteil Beschwerde einlegen. Im umgekehrten Fall, also wenn das Gericht das Recht zur Zeugnisverweigerung bejaht, ist die Partei beschwerdeberechtigt, die eine Vernehmung des Zeugen verlangt.

Rechtsfolgen einer Verletzung der Pflicht zum Erscheinen und Aussagen

Hat der Zeuge nicht vor dem Termin schriftlich oder zu Protokoll der Geschäftsstelle mitgeteilt, daß ihm ein Zeugnisverweigerungsrecht hinsichtlich der gesamten Beweisfrage zustehe und er von diesem Recht Gebrauch mache, dann muß er zum mündlichen Termin erscheinen. Kommt er dieser Pflicht nicht nach, dann sind ihm die durch das Ausbleiben verursachten Kosten aufzuerlegen und zugleich gegen ihn ein Ordnungsgeld und für den Fall, daß dieses nicht beigetrieben werden kann, Ordnungshaft festzusetzen (§ 380 Abs. 1 ZPO). Da die Gerichts- und Anwaltsgebühren nicht danach berechnet werden, wie viele Gerichtstermine stattgefunden haben,[1] können durch das Ausbleiben des Zeugen nur Reisekosten der Parteien, anderer Zeugen oder des Gerichts (bei einem auswärtigen Termin) entstehen, die dem nichterschienenen Zeugen auferlegt werden. Das Ordnungsgeld beträgt mindestens fünf und höchstens 1000 DM. Das Mindestmaß der Ordnungshaft beläuft sich auf einen Tag, das Höchstmaß auf sechs Wochen. Erscheint der Zeuge auch beim zweiten Termin nicht, dann ergeben sich die gleichen Rechtsfolgen. Auch kann die zwangsweise Vorführung des Zeugen vom Gericht angeordnet werden (§ 380 ZPO). Die Festsetzung eines Ordnungsmittels und die Auferlegung der Kosten sowie die Anordnung der zwangsweisen Vorführung unterbleiben, wenn der Zeuge glaubhaft macht, daß ihm die Ladung nicht rechtzeitig zugegangen ist, oder wenn sein Ausbleiben genügend entschuldigt ist. Dies kann auch nachträglich geschehen; in diesem Fall sind die gegen den Zeugen getroffenen Anordnungen aufzuheben (§ 381 Abs. 1 ZPO). Als triftiger Entschuldigungsgrund wird beispielsweise anerkannt: Krankheit des Zeugen, Erkrankung oder Tod eines nahen Angehörigen, Unkenntnis von der Ladung infolge Abwesenheit vom Wohnort. Die Zeugnispflicht geht grundsätzlich beruflichen oder privaten Verpflichtungen vor. Nur dann, wenn unzumutbare Nachteile für den Zeugen bei Erfüllung der Zeugnispflicht eintreten würden, gilt etwas anderes. So ist als ausreichende Entschuldigung anerkannt worden, daß der Zeuge einen fest gebuchten Urlaub nicht ohne nennenswerte finanzielle Nachteile verschieben kann. Der Zeuge kann schriftlich oder zu Protokoll der Geschäftsstelle oder auch mündlich in dem zur Vernehmung

---

[1] Einzelheiten dazu im Abschnitt »Was kostet mich der Prozeß?«

bestimmten neuen Termin dem Gericht die Entschuldigung für sein Fernbleiben vortragen und um Aufhebung der gegen ihn getroffenen Anordnung bitten. Er kann aber auch Beschwerde gegen die Beschlüsse einlegen, die ihm die Kosten auferlegen oder ein Ordnungsgeld gegen ihn verhängen (§ 380 Abs. 3 ZPO). Die Beschwerde kann auch erst dann eingelegt werden, wenn eine vorher dem Gericht mitgeteilte Entschuldigung als nicht stichhaltig verworfen worden ist.

Der erschienene Zeuge ist zur Aussage verpflichtet, wenn ihm kein Recht auf Zeugnisverweigerung zusteht. Kommt der Zeuge dieser Pflicht nicht nach, dann treffen ihn die gleichen Sanktionen wie bei seinem Fernbleiben, also Auferlegung der Kosten, die durch seine Weigerung verursacht werden, und Verhängung eines Ordnungsgeldes oder Anordnung einer Ordnungshaft.

Die Vernehmung des Zeugen

Vor der Vernehmung wird der Zeuge ermahnt, wahrheitsgemäß auszusagen, und darauf hingewiesen, daß er unter Umständen seine Aussage zu beeiden habe. Die Vernehmung beginnt damit, daß der Zeuge über Vornamen und Zunamen, Alter, Stand oder Gewerbe und Wohnort befragt wird. Auch ist danach zu fragen, ob der Zeuge mit einer Partei verlobt, verwandt oder verschwägert ist. Diese Feststellung ist erforderlich, weil bei Verlöbnis, Verwandtschaft oder Schwägerschaft – wie ausgeführt – ein Zeugnisverweigerungsrecht besteht, auf das vom Gericht hinzuweisen ist. Im allgemeinen werden Zeugen einzeln und in Abwesenheit der später anzuhörenden Zeugen vernommen. Dadurch ist bezweckt, eine von den anderen Zeugenaussagen möglichst unbeeinflußte Darstellung jedes einzelnen Zeugen zu erhalten. Zeugen, deren Aussagen sich widersprechen, können jedoch einander gegenübergestellt werden (§ 394 ZPO).

Nach der Vernehmung des Zeugen zur Person schließt sich die Vernehmung zur Sache an. Der Zeuge soll bekunden, was ihm vom Gegenstand seiner Vernehmung bekannt ist. Regelmäßig wird der Richter den Zeugen zunächst einmal erzählen lassen, was dieser glaubt, angeben zu müssen. Ist dies dem Zeugen nicht möglich oder verliert er sich zu sehr in Abschweifungen und unwichtigen Details, dann wird der Richter versuchen, die Aussage des Zeugen durch Fragen zu erleichtern. Glaubt der Richter, daß der Zeuge bewußt oder irrtümlich etwas Unrichtiges vorträgt, dann wird er eingreifen und durch Fragen und Vorhaltungen bemüht sein, eine richtige Darstellung zu erhalten. Auch die Parteien sind berechtigt, dem Zeugen Fragen vorzulegen, die zur Aufklärung der Sache dienlich erscheinen. Sind die Parteien durch Anwälte vertreten, dann können diese unmittelbar den Zeugen befragen. Dagegen steht es im Ermessen des Gerichts, ob die Partei selbst den Zeugen befragen darf oder ob sie lediglich eine Frage formuliert, die dann vom Gericht dem Zeugen gestellt wird. Unzulässig sind Fragen, die mit dem Beweisthema nichts zu tun haben oder die in einer unzulässigen Form vorgetragen werden, beispielsweise als sog. Suggestivfragen, also Fragen, die bereits eine bestimmte Antwort nahelegen. Ungebührliche Fragen wird das Gericht als unzulässig zurückweisen. Bestehen Meinungsverschiedenheiten über die Zulässigkeit von Fragen, dann entscheidet das Gericht durch Beschluß, der zu begründen ist.

Ein Zeuge sollte sich stets der großen Verantwortung bewußt sein, die er durch seine Aussage übernimmt. Einerseits sollte er stets umfassend und richtig alles das dem Gericht mitteilen, was er über den Gegenstand seiner Vernehmung weiß. Hierbei muß er allerdings sorgfältig danach unterscheiden, ob er sein Wissen durch eigene Anschauung erworben hat oder lediglich durch Information, die er von Dritten erhielt. Ein Zeuge sollte auch nicht der Versuchung unterliegen, dem Gericht dadurch »behilflich« zu sein, daß er Antworten ohne genaue Kenntnis gibt. Ein Gerichtsverfahren ist kein Quiz, bei dem gilt, nach Möglichkeit alle Fragen ausreichend beantworten zu können. Vielmehr ist es geboten, klar und deutlich zu offenbaren, daß man zu bestimmten oder auch zu allen Fragen des Gerichts nichts zu sagen weiß.

Die Aussagen des Zeugen werden vom Richter »zu Protokoll genommen«. Dies geschieht regelmäßig durch Diktat auf ein Diktiergerät. Das Diktat wird sodann dem Zeugen noch einmal vorgespielt, damit er feststellen kann, ob alles das richtig wiedergegeben wurde, was er aussagte. Erkennt der Zeuge Unrichtigkeiten, dann hat er darauf hinzuweisen. Hierbei darf er keinesfalls eine unangemessene Rücksicht üben. Vielmehr muß er Korrekturen vornehmen lassen, wenn der Richter eine Aussage mißverstanden und falsch in das Protokoll diktiert hat. Erst wenn der Zeuge sich davon überzeugt hat, daß alles richtig protokolliert wurde, darf er seine Genehmigung dazu erklären.

Zeugeneid

Der Zeuge bleibt im Zivilprozeß regelmäßig unbeeidet. Nur wenn das Gericht die Beeidigung mit Rücksicht auf die Bedeutung der Aussage oder zur Herbeiführung einer wahrheitsgemäßen Aussage für geboten ansieht und die Parteien auf die Beeidigung nicht verzichten, ist ein Zeuge zu beeiden (§ 391 ZPO). Zeugen, denen ein Zeugnisverweigerungsrecht zusteht und die trotzdem ausgesagt haben, können die Eidesleistung verweigern. Andere Zeugen können durch Ordnungsgeld oder Ordnungshaft gezwungen werden, den Eid zu leisten. Nur Kinder und Jugendliche bis zur Vollendung des 16. Lebensjahres sowie Personen, die wegen mangelnder Verstandesreife oder wegen Verstandesschwäche von dem Wesen und Bedeutung des Eides keine genügende Vorstellung haben, sind unbeeidet zu vernehmen (§ 393 ZPO). Vor der Eidesleistung wird der Richter dem Zeugen noch einmal die Möglichkeit einräumen, seine Aussage zu korrigieren, wenn er dies will.

Der Eid kann mit oder ohne religiöse Beteuerung geleistet werden; darüber und auch über die Bedeutung des Eides und die strafrechtlichen Folgen des Meineides ist der Zeuge vom Richter zu belehren (§ 480 ZPO). Der Eid mit religiöser Beteuerung wird in der Weise geleistet, daß der Richter die Eidesnorm mit der Eingangsformel »Sie schwören bei Gott dem Allmächtigen und Allwissenden« vorspricht und der Schwurpflichtige daraufhin die Worte spricht: »Ich schwöre, so wahr mit Gott helfe«. Der Eid ohne religiöse Beteuerung wird in der Weise geleistet, daß der Richter die Eidesnorm mit der Eingangsformel »Sie schwören« vorspricht und der Schwurpflichtige daraufhin die Worte spricht: »Ich schwöre es«. Gehört der Schwurpflichtige einer Religions- oder Bekenntnisgemeinschaft an, dann kann er den Eid mit einer Beteuerungsformel dieser Gemeinschaft leisten (§ 481 ZPO). Gibt der Schwurpflichtige an, daß er aus Glaubens- oder Gewissensgründen keinen Eid leisten wolle, so hat er eine Bekräftigung abzugeben. Diese Bekräftigung steht dem Eid gleich; hierauf hat der Richter hinzuweisen. Die Bekräftigung wird in der Weise abgegeben, daß der Richter die Eingangsformel »Sie bekräftigen im Bewußtsein Ihrer Verantwortung vor Gericht« vorspricht und der Verpflichtete daraufhin antwortet: »Ja« (§ 484 ZPO). Bei der Eidesleistung soll der Schwörende die rechte Hand erheben. Sollen mehrere Personen gleichzeitig einen Eid leisten, so wird die Eidesformel von jedem Schwurpflichtigen einzeln gesprochen. Stumme, die schreiben können, leisten den Eid mittels Abschreibens und

Unterschreibens der die Eidesnorm enthaltenen Eidesformel. Stumme, die nicht schreiben können, leisten den Eid mit Hilfe eines Dolmetschers durch Zeichen.

Ende der Vernehmung und Entlassung des Zeugen

Am Ende der Vernehmung und gegebenenfalls Eidesleistung entscheidet der Richter, ob der Zeuge entlassen wird oder etwa wegen Zusatzfragen, die sich nach der Vernehmung anderer Zeugen ergeben können, oder zur Gegenüberstellung mit anderen Zeugen noch benötigt wird. Nach der Entlassung kann jeder Zeuge der weiteren öffentlichen Beweisaufnahme und mündlichen Verhandlung als Zuhörer beiwohnen. Üblicherweise weist der Richter den Zeugen bei der Entlassung noch darauf hin, daß er seine Auslagen schriftlich oder bei der Geschäftsstelle des Gerichts geltend machen kann. Für die Versäumung von Arbeitszeit erhält der Zeuge eine Entschädigung. Auch wenn kein Verdienstausfall eingetreten ist, erhält der Zeuge regelmäßig ein »Zeugengeld«. Die Höhe der dem Zeugen zu gewährenden Entschädigung ist im Gesetz über die Entschädigung von Zeugen und Sachverständigen geregelt (§ 401 ZPO).

Ich werde Handelsrichter. Was ist meine Aufgabe?

Ernennung zum Handelsrichter

In Zivilprozessen stellt die Beteiligung juristischer Laien als Richter eine Ausnahme dar. Abgesehen vom Arbeitsgerichtsprozeß gibt es Laienrichter nur noch bei den Kammern für Handelssachen, die bei Landgerichten gebildet werden. Die Kammer für Handelssachen entscheidet in der Besetzung mit einem Vorsitzenden, bei dem es sich um einen Berufsrichter handelt, und zwei ehrenamtlichen Richtern (§ 105 Abs. 1 GVG). Die Ernennung der ehrenamtlichen Richter, der sog. Handelsrichter, geschieht auf Vorschlag der Industrie- und Handelskammer für die Dauer von vier Jahren. Eine wiederholte Ernennung ist zulässig (§ 108 GVG). Zum Handelsrichter kann ernannt werden, wer Deutscher ist, das dreißigste Lebensjahr vollendet hat und als Kaufmann, Vorstandsmitglied oder Geschäftsführer einer juristischen Person oder als Prokurist in das Handelsregister oder in das Genossenschaftsregister eingetragen ist oder eingetragen war oder als Vorstandsmitglied einer juristischen Person des öffentlichen Rechts aufgrund des § 36 des Handelsgesetzbuches oder einer gesetzlichen Sonderregelung für diese juristische Person nicht eingetragen zu werden braucht. Wer diese Voraussetzung erfüllt, soll nur ernannt werden, wenn er in dem Bezirk der Kammer für Handelssachen wohnt oder in diesem Bezirk eine Handelsniederlassung hat oder einem Unternehmen angehört, das in diesem Bezirk seinen Sitz oder seine Niederlassung hat. Darüber hinaus soll nur ernannt werden: ein Prokurist, wenn er im Unternehmen eine der eigenverantwortlichen Tätigkeiten des Unternehmers vergleichbare selbständige Stellung einnimmt, oder ein Vorstandsmitglied einer Genossenschaft, wenn er hauptberuflich in einer Genossenschaft tätig ist, die in ähnlicher Weise wie eine Handelsgesellschaft am Handelsverkehr teilnimmt

(§ 109 GVG). An Seeplätzen, d. h. Übersee-, Binnenschiffahrts- sowie reinen Fischereihäfen, können ehrenamtliche Richter auch aus dem Kreis der Schiffahrtskundigen ernannt werden (§ 110 GVG).

Die Handelsrichter haben die gleichen Rechte und Pflichten wie Berufsrichter (§ 112 GVG). Sie sind insbesondere nicht Weisungen unterworfen, sondern haben ihre Entscheidungen nach bestem Wissen und Gewissen zu treffen. Ein Handelsrichter kann vor Ablauf seiner Amtszeit nur unter den gesetzlich bestimmten Voraussetzungen und gegen seinen Willen nur durch Entscheidung eines Gerichts abberufen werden. Gesetzlich ist eine Amtsenthebung nur vorgesehen, wenn die Ernennungsvoraussetzungen von vornherein nicht erfüllt waren oder später wegfallen, ferner bei gröblichen Amtspflichtverletzungen (§ 113 GVG).

Die Ernennung eines Handelsrichters wird von der Landesjustizverwaltung vorgenommen und ist davon abhängig, daß der zu Ernennende das Handelsrichteramt freiwillig übernimmt. Ein Entgelt für ihre Tätigkeit erhalten Handelsrichter nicht. Lediglich Fahrtkostenersatz sowie Tages- und Übernachtungsgelder, wenn die Handelsrichter weder ihren Wohnsitz noch ihre gewerbliche Niederlassung am Sitz der Kammer für Handelssachen haben, werden gewährt (§ 107 GVG).

Die Aufgabe des Handelsrichters ist es, aufgrund seines beruflichen Sachverstandes Handelssachen zu entscheiden. Handelssachen sind nach der im Gesetz (§ 95 GVG) gegebenen Beschreibung solche Rechtsstreitigkeiten, in denen durch Klage ein Anspruch geltend gemacht wird

- gegen einen Kaufmann aus Geschäften, die für beide Parteien Handelsgeschäfte sind;
- aus einem Wechsel oder aus einem kaufmännischen Orderpapier;
- aufgrund des Scheckgesetzes;
- aus dem Rechtsverhältnis zwischen dem Mitglied einer Handelsgesellschaft oder zwischen dieser und ihren Mitgliedern oder zwischen dem stillen Gesellschafter und dem Inhaber des Handelsgeschäfts, sowohl während des Bestehens als auch nach Auflösung des Gesellschaftsverhältnisses und aus dem Rechtsverhältnis zwischen den Vorstehern oder den Liquidatoren einer Handelsgesellschaft und der Gesellschaft oder deren Mitglieder;
- aus dem Rechtsverhältnis, das das Recht zum Gebrauch der Handelsfirma betrifft;

- aus den Rechtsverhältnissen, die sich auf den Schutz der Warenbezeichnungen, Muster und Modelle beziehen;
- aus dem Rechtsverhältnis, das durch den Erwerb eines bestehenden Handelsgeschäftes unter Lebenden zwischen dem bisherigen Inhaber und dem Erwerber entsteht;
- aus dem Rechtsverhältnis zwischen einem Dritten und dem, der wegen mangelnden Nachweises der Prokura oder Handelsvollmacht haftet;
- aus den Rechtsverhältnissen des Seerechts, insbesondere aus denen, die sich auf die Reederei, auf die Rechte und Pflichten des Reeders oder Schiffeigners, des Korrespondenten und der Schiffsbesatzung, auf die Haverei, auf den Schadensersatz im Falle des Zusammenstoßes von Schiffen, auf die Bergung und Hilfeleistung und auf die Ansprüche der Schiffsgläubiger beziehen;
- aufgrund des Gesetzes gegen den unlauteren Wettbewerb mit Ausnahme der Ansprüche der letzten Verbraucher aus § 13a des Gesetzes gegen den unlauteren Wettbewerb, soweit nicht ein beiderseitiges Handelsgeschäft gegeben ist;
- aus den §§ 45 bis 48 des Börsengesetzes.

Handelssachen sind ferner bestimmte aktienrechtliche Streitigkeiten sowie Kartellrechtsstreitsachen.

Die Verhandlung in Handelssachen

Eine Handelssache wird von der Kammer für Handelssachen verhandelt, wenn der Kläger dies in der Klageschrift beantragt oder wenn der Beklagte die Verweisung einer vor die Zivilkammer gebrachten Handelssache an die Kammer für Handelssachen beantragt. Dieser Antrag muß allerdings vor der Verhandlung zur Sache gestellt werden.

Die Verhandlung wird von dem Vorsitzenden geleitet. Jeder Handelsrichter hat jedoch das Recht, Fragen an Parteien, Zeugen und Sachverständige zu stellen; der Vorsitzende ist verpflichtet, ihnen dies zu gestatten (§ 139 Abs. 3 ZPO).

Beratung und Abstimmung

Wird die Verhandlung vom Vorsitzenden geschlossen, dann ist über das zu fällende Urteil zu beraten. Auch wenn im Laufe des Verfahrens Entscheidungen vom Gericht zu treffen sind, hat der Vorsitzende mit den Handelsrichtern über ihren Inhalt zu beraten und abzustimmen. Bei der Beratung und Abstimmung dürfen grundsätzlich nur die Richter teilnehmen (§ 192 GVG). Eine Ausnahme gilt für Personen, die sich beim Gericht zur juristischen Ausbildung befinden; ihnen kann der Vorsitzende die Anwesenheit gestatten (§ 193 Abs. 1 GVG). Der Vorsitzende leitet die Beratung, stellt die Fragen und sammelt die Stimmen. Entstehen Meinungsverschiedenheiten über den Gegenstand, die Fassung oder die Reihenfolge der Fragen oder über das Ergebnis der Abstimmung, dann entscheiden alle Richter (§ 194 GVG). Es wird stets mit der Mehrheit der Stimmen entschieden, wobei eine Stimmenthaltung nicht zulässig ist (§§ 195, 196 GVG). Bei den drei Richtern, die der Kammer für Handelssachen angehören, muß sich also eine Mehrheit von zwei Stimmen bilden. Da jede Stimme gleich zählt, können also die beiden Handelsrichter den Vorsitzenden überstimmen und ihre Auffassung durchsetzen.

Bei einer Abstimmung über Summen kann es vorkommen, daß jeder Richter eine unterschiedliche Entscheidung treffen will.

> Beispielsweise will der erste Richter dem Kläger, der die Verurteilung des Beklagten zur Zahlung von 50 000 DM beantragt hat, 40 000 DM zusprechen, der zweite Richter 30 000 DM und der dritte nur 20 000 DM.

Für einen solchen Fall bestimmt das Gesetz, daß die für die größere Summe abgegebenen Stimmen den für die zunächst geringere abgegebenen hinzugerechnet werden (§ 196 Abs. 2 GVG).

> Im Beispielsfall bedeutet dies, daß die Stimme des ersten Richters der sich für 40 000 DM ausspricht, der Stimme des zweiten Richters, der für 30 000 DM stimmt, zugezählt wird, so daß sich dann eine Mehrheit für 30 000 DM gebildet hat (§ 196 Abs. 2 GVG).

Für die Reihenfolge der Abstimmung gilt folgendes: Zunächst stimmen die Handelsrichter ab, und zwar der jüngere vor dem älteren. Zuletzt stimmt der Vorsitzende (§ 197 GVG). Wie bereits ausgeführt, sind alle Richter, der Vorsitzende und die Handelsrichter, in ihrer Entscheidung völlig frei und haben nach ihrer Überzeugung zu stimmen. Selbstverständlich wird sich jeder verantwortungsbewußte Richter eingehend mit den Argumenten und Meinungen der anderen auseinandersetzen und in der Beratung vorgeschlagene Alternativen sorgfältig abwägen. Es mag eine natürliche Autorität des Vorsitzenden aufgrund seiner juristischen Sachkunde anzuerkennen sein; dies ändert jedoch nichts daran, daß letztlich die Stimme des Vorsitzenden nicht mehr bei der Abstimmung zählt als die Stimmen der Handelsrichter. Da ihre Mitwirkung in Handelssachen wegen ihrer besonderen Sachkunde vom Gesetz gewollt ist, sollten sie dies allerdings auch bei der Abstimmung berücksichtigen und in erster Linie in Sachfragen, weniger bei rein juristischen Problemen, den von ihnen für richtig gehaltenen Standpunkt durchsetzen. Diese Erwägung hat jedoch jeder Handelsrichter für sich selbst anzustellen; nach der gesetzlichen Regelung kann ein Handelsrichter auch seine Meinung in rein juristischen Fragen vertreten und versuchen, sie gegen das Votum des Vorsitzenden durchzusetzen.

Ist eine Entscheidung gefunden worden, dann verkündet der Vorsitzende das Urteil. Das Urteil ist schriftlich auszufertigen und von allen Richtern zu unterschreiben.

Anhang

Anhang 1

Tabelle für die Gebühren von Rechtsanwälten (alte Bundesländer)

Wert	Gebühr	Wert	Gebühr
600	50	70 000	1 705
1 200	90	80 000	1 845
1 800	130	90 000	1 985
2 400	170	100 000	2 125
3 000	210	130 000	2 285
4 000	265	160 000	2 445
5 000	320	190 000	2 605
6 000	375	220 000	2 765
7 000	430	250 000	2 925
8 000	485	280 000	3 085
9 000	540	310 000	3 245
10 000	595	340 000	3 405
12 000	665	370 000	3 565
14 000	735	400 000	3 725
16 000	805	460 000	3 975
18 000	875	520 000	4 225
20 000	945	580 000	4 475
25 000	1 025	640 000	4 725
30 000	1 105	700 000	4 975
35 000	1 185	760 000	5 225
40 000	1 265	820 000	5 475
45 000	1 345	880 000	5 725
50 000	1 425	940 000	5 975
60 000	1 565	1 000 000	6 225

Anhang 2:

Tabelle für die Gebühren von Rechtsanwälten (neue Bundesländer)

Wert	Gebühr	Wert	Gebühr
600	40	70 000	1 364
1 200	72	80 000	1 476
1 800	104	90 000	1 588
2 400	136	100 000	1 700
3 000	168	130 000	1 828
4 000	212	160 000	1 956
5 000	256	190 000	2 084
6 000	300	220 000	2 212
7 000	344	250 000	2 340
8 000	388	280 000	2 468
9 000	432	310 000	2 596
10 000	476	340 000	2 724
12 000	532	370 000	2 852
14 000	588	400 000	2 980
16 000	644	460 000	3 180
18 000	700	520 000	3 380
20 000	756	580 000	3 580
25 000	820	640 000	3 780
30 000	884	700 000	3 980
35 000	948	760 000	4 180
40 000	1 012	820 000	4 380
45 000	1 076	880 000	4 580
50 000	1 140	940 000	4 780
60 000	1 252	1 000 000	4 980

Anhang 3:

Tabelle für die Gerichtskosten (alte Bundesländer)

Streitwert bis	Gebühr	Streitwert bis	Gebühr
600	50	70 000	775
1 200	70	80 000	835
1 800	90	90 000	895
2 400	110	100 000	955
3 000	130	130 000	1 155
4 000	145	160 000	1 355
5 000	160	190 000	1 555
6 000	175	220 000	1 755
7 000	190	250 000	1 955
8 000	205	280 000	2 155
9 000	220	310 000	2 355
10 000	235	340 000	2 555
12 000	265	370 000	2 755
14 000	295	400 000	2 955
16 000	325	460 000	3 250
18 000	355	520 000	3 545
20 000	385	580 000	3 840
25 000	430	640 000	4 135
30 000	475	700 000	4 430
35 000	520	760 000	4 725
40 000	565	820 000	5 020
45 000	610	880 000	5 315
50 000	655	940 000	5 615
60 000	715	1 000 000	5 905

Anhang 4:

Tabelle für die Gerichtskosten (neue Bundesländer)

Streitwert bis	Gebühr	Streitwert bis	Gebühr
600	40	70 000	620
1 200	56	80 000	668
1 800	72	90 000	716
2 400	88	100 000	764
3 000	104	130 000	924
4 000	116	160 000	1 084
5 000	128	190 000	1 244
6 000	140	220 000	1 404
7 000	152	250 000	1 564
8 000	164	280 000	1 724
9 000	176	310 000	1 884
10 000	188	340 000	2 044
12 000	212	370 000	2 204
14 000	236	400 000	2 364
16 000	260	460 000	2 600
18 000	284	520 000	2 836
20 000	308	580 000	3 072
25 000	344	640 000	3 308
30 000	380	700 000	3 544
35 000	416	760 000	3 780
40 000	452	820 000	4 016
45 000	488	880 000	4 252
50 000	524	940 000	4 492
60 000	572	1 000 000	4 724

Sachregister

Abänderungsklage 127 ff.
Amtsgericht als erste Instanz 13
Anerkenntnis 37 f.
Anschlußberufung 97 f.
Anträge 47
Anwalt
- Gebühren 25
- Prozeß 2
- Vergleich 61 f.
- Anwaltszwang 19
Arbeitsgerichtsbarkeit 15 f.
Arbeitsgerichtsprozeß 155 ff.
Arrest 101, 102 ff.
Aufrechnung 40
Augenscheinbeweis 50

Beeidung 53
Befangenheit, Besorgnis der 57 f.
beiderseitige Erledigungserklärung 72
Beratungshilfe 20
Berufung 96 ff.
Besorgnis der Befangenheit 57 f.
Bestreiten 48
Beweis
- Beweisaufnahme 48 ff.
- Beweisführung 42 ff.
- Beweisgebühr 26
- Beweislast 42
- Beweismittel 50

Beweis
- durch Augenschein 50
- durch Sachverständigen 51
- durch Urkunden 52
- durch Zeugen 50
- selbständiges Beweisverfahren 147 ff.
Bundesrechtsanwaltskammer 21

Deutscher Anwaltsverein 21
Drittwiderspruchsklage 121 f.

Ehesachen 14 f.
einstweilige Anordnung 123 f.
einstweilige Verfügung 101, 107 ff.
Erledigung der Hauptsache 67
Erörterungsgebühr 26
Erscheinen 45 f.

falsche Parteibezeichnung 76 f.
Familiensachen 15
- Ehesachen 14 f.
- Kindschaftssachen 14 f.
- Unterhaltssachen 14 f.

Gebühr
- Anwaltsgebühren 25 f.
- Beweisgebühr 26
- Erörterungsgebühr 26
- Prozeßgebühr 25

Sachregister

Gebühr
- Urteilsgebühr 30
- Vergleichsgebühr 26
- Verhandlungsgebühr 26

Gerichtsstand
- allgemeiner 16
- besonderer 16 f.
- Gerichtsstandsvereinbarungen 18

Gerichtsvollzieher 89
Gerichtszweige 12
großer Rechtsweg 14

Handelssachen 169
Haupttermin 2

Instanz
- Amtsgericht als erste 13
- Besonderheiten der zweiten 74 f.
- Bundesgerichtshof als dritte 14
- Landgericht als erste 14
- Landgericht als zweite 13
- Oberlandesgericht als zweite 14

Kindschaftssachen 14 f., 135 ff.
Klage 22 ff.
- Abänderungsklage 127 f.
- Änderung 67
- Drittwiderspruchsklage 121 f.
- Erhebung der 2
- Erwiderung 2 f.
- Klageschrift 36
- Nichtigkeitsklage 128 ff.
- Restitutionsklage 128 ff.
- Rücknahme 73 f.
- Vollstreckungsgegenklage 120 f.

Klage
- wegen sittenwidriger Schädigung 131 f.
- Widerklage 41
- Zustellung 2
- Zwischenfeststellungsklage 126

Klageänderung 67
Klagerücknahme 73 f.
kleiner Rechtsweg 13
Kosten (siehe auch Gebühren)
- Gerichtskosten 30
- Prozeßkostenhilfe 32 ff.
- Säumniskosten 66
- sonstige 27 f.
- Kostenschuldner 31 f.

Landgericht als zweite Instanz 13

Mahnbescheid 113 f.
Mahnverfahren 111 ff.
- Mahnbescheid 113 f.
- Vollstreckungsbescheid 113, 114 ff.

Miet- und Pachtverhältnisse
- Berufung bei Streit über 96
- Gerichtsstand 17

Mündliche Verhandlung 46 ff.

Offenbarungsversicherung 151
Öffentlichkeit der Verhandlung 54 f.
Ortstermin 5

Partei
- falsche Parteibezeichnung 76 f.
- Vernehmung 52
- Wechsel 74

Parteiprozeß 19

Sachregister

Parteivernehmung 52
Parteiwechsel 74
Pfändungsbeschluß 90
Pflicht zum persönlichen Erscheinen 45 f.
Privatgutachten 52
Protokoll 4, 165
Prozeß
- Anwaltsprozeß 2
- Belastungen 9
- Prozeßrisiko 7
- Scheckprozeß 133
- Scheidungsprozeß 140 ff.
- Urkundenprozeß 133
- Wechselprozeß 133
- Prozeßgebühr 25 f.
- Prozeßkosten, Erstattung der 82 ff.
- Prozeßkostenhilfe 32 ff.

Rechtskraft 125 ff.
Rechtsmittel 95 ff.
- im Arbeitsgerichtsverfahren 158 f.
Rechtsnachfolge 75 f.
Rechtsweg
- großer 14
- kleiner 13
- Rechtswegzuständigkeit 12 ff.
Revision 99 f.
Ruhen des Verfahrens 62

Sachverständigenbeweis 51 f.
Säumniskosten 66
Scheckprozeß 133
Schiedsgerichtliches Verfahren 138 f.
Schuldnerschutzvorschriften 118

Schuldnerverzeichnis 153
selbständiges Beweisverfahren 147 ff.
Streit
- Vermeidung 10
- Streitverkündung 78 ff.
- Streitwert 26 f.

Termin
- früher erster 2 f.
- Haupttermin 2
- mehrere Termine 6

Überweisungsbeschluß 91
Unterhaltssachen 14 f.
Urkundenbeweis 52
Urkundenprozeß 133
Urteil
- Rechtskraft des Urteils 125
- Urteilsgebühr 30
- Versäumnisurteil 46, 63
- Zwangsvollstreckung 85 ff.

Veräußerung der streitbefangenen Sache 76
Verfahren
- Ruhen 62
- schiedsgerichtliche 138 f.
- Urteilsverfahren (Arbeitsverfahren) 156 ff.
Verfügung, einstweilige 101, 107 ff.
Vergleich 59 ff.
- Anwaltsvergleich 61 f.
- Prozeßvergleich 61
- Vergleichsgebühr 26
Verhandlung
- Beginn 46 f.

Verhandlung
- mündliche 3 ff.
- Öffentlichkeit 54 f.
Vernehmung von Zeugen 164 ff.
Versäumnisurteil 46, 63
- Berufung 97
- Einspruch 65 f.
Vollstreckung
- Vollstreckungsbescheid 113, 114 ff.
- Vollstreckungserinnerung 118 f.
- Vollstreckungsgegenklage 120 f.
- Vollstreckungsgericht 89
- Vollstreckungsklausel 88
- Vollstreckungstitel 117
Vorverfahren, schriftliches 2

Wahrheitspflicht 48
Wechselprozeß 133
Widerklage 41

Zeuge
- Eid 166
- Rechte und Pflichten 161 ff.
- Vernehmung 164 f.
- Zeugenbeweis 50
Zeugnisverweigerungsrecht 162
Zuständigkeit
- örtliche 16 ff.
- Rechtswegzuständigkeit 16 ff.
Zwangsvollstreckung 85 ff.
- im Arbeitsgerichtsverfahren 158
Zwischenfeststellungsklage 126

Ihr Lernpaket

1995. VIII, 303 S.
Brosch. DM 29,80;
öS 232,50; sFr 29,80
ISBN 3-540-58627-X

1995. VIII, 305 S. Brosch.
DM 29,80; öS 232,50;
sFr 29,80 ISBN 3-540-58631-8

1995. VIII, 240 S.
Brosch. DM 29,80;
öS 232,50; sFr 29,80
ISBN 3-540-58629-6

1995. VIII, 205 S. Brosch.
DM 29,80; öS 232,50;
sFr 29,80
ISBN 3-540-58628-8

▶ übersichtliche Gliederung

▶ Auflockerung durch Illustrationen

▶ Fallbeispiele mit Lösungen

▶ aussagekräftige Übersichten

▶ klare Schemata

▶ Marginalien mit schlagwortartigen Hervorhebungen

▶ Wiederholungsfragen zur Wissensprüfung

Springer

Ihr Lernpaket
Herbst '95

1995. Etwa 300 S. Brosch.
DM 29,80; öS 232,50;
sFr 29,80
ISBN 3-540-58632-6

1995. Etwa 240 S. Brosch.
DM 29,80; öS 232,50;
sFr 29,80.
ISBN 3-540-58956-2

1995. Etwa 240 S. Brosch.
DM 29,80; öS 232,50;
sFr 29,80
ISBN 3-540-58955-4

1995. Etwa 240 S. Brosch.
DM 29,80; öS 232,50;
sFr 29,80
ISBN 3-540-59146-X

▶ übersichtliche Gliederung

▶ Auflockerung durch Illustrationen

▶ Fallbeispiele mit Lösungen

▶ aussagekräftige Übersichten

▶ klare Schemata

▶ Marginalien mit schlagwortartigen Hervorhebungen

▶ Wiederholungsfragen zur Wissensprüfung

Springer

d&p/*1112.7.95

Springer-Verlag und Umwelt

Als internationaler wissenschaftlicher Verlag sind wir uns unserer besonderen Verpflichtung der Umwelt gegenüber bewußt und beziehen umweltorientierte Grundsätze in Unternehmensentscheidungen mit ein.

Von unseren Geschäftspartnern (Druckereien, Papierfabriken, Verpackungsherstellern usw.) verlangen wir, daß sie sowohl beim Herstellungsprozeß selbst als auch beim Einsatz der zur Verwendung kommenden Materialien ökologische Gesichtspunkte berücksichtigen.

Das für dieses Buch verwendete Papier ist aus chlorfrei bzw. chlorarm hergestelltem Zellstoff gefertigt und im pH-Wert neutral.

If you have any concerns about our products,
you can contact us on
ProductSafety@springernature.com

In case Publisher is established outside the EU,
the EU authorized representative is:
**Springer Nature Customer Service Center GmbH
Europaplatz 3, 69115 Heidelberg, Germany**

Printed by Libri Plureos GmbH
in Hamburg, Germany